De nombreuses cargaisons

WW Jacobs

Writat

Cette édition parue en 2024

ISBN : 9789359942988

Publié par
Writat
email : info@writat.com

Contenu

UN CHANGEMENT DE TRAITEMENT ....- 1 -

UN PASSAGE D'AMOUR ....- 8 -

L'EXPLOIT DU CAPITAINE ....- 21 -

CONTREBANDE DE GUERRE ....- 29 -

UNE AFFAIRE NOIRE ....- 40 -

LE SKIPPER DU « OSPREY » ....- 52 -

EN PLUMES EMPRUNTES ....- 62 -

LA MONTRE DU MÂCHE ....- 74 -

BASSE EAU ....- 86 -

AU MOYEN-ATLANTIQUE ....- 96 -

APRÈS L'ENQUÊTE ....- 103 -

À LIMEHOUSE REACH ....- 112 -

UNE FUGUE ÉLABORÉE ....- 122 -

LE CUISINIER DU « Fou de Bassan » ....- 131 -

UNE PERFORMANCE BÉNÉFIQUE ....- 139 -

UN CAS DE DÉSERTION ....- 152 -

HORS VOILE ....- 156 -

accouplé ....- 163 -

LES BEAUTÉS RIVALES ....- 172 -

MME. CHAPERON DU BUNKER ....- 180 -

UN PORT DE REFUGE ....- 189 -

UN CHANGEMENT DE TRAITEMENT

Oui , J'AI NAVIGUÉ de mon temps sous la direction de « jolis capitaines », dit le veilleur de nuit ; "Ceux qui descendent sur de grands navires voient les merveilles des profondeurs, vous savez," ajouta-t-il avec un petit rire soudain, "mais celui dont je vais vous parler n'aurait jamais dû faire confiance sans" est ma . Bon nombre de mes skippers avaient des modes, mais celle-ci était la pire sous laquelle j'ai jamais navigué.

« C'était il y a quelques années maintenant ; J'avais embarqué sur sa barque , le John Elliott, un vieux baquet aussi lent que jamais à bord, alors que je n'étais pas tout à fait en état de savoir ce que je faisais, et je n'avais pas Je n'étais pas chez elle deux jours avant que j'ai découvert son obby en entendant quelques remarques faites par le second, qui était venu du dîner en toute hâte pour les faire . « Cela ne me dérange pas d'avoir des scies et des couteaux accrochés autour de la cabine », dit- il au premier compagnon, « mais quand un type a un « homme » et à côté de son assiette, l'étudiant pendant que les gens sont à leur repas, c'est plus qu'un chrétien ne peut supporter.

« Ce n'est rien », dit le premier compagnon, qui avait déjà navigué avec la barque . « Il est à moitié fou de médecine. Nous avons failli avoir une mutinerie à bord une fois parce qu'il voulait procéder à une autopsie d'un homme tombé de la tête de mât. Je voulais voir de quoi ce pauvre homme était mort.

« Je considère que c'est malsain », dit le second très sauvage. » Il m'a offert au petit déjeuner une pilule de la taille d'une petite bille ; Cela m'a vraiment découragé de mon flux, c'est le cas.

« Bien sûr, l'engouement du skipper s'est vite fait connaître . Mais je n'y ai pas beaucoup réfléchi, jusqu'au jour où je vois le vieux Dan'l Dennis assis sur un casier en train de lire. De temps en temps, il fermait le livre, levait les yeux, fermait les yeux, bougeait les lèvres comme une poule qui boit, puis regardait à nouveau le livre.

« 'Pourquoi, Dan', dis-je , 'quoi de neuf ? tu n'es pas tu apprends des leçons à ton époque de la vie ?

« 'Oui, je le suis', ses Dan très doux. "Vous m'entendrez peut-être le dire, c'est celui-ci sur les maladies cardiaques."

« Il me tend le livre, qui était rempli de toutes sortes de maladies, et me fait un clin d' œil .

« 'Je l'ai ramassé sur un stand de livres', dit- il ; puis il a fermé les yeux et a dit son morceau à merveille. Cela me rendait assez bizarre de l' écouter . «C'est ce que je ressens», dit- il lorsqu'il eut fini. « Juste assez de force pour me coucher. Donnez un coup de main, Bill, et allez chercher le médecin.

« Ensuite, j'ai vu son petit jeu, mais je n'allais pas courir de risques, alors j'ai juste dit, avec permission , au cuisinier que le vieux Dan semblait plutôt bizarre, et j'y suis retourné et j'ai essayé d' emprunter le livre, étant toujours friand de lecture. Le vieux Dan a prétendu qu'il était trop malade pour entendre ce que je disais, et avant que je puisse le lui enlever, le capitaine arrive en toute hâte avec un sac dans le sien.

« Qu'est-ce qu'il y a, mon homme ? » dit -il, "qu'est-ce qu'il y a ?"

« 'Je vais bien, monsieur', son vieux Dan, ' sauf que je me suis un peu évanoui. '

« 'Dis-moi exactement ce que tu ressens', lui demande le skipper en tâtant son pouls.

« Puis le vieux Dan lui a raconté son article, et le capitaine a secoué la tête et a eu l'air très solennel.

« 'Depuis combien de temps es-tu comme ça ?' il ses .

« 'Quatre ou cinq ans, monsieur', ses Dan. « Ce n'est rien de grave, monsieur, n'est-ce pas ?

« 'Vous restez tranquillement', dit le patron en mettant une petite trompette sur sa poitrine et en écoutant. 'Euh ! il y a de sérieux dégâts ici, j'en ai peur, le pronostic est très mauvais.

« 'Prog quoi, monsieur ?' ses Dan, regardant fixement.

« ' Pronostic ', dit le skipper, du moins je pense que c'est le mot qu'il a dit. « Restez parfaitement immobile, et je vais vous préparer une potion et dire au cuisinier de préparer du thé de bœuf fort.

«Eh bien, le capitaine n'était pas plus tôt parti que Cornish Harry, un gros type lourd de six pieds deux pouces, s'approche du vieux Dan et lui dit: « Donne -moi ce livre».

« 'Va-t'en', dit Dan, 'ne viens pas t'inquiéter ici ; Vous avez entendu le capitaine dire à quel point mon pronostic était mauvais.

« 'Tu me prêtes le livre', dit Harry en le saisissant , 'sinon je te baise d'abord, et je me confie ensuite au capitaine . Je crois que je suis un peu phtisique. Quoi qu'il en soit, je vais voir.

« Il arracha le livre au vieil homme et commença à étudier. Il y avait tellement de plaintes dedans qu'il fut presque tenté de consommer autre chose que de consommer, mais il finit par s'y résoudre, et il toussa, ce qui inquiéta le gaillard d'avant toute la nuit, et le lendemain. , lorsque le capitaine est descendu voir Dan, il pouvait à peine s'entendre parler .

« 'C'est une vilaine toux que tu as, mon homme', dit- il en regardant Harry.

« 'Oh, ce n'est rien, monsieur', dit Harry, insouciant. Cela fait maintenant des mois que je le fais de temps en temps. Je pense qu'il transpire, donc ça dure une nuit.

"'Quoi?' ses le skipper. « Est-ce que vous transpirez toute la nuit ?

« ' Dredful ', dit Harry. « Vous pourriez essorer les clous . Je suppose que c'est sain pour moi, n'est- ce pas, monsieur ?

« 'Défaites votre chemise', dit le capitaine en s'approchant de lui et en lui collant la trompette . « Maintenant, respirez profondément. Ne toussez pas.

«Je n'y peux rien, monsieur,' ses Harry, 'ça viendra. Ça a l'air de me mettre en pièces.

« Couchez-vous tout de suite », dit le capitaine en enlevant la trompette et en secouant son ed. — C'est une chance pour toi, mon garçon, tu es entre de bonnes mains. Avec précaution, je crois que je peux vous aider. Comment ce médicament vous convient-il, Dan ?

« 'Magnifique, monsieur', dit Dan. "C'est merveilleux et apaisant, je dors " comme un nouveau-né après cela.

« 'Je vous en enverrai encore', dit le skipper. « Vous ne devez pas vous décourager, ni l'un ni l'autre.

« 'Très bien, monsieur', disent les deux d'une voix très faible, et le capitaine s'en alla après nous avoir dit de faire attention à ne pas faire de bruit.

« Au début, nous avons tous pensé que c'était une bonne blague, mais les airs que se donnent ces deux gars étaient quelque chose de révoltant. Étant au lit toute la journée, ils étaient naturellement éveillés la nuit, et ils appelaient à travers le poste de commandement pour s'enquérir de la santé de chacun et nous réveiller, les autres. Et ils échangeaient du thé au bœuf et des gelées, et Dan essayait de faire sortir Harry un peu de porto, avec lequel il devait faire du sang, mais Harry dirait qu'il ne l'avait pas fait. Il n'en gagnait pas assez ce jour-là, et il buvait à l'amélioration de la santé selon le pronostic du vieux Dan , et se claquait les lèvres jusqu'à ce que cela nous rende presque fous de l'entendre.

« Après que ces gars eurent été malades pendant deux jours, les autres hommes commencèrent à se ressaisir, étant rendus fous par l'odeur du thé au bœuf et autres, et dirent qu'ils allaient être malades aussi, et les deux invalides entra dans un état d'excitation effrayant.

« 'Vous ne ferez que gâcher cela pour nous tous', dit Harry, 'et vous ne savez pas quoi avoir sans le livre.'

« C'est très bien de faire votre travail aussi bien que le nôtre », dit l'un des hommes. « C'est notre tour maintenant. Il est temps que vous vous rétablissiez tous les deux.

"'BIEN? Ses Harry, 'eh bien ? Eh bien, vous, les idiots iggernerants , nous ne nous rétablirons jamais, les gens qui se plaignent ne le feront jamais. Vous devriez le savoir.

« 'Eh bien, je vais me séparer', dit l'un d'eux. "'Tu fais!' ses Harry, tu le fais, et je te mettrai un avertissement selon lequel tous les portos et gelées du monde ne guériraient pas. « En fait, tu ne penses pas que le capitaine sait ce qui ne va pas chez nous ? »

« 'Avant que l'autre type ait pu répondre, le capitaine lui-même descend, accompagné du premier compagnon, avec un air sur le visage qui a fait donner à Harry la toux la plus profonde et la plus creuse qu'il ait jamais faite.

« 'Ce qu'ils veulent vraiment ', dit le capitaine en se tournant vers le second, 'c'est des ennuis attentifs .'

« J'aimerais que vous me laissiez les toucher , dit le premier compagnon, seulement dix minutes ; je les mettrais tous les deux sur leurs jambes, et par-dessus le marché, je les mettrais en courant pour sauver leur vie, en dix minutes. »

« « Taisez-vous, monsieur, » dit le patron ; « Ce que vous dites est insensible, en plus d'être une insulte à mon égard. Pensez-vous que j'ai étudié la médecine toutes ces années sans savoir quand un homme est malade ?

« Le premier compagnon a grogné quelque chose et est monté sur le pont, et le capitaine a recommencé à les examiner . Il a dit qu'ils avaient été merveilleusement patients restés au lit si longtemps, et il les avait enveloppés dans des couvertures et transportés sur le pont, afin que l'air pur puisse les essayer . Nous avons dû faire le transport, et ils étaient assis là, respirant l'air pur et regardant le premier compagnon du coin des yeux. S'ils voulaient quelque chose d'en bas, l'un de nous devait aller le chercher, et au moment où ils étaient redescendus au lit, nous étions tous résolus à tomber malades nous aussi.

" Mais seulement deux d' entre eux l'ont fait, car Harry, qui était un type puissant et laid, a juré qu'il nous ferait toutes sortes de choses horribles si nous ne restions pas bien et de bonne humeur, et " tout " sauf que ces deux-là l'ont fait. L'un d' eux , Mike Rafferty, était couché avec une tuméfaction aux côtes, dont je savais moi-même qu'il souffrait depuis quinze ans, et l'autre était paralysé. Je n'ai jamais vu un homme aussi heureux que le skipper. Il passait toute la journée avec ses médicaments et ses instruments, et avait l'habitude de noter les cas dans un grand carnet et de les lire au second à l'heure des repas.

« Le poste de pilotage était transformé en hôpital depuis environ une semaine, et j'étais sur le pont en train de faire un petit boulot, quand le cuisinier s'approche de moi en faisant une grimace longue comme un violon.

« «Un autre invalide », dit- il ; « Mon premier pote est devenu complètement fou, il a l'air fou !

"'Fou?' ses I.

« 'Oui', dit- il. "Il a un grand bassin dans la cuisine, et il rit comme une hyène et mélange de l'eau de cale et de l'encre, de la paraffine, du beurre et du savon et toutes sortes de choses ensemble. L'odeur est suffisante pour tuer un homme ; J'ai dû partir.

« Par curiosité, je me suis dirigé vers la cuisine et j'y ai mis mon ed, et il y avait le compagnon comme l'a dit le cuisinier, souriant sur tout son visage, et versant une grosse substance collante dans une bouteille en pierre.

« Comment vont les personnes souffrant de pores, monsieur ? » » dit- il, sortant de la cuisine en plaisantant pendant que le capitaine passait.

« Ils sont très mauvais ; mais j'espère que tout ira pour le mieux », dit le skipper en le regardant attentivement. "Je suis heureux de voir que tu es devenu un peu plus sensible."

« 'Oui, monsieur', dit le second. « Au début, je ne le pensais pas, mais je vois maintenant que ces types sont tous très malades. Vous m'excuserez de le dire, mais je n'approuve pas vraiment votre traitement.

« Je pensais que le skipper allait faire faillite.

« 'Mon traitement ?' ses lui. « Mon traitement ? Que savez vous à propos de ceci?'

« 'Vous les traitez mal, monsieur', dit le second. « J'ai ici » (tapotant le pot) « un remède qui les guérirait tous si seulement vous me laissiez l'essayer.

"'Caca!' ses le skipper. « Un seul médicament guérit toutes les maladies ! La vieille histoire. Qu'est-ce que c'est? D'où tu l'as eu ? ses lui.

« 'J'ai apporté les ingrédients à bord avec moi', dit le second. "C'est un médicament merveilleux découvert par ma grand-mère, et" si seulement je pouvais l' essayer , je guérirais complètement ces pores.

"'Déchets!' ses le skipper.

« Très bien, monsieur, dit le second en haussant les épaules. « O » bien sûr, si vous ne me laissez pas , vous ne le ferez pas. Pourtant , je vous le dis, si vous me laissiez essayer, je les guérirais tous en deux jours. C'est un défi légitime.

« Eh bien, ils ont parlé, parlé et parlé, jusqu'à ce qu'enfin le capitaine cède et descende en bas avec le second, et dit aux gars qu'ils devaient prendre le nouveau médicament pendant deux jours, pour plaisanter pour prouver que le second avait tort.

« Laissez le vieux Dan essayer d'abord, monsieur, dit Harry en se levant et en reniflant pendant que le compagnon retirait le bouchon ; "Il va vraiment mal depuis que tu es parti."

« 'Harry est pire que moi, monsieur,' ses Dan ; "C'est seulement son bon cœur qui lui fait dire ça."

« Peu importe ce qui est le premier, dit le compagnon en en remplissant une cuillère à soupe, il y en a pour tous les goûts. Maintenant, Harry.

« 'Prenez-le', dit le capitaine.

"Harry l'a pris, et à cause de tout ce qu'il a fait, tu aurais cru qu'il avalait un ballon de football. Cela lui coinçait tout autour de la bouche, et il faisait un tel travail que les autres invalides étaient à moitié malades avant qu'il ne leur vienne.

"Au moment où les trois autres ont annoncé le leur, c'était aussi bon qu'une pantermime , et le compagnon a bouché la bouteille et est allé s'asseoir sur un casier pendant qu'ils essayaient de se rincer la bouche avec le luxe qui leur était offert. on leur avait donné .

"'Comment vous sentez-vous?' ses le skipper.

«'Je suis en train de mourir', ses Dan.

« Moi aussi », dit Harry ; «Je crois que le second nous a pisonnés .»

« Le capitaine regarde le second très sévèrement et secoue lentement son ed.

« 'Tout va bien', dit le compagnon. "C'est toujours comme ça la première douzaine de doses."

« « Une douzaine de doses ! » ses vieux Dan, d'une voix lointaine.

« 'Il faut le prendre toutes les vingt minutes', dit le second en sortant sa pipe et en l'allumant ; et les quatre hommes gémirent tous ensemble.

« 'Je ne peux pas le permettre', dit le skipper, 'Je ne peux pas le permettre. La vie des hommes ne doit pas être sacrifiée pour une expérience.

""Ce n'est pas le cas une expérience, s'indigne le compagnon, c'est une vieille médecine familiale.

« Eh bien, ils n'en auront plus, dit fermement le patron.

« 'Regardez ici', dit le compagnon. « Si je tue l'un de ces hommes, je vous donnerai vingt livres . Honneur brillant, je le ferai.

« 'Faites-en vingt-cinq', dit le capitaine en réfléchissant.

« 'Très bien', dit le compagnon. 'Vingt cinq; Je ne peux pas dire plus juste que ça, n'est-ce pas ? Il est temps de prendre une autre dose maintenant.

« Il leur en a donné une autre cuillerée à soupe pendant que le capitaine partait, et les gars qui n'étaient pas invalides ont failli exploser de joie. Il ne leur a pas laissé rien pour enlever le goût, parce qu'il a dit que cela ne donnait aucune chance au médicament, et il nous a dit à d'autres gars d'éliminer la tentation, et vous pariez que nous l'avons fait.

« Après la cinquième dose, les invalides ont commencé à devenir désespérés, et quand ils ont appris qu'ils devaient être réveillés toutes les vingt minutes pendant la nuit pour prendre le truc, ils ont en quelque sorte abandonné. Le vieux Dan a dit qu'il sentait une douce lueur l'envahir et le renforcer, et Harry a dit que c'était comme un baume curatif pour ses poumons. Ils étaient tous d'accord sur le fait que c'était une merveilleuse sorte de médicament, et ensuite À la sixième dose, l'homme paralysé s'est précipité sur le pont et a couru sur le gréement comme un chat. Il est resté assis là pendant des heures à cracher, et a juré qu'il dérangerait quiconque l'interromprait, et peu après , Mike Rafferty s'est approché et l' a lancé , et les oreilles de son premier compagnon n'ont pas brûlé à cause du Ce que ces deux malades des pores ont dit à propos de moi , ils devraient le faire.

« Ils étaient tous en plein travail le lendemain, et même si, bien sûr , le capitaine a vu comment il avait travaillé, il n'y a pas fait allusion. Pas en mots, bien sûr ; mais quand un homme essaie de faire faire à quatre gars le travail de huit, et qu'il les frappe quand ils ne le font pas, il est facile de voir où le bât blesse.

UN PASSAGE D'AMOUR

Le SECOND ÉTAIT APPUYÉ contre le flanc de la goélette et regardait distraitement quelques juges de ligne en blouse rouge se prélasser sur le Tower Quay. Des marins prudents sortaient leurs feux de position, et des briquets imprudents progressaient par de faciles bosses d'embarcation en embarcation en remontant le fleuve. Un remorqueur, à moitié enfoui dans sa propre houle, se précipita haletant, et un léger cri s'éleva à bord d'un canot qui approchait alors qu'il se tournait dans les flots.

"JESSICA, oh!" » brailla une voix depuis le canot alors qu'il approchait rapidement.

Le second, tiré de sa rêverie, attrapa machinalement la ligne et la rendit rapide, se déplaçant avec empressement lorsqu'il vit que la fille du capitaine était l'une des occupants. Avant qu'il se remette de sa surprise, elle était sur le pont avec ses caisses, et le capitaine payait les bateliers.

« Vous avez déjà vu ma fille Hetty, n'est-ce pas ? » dit le capitaine. « Elle vient avec nous ce voyage. Tu ferais mieux de descendre et de faire son lit, Jack, sur cette couchette libre.

"Oui, oui", dit consciencieusement le second en s'éloignant.

"Merci, je vais le faire moi-même", dit Hetty scandalisée en s'avançant précipitamment.

"Comme vous le souhaitez", a déclaré le capitaine en ouvrant la voie en contrebas. "Allumons la lumière, Jack."

Le compagnon a allumé une allumette sur sa botte et a allumé la lampe.

"Il y a quelques choses là-dedans qui voudront être déplacées", a déclaré le capitaine en ouvrant la porte. "Je ne sais pas où nous allons garder les oignons maintenant, Jack."

leur trouver une place », dit le second avec assurance en sortant un sac et en le plaçant sur la table.

« Je ne vais pas dormir là-dedans », dit décidément la visiteuse en regardant à l'intérieur. « Pouah ! il y a un scarabée. Pouah!"

"Il est complètement mort", a déclaré le second d'un ton rassurant. "Je n'ai jamais vu de scarabée vivant sur ce navire."

«Je veux rentrer à la maison», dit la jeune fille. "Tu n'as pas à me faire jouir quand je ne veux pas."

« Alors, tu devrais te comporter correctement », dit magistralement son père. « Et les draps, Jack ; et des piliers ?

Le second s'assit sur la table et, se saisissant le menton, réfléchit. Puis, tandis que son regard tombait sur le joli visage indigné du passager, il perdit le fil de ses idées.

"Il lui faudra quelques-unes de mes affaires pour le moment", dit le capitaine.

"Pourquoi pas", dit le second en levant de nouveau les yeux , " pourquoi ne pas lui laisser votre cabine?"

« Parce que je le veux moi-même », répondit calmement l'autre.

Le second rougit pour lui, et, la jeune fille les laissant arranger les choses à leur guise, les deux hommes, en empruntant ici et en ingéniant là, composèrent la couchette. La jeune fille se tenait près de la cuisine lorsqu'ils remontèrent sur le pont, objet d'une admiration curieuse et respectueuse de l'équipage, monté entre-temps à bord. Elle resta sur le pont jusqu'à ce que l'air commence à souffler plus frais dans les eaux les plus larges, puis, après avoir brièvement souhaité une bonne nuit à son père, elle se retira en bas.

« Elle a décidé de venir avec nous assez soudainement, n'est-ce pas ? » demanda le second après son départ.

« Elle n'a pas du tout pris sa décision », a déclaré le capitaine ; "Nous l'avons fait pour elle, moi et ma femme. C'est un plan de notre part.

« Vous voulez du renforcement ? » dit le compagnon d'un ton suggestif.

« Eh bien, le fait est, » dit le capitaine, « c'est comme ça, Jack ; il y a un de mes amis, marchand de provisions dans une grande entreprise, qui veut épouser ma fille, et moi et ma femme voulons qu'il l'épouse, alors, bien sûr, elle veut épouser quelqu'un d'autre. Moi et ma mère, nous avons réfléchi ensemble et avons décidé qu'elle s'en aille. Quand elle est chez moi , au lieu d'être dehors avec Towson, sa mère a directement le dos tourné , elle sort avec ce jeune brin d'employé.

« Un joli jeune homme, je suppose ? » dit le second quelque peu anxieux.

"Pas du tout", dit l'autre fermement. « On dirait qu'il n'a jamais eu un bon repas de sa vie. Maintenant, mon ami Towson, il va bien ; c'est un homme à peu près de ma taille .

— Elle épousera le commis, dit le second avec conviction.

"Je vous parie que non ", a déclaré le capitaine. « Je suis un homme astucieux, Jack, et, en général, je fais ce que je veux. Je ne pourrais pas vivre paisiblement avec ma femme sans la direction.

Le second souriait en toute sécurité dans l'obscurité, la direction du capitaine consistant principalement en une obéissance servile.

« J'ai un quarantegraphe de lui pour la cheminée de la cabine, Jack, » continua le père rusé. « Il me l'a donné exprès. Elle s'en apercevra lorsqu'elle ne verra pas le greffier, et peu à peu elle tombera dans notre façon de penser. Quoi qu'il en soit, elle va rester ici jusqu'à ce qu'elle le fasse.

« Vous savez comment vous y prendre, capitaine », dit le second avec une feinte admiration.

Le skipper posa le doigt sur son nez et fit un clin d'œil au grand mât. « Rares sont ceux qui peuvent me montrer le chemin, Jack, » répondit-il doucement ; "très peu. Maintenant, je veux que tu m'aides aussi ; Je veux que tu lui parles beaucoup.

"Oui, oui", dit le second en faisant à son tour un clin d'œil au mât.

« Admirez le quarantegraphe sur la cheminée », dit le patron.

"Je le ferai", dit l'autre.

"Parlez-lui de beaucoup de jeunes filles que vous connaissez, de jeunes hommes mariés d'âge moyen, et que vous les aimiez de plus en plus chaque jour de leur vie", a poursuivi le capitaine.

"Pas un autre mot", dit le second. «Je sais exactement ce que tu veux. Elle n'épousera pas le commis si je peux l'empêcher.

L'autre se tourna et lui serra chaleureusement la main. "Si jamais tu es un père, ton elfe, Jack," dit-il avec émotion, "j'espère que quelqu'un sera à tes côtés comme tu es à mes côtés."

Le second fut soulagé le lendemain lorsqu'il vit le portrait de Towson. Il caressait sa moustache et sentait qu'il gagnait en beauté à chaque fois qu'il y jetait un coup d'œil.

Le petit déjeuner terminé, le skipper, qui était resté sur le pont toute la nuit, se retira sur sa couchette. Le second monta sur le pont et prit les commandes, observant avec beaucoup d'intérêt les mouvements de la passagère tandis qu'elle jetait un coup d'œil dans la cuisine et attaquait avec véhémence la méthode de vaisselle du cuisinier.

"Tu n'aimes pas la mer?" » s'enquit-il poliment alors qu'elle venait s'asseoir sur la lucarne de la cabine.

Miss Alsen secoua tristement la tête. «J'y suis obligé», remarqua-t-elle.

« Votre père m'en parlait », dit prudemment le second.

"L'a-t-il dit au cuisinier et au garçon de cabine aussi?" » demanda Miss Alsen , en rougissant quelque peu. "Qu'est-ce qu'il vous a dit?"

« M'a parlé d'un homme nommé Towson, dit le second en s'intéressant aux voiles, et… d'un autre type.

«J'ai fait un peu attention à LUI juste pour gâter l'autre», a déclaré la jeune fille, «pas que je me soucie de lui. Je ne comprends pas qu'une fille s'intéresse à un homme. Des choses formidables, maladroites et laides.

« Tu ne l'aimes pas alors ? » dit le compagnon.

"Bien sûr que non", dit la jeune fille en secouant la tête.

« Et pourtant, ils vous ont envoyé en mer pour vous écarter de son chemin », dit le second d'un ton méditatif. « Eh bien, c'est la meilleure chose que vous puissiez faire » : sa hardiesse lui a fait défaut sur le terrain.

« Continuez », dit la jeune fille.

«Eh bien, c'est par ici», dit le second en toussant; "Ils vous ont envoyé en mer pour vous éloigner du chemin de cet homme, donc si vous tombez amoureux de quelqu'un sur le navire , ils vous renverront chez vous."

« C'est ce qu'ils feront », dit la jeune fille avec empressement. « Je ferai semblant de tomber amoureux de ce joli marin que vous appelez Harry. Quelle alouette !

« Je ne devrais pas faire ça », dit gravement le second.

"Pourquoi pas?" dit la jeune fille.

« Ce n'est pas de la discipline », dit le second très fermement ; « Cela ne suffirait pas du tout. Il est devant le mât.

"Oh, je vois", remarqua Miss Alsen avec un sourire méprisant.

"Je veux seulement dire faire semblant, bien sûr", dit le compagnon en rougissant . "Juste pour vous obliger."

"Bien sûr", dit calmement la jeune fille. "Eh bien, comment pouvons-nous être amoureux?"

Le compagnon rougit sombrement. « Je ne sais pas grand-chose de ces choses-là, » dit-il enfin ; "Mais nous devrons nous regarder les uns les autres, et tout ce genre de choses, vous savez."

"Ça ne me dérange pas", dit la jeune fille.

« Alors nous avancerons petit à petit », dit l'autre. "J'espère que nous trouverons tous les deux que cela deviendra plus facile après un certain temps."

"N'importe quoi pour rentrer à la maison", dit la jeune fille en se levant et en s'éloignant lentement.

Le compagnon commença aussitôt sa part d'amour et, fixant un regard d'amour concentré sur l'objet de son regard, faillit tomber en courant. Comme il l'avait prédit, cela lui fut facile et d'autres symptômes bien marqués, tels qu'une perte d'appétit et un penchant pour les couleurs vives , se développèrent au cours de la journée. Entre le petit-déjeuner et le thé , il s'est lavé cinq fois et a poussé la colère du capitaine à un niveau dangereux en utilisant le beurre du navire pour enlever le goudron de ses doigts.

À dix heures du soir, il était très avancé dans une profonde mélancolie. Tous les regards étaient de son côté et, tandis qu'il se tenait à la barre pour maintenir la goélette sur sa route, il ressentit de la sympathie pour le malheureux Towson. Ses méditations furent interrompues par une légère silhouette qui émergea du compagnon, et , après un moment d'hésitation, vint prendre son ancienne place sur la lucarne.

« Calme et paisible ici, n'est-ce pas ? dit-il après avoir attendu quelque temps qu'elle parle. "Les étoiles sont très brillantes ce soir."

« Ne me parlez pas », dit sèchement Miss Alsen .

« Pourquoi ce méchant petit bateau ne reste-t-il pas immobile ? Je crois que c'est toi qui la fais sauter comme ça.

"Moi?" » dit le second avec étonnement.

"Oui, avec cette roue."

«Je peux vous l'assurer», commença le second.

"Oui, je savais que tu le dirais", dit la jeune fille.

« Venez vous diriger, » dit le second ; "Alors tu verras."

À sa grande surprise, elle arriva et, appuyée mollement contre le volant, posa ses petites mains sur les rayons, tandis que le second lui expliquait les mystères de la boussole. À mesure qu'il s'échauffait avec son sujet , il osa mettre ses mains sur les mêmes rayons, et, devenant peu à peu plus aventureux, il le soutenait hardiment de son bras chaque fois que la goélette faisait une embardée.

"Merci", dit Miss Alsen , se dégageant froidement, alors que le mâle pensait qu'une autre embardée allait arriver. "Bonne nuit."

Elle se retira dans la cabine alors qu'une silhouette sombre, qui retirait vaillamment le dernier reste de sommeil de ses paupières, se tenait devant le second, riant doucement.

« Nuit claire », dit le matelot en prenant le volant dans ses grandes pattes.

« C'est bestial », dit distraitement le second, et, étouffant un soupir, il descendit et se rendit.

Il resta éveillé pendant quelques minutes, puis, très satisfait du déroulement de la journée, il se retourna et s'endormit. Il fut heureux de constater, à son réveil, que le léger roulis de la nuit précédente avait disparu et qu'il n'y avait presque aucun mouvement sur la goélette. La passagère elle-même était déjà à la table du petit déjeuner.

" Le capitaine est sur le pont, je suppose ? " » dit le second, se préparant à reprendre les négociations là où elles avaient été interrompues la nuit précédente. "J'espère que tu te sens mieux qu'hier soir."

"Oui, merci", dit-elle.

« Avec le temps, vous ferez un bon marin », dit le second.

"J'espère que non", dit Miss Alsen , qui crut qu'il était temps d'éteindre une lueur de tendresse particulière clairement apparente dans les yeux du second. "Je n'aimerais pas être marin même si j'étais un homme."

"Pourquoi pas?" demanda l'autre.

«Je ne sais pas», dit la jeune fille méditativement; "Mais les marins sont généralement de petits hommes vraiment broussailleux, n'est-ce pas ?"

"SCUBBY?" répéta le second d'une voix hébétée.

« Je préférerais être soldat », continua-t-elle ; « J'aime les soldats, ils sont tellement virils. J'aimerais qu'il y en ait un ici maintenant.

"Pourquoi?" » demanda le second à la manière d'un écolier boudeur.

"S'il y avait un homme comme celui-là ici maintenant", dit pensivement Miss Alsen , "je le mettrais au défi de piquer le nez du vieux Towson."

"Faire quoi?" » demanda le compagnon étonné.

"Le nez moutarde du vieux Towson", dit Miss Alsen , jetant un léger coup d'œil du support à burette au portrait.

L'homme entiché hésita un instant, puis, s'approchant de la burette, en sortit la cuillère et, avec un visage pâle et déterminé, barbouilla avec indignation les traits classiques du marchand de provisions. Son indignation ne fut pas atténuée par le comportement de la tentatrice qui, au lieu de le flatter pour son courage, porta son mouchoir à sa bouche et rit bêtement.

« Où est mon père ? » dit-elle soudain, tandis qu'un pas retentissait au-dessus. "Oh, vous l'aurez!"

Elle se leva de son siège et, s'écartant pour laisser passer son père, monta sur le pont. Le patron se laissa tomber sur une armoire et, soulevant la théière, se versa une tasse de thé qu'il décanta ensuite dans une soucoupe. Il venait de le porter à ses lèvres, lorsqu'il vit quelque chose sur le bord qui le fit le reposer sans y goûter et regarder fixement la cheminée.

"Qui... qu'est-ce que... qui diable a fait ça ?" » demanda-t-il d'une voix étranglée en se levant et en regardant le portrait.

"Je l'ai fait", a déclaré le compagnon.

"Tu l'as fait?" rugit l'autre. "Toi? Pourquoi?"

"Je ne sais pas", dit maladroitement le second. « Quelque chose m'a envahi tout d'un coup, et j'ai eu l'impression que je DEVAIS le faire. »

"Mais pour quoi? Où est le sens de cela ? » dit le capitaine.

Le second secoua la tête d'un air penaud.

"Mais pourquoi voulais-tu faire un tel tour de singe ?" rugit le capitaine.

« Je ne sais pas », dit obstinément le second ; « mais c'est fait, n'est- ce pas ? et ça ne sert à rien d'en parler.

Le patron le regarda avec une perplexité courroucée. « Tu ferais mieux d'avoir des conseils quand nous arriverons au port, Jack, » dit-il enfin ; « Ces dernières semaines, j'ai remarqué que tu étais un peu étrange dans tes manières. Allez montrer votre ed à un médecin.

Le second grogna et monta sur le pont pour demander de la sympathie, mais, trouvant Miss Alsen d'une humeur très éloignée des sentiments et pas du tout reconnaissante, il se remit à siffler. Les choses en étaient là lorsque le patron apparut en s'essuyant la bouche.

« J'ai mis un autre portrait sur la cheminée, Jack, » dit-il d'un ton menaçant ; "C'est le seul autre que j'ai, et j'aimerais que vous compreniez que si ça ne sent que la moutarde, il y aura une telle bagarre dans ce navire que vous ne pourrez pas vous entendre parler." le bruit."

Il s'éloigna dignement tandis que sa fille, qui avait entendu la remarque, s'approchait du compagnon et lui souriait agréablement.

« Il a mis un autre portrait là-bas, » dit-elle doucement.

— Vous trouverez le pot à moutarde dans la burette, dit froidement le second.

Miss Alsen se retourna et regarda son père avancer, puis, à la surprise du second, descendit sans ajouter un mot. En proie à la curiosité, mais trop fier pour faire une ouverture, il compromettait en allant se tenir près du compagnon.

"Copain!" dit un murmure furtif au pied de l'échelle.

Le second regardait calmement la mer.

"Jack!" répéta la jeune fille, à voix basse.

Le compagnon devint chaud de partout et descendit aussitôt. Il trouva Miss Alsen , les yeux pétillants, le pot de moutarde dans la main gauche et la cuillère dans la droite, exécutant une danse de guerre devant le deuxième portrait.

« Ne le faites pas », dit le second alarmé.

"Pourquoi pas?" » s'enquit-elle en s'approchant à quelques centimètres.

« Il pensera que c'est moi », dit le second.

«C'est pourquoi je vous ai appelé ici», dit-elle; "Tu ne penses pas que je te voulais, n'est-ce pas?"

"Vous posez cette cuillère", a déclaré le second, qui n'était en aucun cas désireux d'avoir une autre entrevue avec le capitaine.

"Je ne le ferai pas!" » dit Miss Alsen .

Le compagnon se jeta sur elle, mais elle esquiva le contour de la table. Il se pencha et, la saisissant par le bras gauche, l'attira vers lui ; puis, avec son visage rouge et rieur près du sien, il oublia tout le reste et l'embrassa.

"Oh!" dit Hetty avec indignation.

"Voulez-vous me le donner maintenant?" dit le second, tremblant de son audace.

« Prends-le », dit-elle. Elle se pencha par-dessus la table et, tandis que le second avançait, le tamponna vicieusement avec la cuillère. Puis elle laissa brusquement tomber les deux articles sur la table et s'éloigna, tandis que le second, surpris par un pas à la porte, tournait un visage rouge, orné de trois traits de moutarde, vers le patron abasourdi.

« Des sakés vivants ! » » dit ce marin étonné dès qu'il put parler ; « S'il ne se met pas de moutarde sur le visage maintenant, je n'ai jamais fait une chose pareille de toute ma vie. Ne t'approche pas de moi , Hetty. Jack!"

"Eh bien", dit le second en essuyant son visage brûlant avec son mouchoir.

« Vous n'avez jamais été pris comme ça auparavant ? » demanda anxieusement le patron.

" Bien sûr que non ", dit le second mortifié.

« Ne me dis pas bien sûr que non, » dit chaleureusement l'autre, « après s'être comporté ainsi. Un weskit simple, c'est ce que vous voulez. Je vais aller voir le vieux Ben à ce sujet. Il a un oncle dans un « sylum » . Tu montes aussi, ma fille.

Il partit à la recherche de Ben, inconscient du fait que sa fille, au lieu de le suivre, n'allait pas plus loin que la porte, où elle se tenait et regardait sa victime avec compassion.

"Je suis vraiment désolée", dit-elle. "Est-ce que c'est intelligent ?"

« Un peu », dit le second ; "Ne vous inquiétez pas pour moi."

"Vous voyez ce que vous obtenez en vous comportant mal", a déclaré Mlle Alsen d'un ton judiciaire.

"Ça vaut le coup", dit le second, égayé.

« J'ai peur que ça fasse des ampoules », dit-elle. Elle s'avança vers lui et, inclinant la tête de côté, observa les traces avec sagesse. « Trois points », dit-elle.

«Je n'en avais qu'un», suggéra le second.

"Un quoi?" » demanda Hetty.

"Celles-là", dit le second.

À la vue du capitaine horrifié, qui regardait prudemment le prétendu fou à travers la lucarne, il l'embrassa à nouveau.

« Vous pouvez partir, Ben », dit le patron d'une voix rauque à l'expert. " Vous entendez, vous pouvez partir, et ne pas dire un mot à ce sujet, attention. "

L'expert s'en alla en grommelant, et le père, après un autre regard qui lui montra sa fille confortablement blottie sur l'épaule droite du compagnon, s'éloigna et rumina sombrement sur cette complication suprême. Un homme ordinaire se serait précipité et les aurait interrompus ; le capitaine du Jessica pensait qu'il pourrait atteindre ses objectifs plus sûrement par la diplomatie, et son attitude était si prudente que le couple dans la cabine n'avait aucune idée qu'ils avaient été observés - le second écoutant calmement une conférence sur l'idiotie naissante que le capitaine j'ai pensé qu'il était conseillé de donner sans réserve.

Jusqu'au repas de midi du lendemain, il ne fit aucun signe. Au contraire, il était encore plus affable que d'habitude, même si sa colère montait face aux regards échangés à travers la table.

"Au fait, Jack," dit-il enfin, "qu'est devenue Kitty Loney ?"

"OMS?" » demanda le compagnon. "Qui est Kitty Loney ?"

C'était maintenant au tour du skipper de regarder, et il le fit admirablement.

"Kitty Loney ", dit-il surpris, "la petite fille que tu vas épouser."

« À qui parlez-vous ? » dit le compagnon, devenant écarlate en croisant le regard d'en face.

"Je ne sais pas ce que tu veux dire", dit dignement le skipper. "Je fais allusion à Kitty Loney , la petite fille au chapeau rouge et aux plumes blanches que vous m'avez présentée comme votre avenir."

Le second se laissa tomber sur son siège et le regarda avec un étonnement horrifié, bouche bée.

« Vous ne voulez pas dire que vous l'avez laissé tomber, » poursuivit le capitaine sans cœur, « après avoir reçu une avance de ma part pour acheter la bague aussi ? N'as-tu pas acheté la bague avec l'argent ?

« Non », dit le second, « je… oh, non… bien sûr – de quoi diable parlez-vous ? »

Le patron se leva de son siège et le regarda avec tristesse mais sévérité. "Je suis désolé, Jack," dit-il avec raideur, "si j'ai dit quoi que ce soit pour t'ennuyer, ou de toute façon te blesser. Bien sûr, c'est votre affaire, pas la mienne. Peut-être diriez-vous que vous n'avez jamais entendu parler de Kitty Loney ?

« Je le dis, » dit le second abasourdi ; "Je le dis."

Le capitaine le regarda sévèrement et, sans autre mot, quitta la cabine. « Si elle ressemble à sa mère, se dit-il en riant en gravissant l'échelle, je pense que ça fera l'affaire.

Il y eut une pause gênante après son départ. «Je suis sûr que je ne sais pas ce que vous devez penser de moi», dit enfin le compagnon, «mais je ne sais pas de quoi parle votre père.»

"Je ne pense à rien", dit calmement Hetty. "Passez les pommes de terre, s'il vous plaît."

"Je suppose que c'est une de ses blagues", dit le second en s'exécutant.

« Et le sel, » dit-elle ; "merci."

"Mais tu n'y crois pas ?" » dit pathétiquement le second.

"Oh, ne sois pas stupide", dit calmement la jeune fille. "Qu'importe que je le fasse ou non ?"

« Cela compte beaucoup », dit sombrement le second. « Pour moi, c'est la vie ou la mort. »

"Oh, c'est absurde", dit Hetty. « Elle ne saura pas votre bêtise. Je ne lui dirai pas.

«Je vous le dis », dit désespérément le compagnon, «il n'y a jamais eu de Kitty Loney . Que penses-tu de cela?"

« Je vous trouve très méchant, dit la jeune fille avec mépris ; "Ne me parle plus , s'il te plaît."

«Comme vous voudrez», dit le second, commençant à s'emporter.

Il repoussa son assiette et partit, tandis que la jeune fille, en colère et pleine de ressentiment, remit les pommes de terre comme étant trop farineuses pour être consommées dans les circonstances.

Pendant le reste du trajet , elle le traita avec une politesse et une bonne humeur dont il s'efforça en vain de rompre. À sa grande surprise, son père ne fit aucune objection, à la fin du voyage, lorsqu'elle lui suggéra avec cajolerie de rentrer en train ; et le second, alors qu'ils étaient assis à un faux-whist la veille de son départ, essayait en vain de discuter du voyage d'une manière indifférente.

"Ce sera un long voyage", a déclaré Hetty, qui l'aimait encore assez pour le rendre un peu intelligent, "Qu'est-ce qui est un atout ?"

«Tout ira bien», dit son père. "Piques."

Il gagna pour la troisième fois ce soir-là et, se sentant merveilleusement satisfait de la façon dont il avait généralement joué ses cartes, ne put résister à une autre quolibete à l'encontre de son compagnon découragé.

« Tu devras arrêter de jouer aux cartes et tout ce genre de choses quand tu seras marié, Jack, » dit-il.

"Oui, oui", dit imprudemment le compagnon, "Kitty n'aime pas les cartes."

"Je pensais qu'il n'y avait pas de Kitty", dit la jeune fille en levant les yeux avec mépris.

« Elle n'aime pas les cartes », répéta le compagnon. « Seigneur, quelle folie nous avons eu. Capitaine , quand nous sommes allés au Crystal Palace avec elle ce soir-là.

"Oui, c'est ce que nous avons fait", a déclaré le capitaine.

« Tu te souviens des ronds-points ? dit le compagnon.

"Oui," dit joyeusement le capitaine. "Je ne les oublierai jamais ."

« Toi et son amie, Bessie Watson, Seigneur, comme vous avez continué ! » continua le second dans une sorte d'extase. Le patron se raidit brusquement sur sa chaise. "De quoi tu parles?" » demanda-t-il d'un ton bourru.

«Bessie Watson», dit le second sur un ton de surprise innocente. "Petite fille au chapeau bleu à plumes blanches et à la robe bleue, qui est venue avec nous."

« Vous êtes ivre », dit le patron en grinçant des dents, en voyant le piège dans lequel il était tombé.

"Tu ne te souviens pas quand vous vous êtes perdus tous les deux, et que moi et Kitty vous cherchions partout ?" demanda le second, toujours sur le même ton de douce réminiscence.

Il croisa le regard d'Hetty et remarqua avec frisson qu'il rayonnait d'une admiration douce et respectueuse.

« Vous avez bu », répéta le patron en respirant fort. « Comment oses-tu parler ainsi devant ma fille ? »

— C'est normal que je le sache, dit Hetty en se redressant. "Je me demande ce que maman va dire de tout ça ?"

"Tu dis n'importe quoi à ta mère si tu l'oses", a déclaré le capitaine désormais en colère. «Tu sais ce qu'elle est. Ce ne sont que des bêtises de mon pote.

« Je suis vraiment désolé, capitaine , » dit le second, « si j'ai dit quelque chose qui puisse vous ennuyer, ou de toute façon vous blesser. Bien sûr, c'est votre affaire, pas la mienne. Peut-être direz-vous que vous n'avez jamais entendu parler de Bessie Watson ?

« Mère entendra parler d'elle », dit Hetty, tandis que son père, impuissant, luttait pour reprendre son souffle.

« Peut-être pourriez-vous nous dire qui est cette Bessie Watson et où elle habite ? dit-il longuement.

"Elle vit avec Kitty Loney ", dit simplement le compagnon.

Le capitaine se leva et son attitude était si alarmante que Hetty se recula instinctivement vers le second pour se protéger. A la vue de son capitaine, le second passa son bras autour de sa taille, et dans cette position ils s'affrontèrent pendant un moment en silence. Puis Hetty leva les yeux et parla.

« Je rentre chez moi par voie d'eau », dit-elle brièvement.

L'EXPLOIT DU CAPITAINE

C'était UNE NUIT HUMIDE ET MORNE dans ce quartier triste de la grande métropole connue sous le nom de Wapping . La pluie, qui tombait abondamment depuis des heures, tombait toujours régulièrement sur les trottoirs et les routes en mauvais état, et, s'unissant dans le caniveau, se précipitait impétueusement vers l'égout le plus proche. Les deux ou trois rues qui s'étaient coincées entre les quais et la rivière, et qui, en fait, constituent réellement le début et la fin de Wapping , étaient désertes, à l'exception d'une camionnette tardive s'écrasant sur les routes de granit, ou la forme fortuite d'un docker avançant d'un pas acharné, la tête baissée de dégoût pour la pluie et les mains enfoncées dans les poches de son pantalon.

« Nuit bestiale », dit le capitaine Bing en sortant du bar privé du « Sailor's Friend » et, ignorant la présence de la marche, il faisait une petite course précipitée sur le trottoir. "Pas digne d'un chien."

Tout en parlant, il donnait des coups de pied à un chien frissonnant qui regardait par la fente de la porte du bar, avec l'intention d'attirer son attention sur l'affaire, puis, remontant le col de sa vareuse grossière : sortit hardiment sous la pluie. Trois ou quatre minutes de marche, ou plutôt de roulage, l'amenèrent à un passage sombre et étroit qui courait entre deux maisons au bord de l'eau. Par un léger virement de bord sur tribord à un moment critique, il heurta le chenal en toute sécurité et le suivit jusqu'à ce qu'il se termine par un escalier de vieilles pierres, dont la moitié était sous l'eau.

"Pourquoi?" » demanda un homme en sortant d'un petit appartement fait de morceaux de planches grossières.

"Goélette à l'étage, Smiling Jane", dit le capitaine d'un ton bourru, alors qu'il trébuchait maladroitement dans un bateau et s'asseyait à l'arrière. "Pourquoi n'avez-vous pas de meilleurs sièges dans ce bateau ici ?"

« Ils sont là, si vous voulez bien les chercher, » dit le batelier ; "et vous les trouverez plus faciles à asseoir que ce seau."

"Pourquoi ne les mets-tu pas là où un homme peut les voir ?" demanda le capitaine en élevant un peu la voix.

L'autre ouvrit la bouche pour répondre, mais comprenant que cela entraînerait une discussion longue et tout à fait inutile, se contenta de demander son passager pour mieux régler le bateau ; et, s'éloignant des marches, il tira avec force à travers l'eau sombre et grumeleuse. La marée était forte, de sorte qu'ils ne progressèrent que lentement.

«Quand j'étais un jeune homme», dit le tarif avec sévérité, «j'aurais déjà fait traverser et reculer ce bateau.»

« Quand vous étiez jeune homme, dit l'homme aux rames, qui avait une réputation locale d'esprit, il n'y avait pas de bateaux ; c'étaient alors toutes les arches de Noé.

« Rangez votre bavardage », dit le capitaine après une pause de profonde réflexion.

L'autre, dont le péché originel n'était certainement pas la bavarderie, jeta un mince filet de jus de tabac par-dessus le côté, cracha dans ses mains et continua son travail laborieux jusqu'à ce qu'une foule de formes sombres, surmontées d'un réseau de gréements, surgissent devant lui. eux.

"Maintenant, quelle est ta petite barge?" » s'enquit-il, tirant fortement pour maintenir sa position contre la marée rapide.

Jane souriante " dit son tarif.

« Ah », dit le batelier, « Jane souriante, n'est-ce pas ? Asseyez-vous là, capitaine , et je ramerai autour de toutes leurs poupes pendant que vous allumez des allumettes et regardez les noms. Nous passerons une petite soirée plutôt sympa.

« La voilà », s'écria le capitaine, qui était trop confus pour remarquer le sarcasme ; « voilà la petite beauté. Calme, mon garçon.

Il tendit la main tout en parlant, et comme le bateau heurtait violemment une petite goélette, il saisit une corde qui pendait sur le côté et, se balançant d'avant en arrière , fouilla dans sa poche pour chercher le billet.

« Bon, mon vieux », dit affectueusement le batelier. Il venait de recevoir par erreur deux pence -demi-penny et un shilling pour trois pence . « Facile sur le côté. Vous n'êtes pas aussi joli que vous l'étiez lorsque votre vieille femme a fait une si mauvaise affaire.

Le capitaine s'arrêta dans son ascension et, s'appuyant sur un pied, chercha avec précaution la tête de son bourreau de l'autre. Ne la trouvant pas, il jeta sa jambe par-dessus le pavois et gagna le pont du navire alors que le bateau tournait avec la marée. et disparut dans l'obscurité.

« Tous se sont rendus », dit le capitaine en regardant d'un air de hibou le pont désert. « Eh bien, il nous reste une bonne heure et demie avant de commencer ; Je vais me rendre aussi.

Il marcha lentement vers l'arrière, fit coulisser l'écoutille, descendit dans une petite cabine malodorante et resta à tâter dans l'obscurité à la recherche des allumettes. Ils étaient introuvables et, grognant grossièrement, il se dirigea à tâtons vers la cabine et se retourna debout.

Il faisait encore nuit quand il se réveilla et, pendu au bord de la couchette, il tâta prudemment le sol avec ses pieds et l'ayant trouvé, il se grattait pensivement la tête, qui semblait avoir enflé dans des proportions anormales.

«Il était temps qu'ils commencent à peser », dit-il enfin, et, tâtonnant jusqu'au pied des marches, il ouvrit la porte de ce qui ressemblait à un petit garde-manger, mais qui était en réalité le boudoir du second.

«Jem», dit le capitaine d'un ton bourru.

Il n'y eut pas de réponse, et sautant à la conclusion qu'il était au-dessus, le capitaine dévala les marches et gagna le pont qui, autant qu'il put voir, était dans le même état désert qu'au moment où il l'avait quitté. Soucieux d'avoir une idée de l'heure, il chancela sur le côté et regarda. La marée était presque au tournant, et le cliquetis constant des guindeaux voisins montrait que les autres embarcations commençaient tout juste à perdre du poids . Une barge, dont le feu rouge changeait l'eau en sang, avec un immense mur de voiles sombres, passait sans bruit, la silhouette indistincte d'un homme s'appuyant adroitement sur la barre.

Alors que ces divers signes de vie et d'activité s'imposaient au capitaine du Smiling Jane, sa colère montait de plus en plus haut alors qu'il regardait autour du pont humide et désert de sa propre petite embarcation. Puis il s'avança et passa la tête par l'écoutille du gaillard d'avant.

Comme il s'y attendait, il y avait un chœur endormi complet en dessous ; les ronflements profonds et satisfaits d'une demi-douzaine de marins qui, quels que soient la marée et les sentiments de leur capitaine, dormaient doucement, dans l'ignorance béate de tout ce que le Lancet pourrait dire sur les deux sujets du surpeuplement et de la ventilation.

« En bas, vous, voleurs paresseux ! » rugit le capitaine ; "Déboule, déboule !"

Les ronflements ont cessé. "Aïe aïe!" dit une voix endormie. « Qu'y a-t-il, maître ?

"Matière!" répéta l'autre en s'étouffant violemment. « Tu ne vas pas naviguer ce soir ?

"Ce soir!" » dit une autre voix, surprise. "Eh bien, je pensais que nous n'allions pas naviguer avant le mercredi ."

Ne se confiant pas pour répondre, tant il était soucieux du moral de ses hommes, le patron alla se pencher sur le bord et communier avec l'eau silencieuse. En un laps de temps incroyablement court, cinq ou six silhouettes sombres apparurent sur le pont, et une minute ou deux plus tard, le cliquetis dur du guindeau résonna au loin.

Le capitaine prit le volant. Un gros matelot très endormi ouvrit les feux de côté, et la petite goélette, se détachant à l'aide de gaffes et de défenses du bâtiment voisin , descendit lentement avec la marée. Les hommes, en réponse aux ordres fervents du capitaine, montèrent en l'air, et voile après voile se déployèrent au gré de la douce brise.

"Salut! vous voilà, cria le capitaine à l'un des hommes qui se tenaient près de lui, enroulant une corde lâche.

"Monsieur?" Dit l'homme.

"Où est le compagnon?" demanda le capitaine.

« Un homme aux moustaches rouges et au nez boutonneux ? dit l'homme d'un ton interrogatif.

"C'est lui jusqu'à un cheveu", répondit l'autre.

« Je ne l'ai pas vu depuis qu'il m'a engagé à onze heures», dit l'homme. « Combien y a-t-il de nouvelles mains ?

"Je pense que nous sommes tous frais", fut la réponse. "Je ne crois pas que certains d' entre eux aient déjà senti de l'eau salée auparavant."

« Le second a recommencé, » dit chaleureusement le capitaine, « c'est ce qu'il a. Il l'a déjà fait et a été laissé pour compte. Ceux qui ne supportent pas la boisson, mon homme, ne devraient pas en prendre, souviens-toi de ça.

« Il a dit que nous n'allions pas naviguer avant le mercredi », remarqua l'homme, qui trouva l'attitude du capitaine plutôt éprouvante.

"Il sera limogé, c'est ce qu'il aura", a déclaré chaleureusement le capitaine. "Je le signalerai dès mon arrivée à terre."

Le sujet épuisé, le matelot retourna à son travail et le capitaine continua de diriger dans un silence maussade.

Lentement, peu à peu, l'obscurité a cédé la place à la lumière. Les différentes parties de l'engin, au lieu d'être toutes confondues en une seule, prirent forme et se détachèrent humides et distinctes dans le gris froid du jour naissant. Mais plus il devenait léger, plus le capitaine regardait fixement et se frottait les yeux, et regardait du pont vers le rivage plat et marécageux, et du rivage vers le pont de nouveau.

« Tiens, viens ici », cria-t-il en faisant signe à l'un des membres de l'équipage.

"Oui, monsieur", dit l'homme en avançant.

« Il y a quelque chose dans un de mes yeux », balbutie le patron. « Je ne peux pas voir clairement ; tout semble mélangé. Maintenant, en parlant délibérément et sans hâte, de quel côté du navire pensez-vous que la cuisine du cuisinier se trouve ?

« Tribord », dit aussitôt l'homme en le regardant avec étonnement.

« Tribord », répéta doucement l'autre. « Il dit tribord, et c'est ce qu'il me semble. Mon garçon, hier matin, c'était à bâbord.

Le marin reçut avec calme cette étonnante communication, mais, comme une légère concession aux apparences, dit : « Lor !

« Et le tonneau d'eau, » dit le patron ; "Quelle couleur est-ce?"

"Vert", dit l'homme.

"Pas blanc?" » demanda le patron en s'appuyant lourdement sur la barre.

« Vert blanchâtre », dit l'homme, qui a toujours cru qu'il fallait rester fidèle à ses officiers supérieurs.

Le capitaine l'injuria.

À ce moment-là, deux ou trois membres de l'équipage qui avaient entendu une partie de la conversation s'étaient rassemblés à l'arrière et se tenaient maintenant en petit nœud émerveillé devant leur étrange capitaine.

« Mes gars, » dit celui-ci en humidifiant ses lèvres sèches avec sa langue, « je ne donne aucun nom, je ne les connais pas encore , et je n'ai émis aucun soupçon, mais quelqu'un a repeint et modifié cet artisanat. , et déformant les choses jusqu'à ce qu'un homme la connaisse à peine. Maintenant, quel est le petit jeu ?

Il n'y eut pas de réponse, et le capitaine, qui voyait les choses de plus en plus clairement dans la lumière grandissante, devint de plus en plus pâle.

«Je dois devenir fou», marmonna-t-il. "Est-ce que c'est la SMILING JANE, ou est-ce que je rêve?"

« Ce n'est pas le SMILING JANE », dit l'un des matelots ; « Du moins, ajouta-t-il prudemment, ce n'était pas le cas lorsque je suis monté à bord.

"Pas la SMILING JANE!" rugit le capitaine ; "Qu'est-ce que c'est alors?"

"Eh bien, le MARY ANN", répéta en chœur l'équipage étonné.

« Mes gars », balbutia le capitaine angoissé après une longue pause. «Mes gars…» Il s'arrêta et déglutit quelque chose dans sa gorge. « Je me suis trompé de bateau et je l'ai emmené, » continua-t-il avec effort ; "c'est ce que j'ai fait. J'ai dû être ensorcelé.

"Eh bien, qui joue à ce petit jeu maintenant?" demanda une voix.

"Quelqu'un d'autre sera limogé en plus du second", a déclaré un autre.

« Il faut la reprendre », dit le capitaine en élevant la voix pour étouffer ces murmures. « Restez là ! »

L'équipage abasourdi se rendit à son poste, le capitaine donna ses ordres d'une voix qui n'avait jamais été aussi sourde et douce depuis qu'il s'était brisé à l'âge de quatorze ans, et le Mary Ann prit les voiles et, jetant l'ancre, attendit patiemment. le renversement de la marée.

Les cloches des églises de Wapping et de Rotherhithe sonnaient à peine l'heure de midi, même si peu de gens les entendaient, malgré le vacarme bruyant des ouvriers sur les quais et les navires, comme un petit capitaine corpulent et un second avec des moustaches rouges et un nez boutonneux. , se levèrent dans un bateau de batelier au centre de la rivière et se regardèrent avec un étonnement vide.

« Elle est partie, complètement partie ! » murmura le capitaine abasourdi.

« Propre comme un sou neuf », dit le second. "Les nouveaux employés ont dû s'enfuir avec elle."

Alors le capitaine endeuillé éleva la voix et prononça un pathétique et bel éloge du navire parti, quelque peu gâché par un appendice dans lequel il consacrait les nouveaux mains, leurs héritiers et descendants, à la perdition éternelle.

"Oh!" » dit le marinier, qui commençait à en avoir assez de cette affaire, en s'adressant à un marin à l'air crasseux pendu méditativement au bord d'une goélette. "Où est le Mary Ann?"

« Je suis parti à une heure et demie ce matin », fut la réponse.

« Parce que voici le capitaine et le compagnon », dit le passeur, désignant le couple désespéré d'un signe de tête.

"Mes yeux!" dit l'homme, je suppose que c'est le cuisinier qui s'occupe alors. Nous devions y aller aussi, mais notre vieux n'est pas revenu.

Rapidement, la nouvelle se répandit parmi les vaisseaux du gradin, et les suggestions furent nombreuses et diverses adressées au couple déconcerté depuis les différents ponts. Enfin, alors que le capitaine avait ordonné au batelier de regagner le rivage, il fut surpris par un grand cri du second.

"Regardez là!" il cria.

Le capitaine regarda. À cinquante ou soixante mètres de là, une petite goélette à l'air honteux, semblait-il à son imagination excitée, s'approchait lentement d'eux. Une minute plus tard, un cri s'éleva de l'autre embarcation alors qu'elle mettait les voiles et fonçait lentement sur eux. Puis un petit bateau s'est dirigé vers la bouée, et le Mary Ann s'est lentement dirigé vers l'endroit qu'il avait quitté dix heures auparavant.

Mais pendant que tout cela se passait, elle fut abordée par son capitaine et son second. Ils furent accueillis par le capitaine Bing, soutenu par son compagnon, qui s'était précipité hors du Smiling Jane pour aider son chef. Dans les deux principaux articles mentionnés ci-dessus, il n'était pas sans rappeler le compagnon du Mary Ann, et le malheureux Bing a beaucoup insisté sur ce fait dans son explication. À tel point, en fait, que les deux compagnons devinrent agités ; le capitaine, qui était un homme simple et habitué à appeler un chat un chat, utilisant le mot « boutonneux » avec ce qui leur semblait inutile.

Il est possible que l'entretien ait duré des heures si Bing n'avait pas soudainement changé de tactique et commencé à lancer de sombres allusions à la possibilité de dîner à terre et de le régler autour d'un verre amical. Le visage du capitaine du Mary Ann commença à s'éclaircir et, tandis que Bing passait des généralités aux détails, un doux sourire apparut sur ses traits expressifs. Cela se reflétait sur les visages des camarades qui, par ce moyen, montraient clairement qu'ils avaient compris que la table était mise pour quatre.

À cette heureuse tournure des choses, Bing lui-même sourit et, peu de temps après, un bateau contenant quatre compagnons de bord débarqua du Mary Ann et se dirigea vers le rivage. De ce qui a suivi ensuite, il n'y a aucune trace distincte, au-delà de ce que l'on peut tirer du fait que le quatuor est arrivé à minuit bras dessus bras dessous et a affectueusement refusé de se séparer, même d'entrer dans le bateau du navire, qui les attendait. . Les marins furent d'abord plutôt perplexes, mais à force de cajoleries et de discussions, ils dispersèrent le groupe et les ramèrent à leurs navires respectifs et les mirent soigneusement au lit.

CONTREBANDE DE GUERRE

Une LAMPE PETITE MAIS PUISSANTE brûlait dans le gaillard d'avant de la goélette Greyhound, à la lumière de laquelle un marin d'âge moyen, d'apparence calme, était assis en train de crocheter un antimacassar. Deux autres hommes ronflaient avec un profond contentement dans leurs couchettes, tandis qu'un petit garçon aux yeux brillants était assis dans le sien et lisait des romans aventureux.

«Voici le vieux Dan», dit l'homme à l'anti-macassar pour l'avertir, tandis qu'une paire de bottes de mer apparaissait au sommet de l'échelle de compagnon ; "Mieux vaut ne pas le laisser te voir avec ce papier, Billee ."

Le garçon le glissa sous ses couvertures et, s'allongeant, ferma les yeux lorsque le nouveau venu marcha sur le sol.

« Tous endormis ? » demanda ce dernier.

L'autre homme hocha la tête et Dan, sans autre pourparlers, se dirigea vers les dormeurs et les secoua brutalement.

«Eh! qu'est-ce qu'il y a ? demandèrent plaintivement les dormeurs.

« Lève-toi, » dit Dan de manière impressionnante, « Je veux te parler. Quelque chose d'important."

Avec divers grognements, les hommes obéirent et, sortant leurs jambes de leurs couchettes, roulèrent vers le casier et restèrent assis, mécontents, attendant des informations.

« Je veux rendre un bon service à un type de pores, » dit Dan, les regardant attentivement de ses petits yeux noirs, « et je veux que tu m'aides ; et le garçon aussi. Il n'est jamais trop jeune pour faire du bien à ses semblables, Billy.

"Je sais que ce n'est pas le cas ", dit Billy, prenant cela comme une permission de rejoindre le groupe ; « Une fois, j'ai aidé un homme ivre à rentrer chez lui, quand j'avais seulement dix ans, et quand j'avais seulement… »

L'orateur s'est arrêté, non pas parce qu'il était arrivé au terme de son discours, mais parce qu'un des marins lui avait passé le bras autour du cou et l'étouffait.

« Continuez », dit l'homme calmement ; «Je l'ai. Crachez-le, Dan, et aucun de vos sermons .

« Eh bien, c'est comme ça, Joe, » dit le vieil homme ; «Voici un type de pore, un jeune sojer du dépôt ici, et il s'est enfui. Il s'est caché dans un cottage au bout de la rue pendant deux jours, et il veut aller à Londres, et trouver un travail et un emploi honnêtes, sans tirer, ni « poignarder », ni tirer à la baïonnette...

« Rangez-le », dit Joe avec impatience.

« Il n'osait pas aller à la gare et il n'osait pas sortir avec son uniforme », a poursuivi Dan. « Mon art a saigné pour le jeune homme, et j'ai promis de lui faire un petit voyage à Londres avec nous. Les gens chez qui il vit ne veulent plus de lui. Ils n'ont qu'un seul lit, et dès qu'il voit un sojer arriver, il y va et s'y jette, qu'il ait ses bottes ou non.

"L'avez-vous dit au capitaine?" » demanda Joe sardoniquement.

"Je ne vais pas vous tromper, Joe, je ne l' ai pas fait", répondit le vieil homme. « Il devra rester ici le jour, et ne venir sur le pont que la nuit lorsque c'est notre quart. Je leur ai dit que vous étiez des types talentueux et que…

« Combien va-t-il vous donner ? » » demanda Joe avec impatience.

"Il est tout à fait normal qu'il paie un peu pour le passage", a déclaré Dan.

"Combien?" » demanda Joe en frappant du poing la petite table triangulaire, faisant ainsi tomber quelques points de suture à l'homme à l'antimacassar.

« Vingt-cinq shillings », dit le vieux Dan à contrecœur ; "et je dépenserai cinq shillings pour vous, les gars, quand nous arriverons à Limehouse."

«Je ne veux pas de votre argent», dit Joe; « Il y a une couchette vide qu'il peut avoir ; et attention, c'est vous qui assumez toute la responsabilité – je n'aurai rien à voir avec ça.

« Merci, Joe, » dit le vieil homme avec un soupir de soulagement ; « C'est un jeune homme sympa, tu es sûr de l'adorer. Je vais lui donner le conseil de monter à bord immédiatement.

Il courut de nouveau sur le pont et siffla doucement, et une silhouette, qui s'était cachée derrière un tas de vides, en sortit et, après avoir regardé attentivement autour de lui, tomba sans bruit sur le pont de la goélette et suivit son protecteur en bas.

« Bonsoir, mes amis », dit le juge de lignes, regardant autour de lui avec curiosité et inquiétude alors qu'il déposait un paquet sur la table et posait sa canne fanfaronne à côté.

"Quelle est ta taille?" » demanda brusquement Joe. « Sept pieds ? »

"Non, seulement six pieds quatre", dit modestement le nouvel arrivant. «Je n'en suis pas fier. Il est beaucoup plus facile pour un petit homme de s'éclipser que pour un grand.

"Ça me lèche", dit Joe pensivement, "pourquoi ils veulent qu'ils reviennent - je pense qu'ils seraient heureux de s'en débarrasser" - il s'arrêta un moment tandis que la politesse luttait contre l'émotion, et ajouta " mouffettes ". .»

« Peut-être que j'ai une raison d'être une mouffette, peut-être que je n'en ai pas », rétorqua le soldat Smith alors que son visage tombait.

« Ce sera votre couchette », s'interposa Dan à la hâte ; « Mettez vos affaires là-dedans, et quand vous serez en vous-même , vous serez aussi à l'aise qu'une huître dans sa coquille. »

Le visiteur obéit et, sortant d'abord du paquet quelques boîtes de conserve de viande et une bouteille de whisky, qu'il posa sur la table, demanda nerveusement l' honneur de la compagnie présente de souper. À l'exception de Joe, qui remonta brutalement dans sa couchette, les hommes obéirent, tous étant d'accord sur le fait que les garçons de l'âge de Billy devraient être élevés selon de solides principes d'abstinence.

Le souper terminé, le soldat Smith et ses protecteurs se retirèrent sur leurs canapés, où les premiers restèrent très anxieux jusqu'à deux heures du matin, lorsqu'ils repartirent.

« Tout va bien, mon garçon, » dit Dan après que la montre eut été réglée, alors qu'il s'approchait de la couchette du déserteur ; "Je t'ai sauvé, je t'ai sauvé pour vingt-cinq shillings."

«J'aurais aimé que ce soit plus», a déclaré poliment le soldat Smith.

Le vieil homme soupira et attendit.

" Mais je suis tout à fait vidé, " continua le déserteur, " sauf fi'pence ha'penny . Je devrai risquer de rentrer chez moi dans mon uniforme tel qu'il est.

« Ah, vous y arriverez très bien, » dit Dan joyeusement ; " et quand tu rentreras à la maison, tu auras sans doute des amis, et s'il te semble que tu aimerais leur donner un peu plus pour t'aider dans les moments difficiles, tu ne seras pas ingrat, mon garçon . , Je sais. Vous n'êtes pas du genre.

Sur ces mots, le vieux Dan, le caressant affectueusement, se retira, et le soldat essaya de dormir dans ses quartiers étroits jusqu'à ce qu'il soit réveillé par une poignée sur son bras.

« Si vous avez besoin d'une bouchée d'air frais, vous feriez mieux de monter sur le pont maintenant », dit la voix de Joe ; « c'est ma montre. Vous pouvez dormir autant que vous le souhaitez pendant la journée.

Heureux de s'échapper d'un endroit aussi étouffant, le soldat Smith sortit de sa couchette et suivit l'autre sur le pont. C'était une belle nuit claire, et la goélette avançait sous une légère brise ; le matelot prit le volant et, se tournant vers son compagnon, lui demanda brusquement ce qu'il voulait dire en les abandonnant et en les harcelant avec six pieds quatre de homard mal cuit.

«C'est grâce à ma copine», dit docilement le soldat Smith; « Elle m'a d'abord laissé tomber et m'a fait rejoindre l'armée ; maintenant, elle a viré l'autre gars et m'a écrit de rentrer.

« Et maintenant, je suppose que l'autre type prendra ta place dans l'armée », dit Joe. « Eh bien, une fille comme celle-là pourrait remplir un régiment, si elle le voulait. Pah ! Ils vous arrêteront aussi, dans cet uniforme, et vous aurez six mois de prison, et vous devrez également finir votre peine.

"C'est plus que probable", dit sombrement le soldat. "Je dois aller à Manchester avec ces vêtements, d'après ce que je peux voir."

« Pourquoi as-tu donné tout ton argent au vieux Dan ? » demanda Joe.

"Au début, je pensais seulement à m'enfuir", a déclaré Smith, "et j'ai dû accepter ce qui était proposé."

"Eh bien, je ferai ce que je peux pour vous", dit le marin. « Si vous êtes amoureux, vous n'êtes pas responsable de vos actes. Je me souviens de la première fois que j'ai reçu le mandrin. Je suis entré dans un bar et j'ai brisé tous les verres et bouteilles que je pouvais trouver. J'avais l'impression que je devais faire quelque chose. Si seulement tu étais plus petit, je te prêterais des vêtements.

« Vous êtes une brique », dit le soldat avec reconnaissance.

"Je n'ai pas non plus d'argent à vous prêter", a déclaré Joe. « Je n'en ai jamais, d'une manière ou d'une autre. Mais il faut avoir des vêtements.

Il tomba dans une profonde réflexion et leva les yeux en l'air comme s'il contemplait une expédition de découpe sur les voiles, tandis que le soldat, assis sur le côté du navire, attendait avec espoir un miracle.

"Tu ferais mieux de redescendre en bas", dit Joe à présent.

« Il semble y avoir quelqu'un qui bouge en dessous ; et si le skipper vous voit, c'est fini. C'est un Tartare régulier, et il a un frère qui est sergent-major dans l'armée. Il t'abandonnerait immédiatement s'il te repérait.

«Je m'en vais», dit Smith; et à grands pas, comme ceux d'un chat, il disparut rapidement en dessous.

Pendant deux jours, tout se passa bien, et Dan commençait à se féliciter de sa petite entreprise, lorsque sa tranquillité d'esprit fut brutalement troublée. L'équipage était en bas, en train de prendre son thé, lorsque Billy, qui était allé à la cuisine chercher de l'eau chaude, descendit, blanc et effrayé.

« Écoutez, » dit-il nerveusement, « je n'ai rien à voir avec la présence de ce type à bord, n'est-ce pas ?

"Quel est le problème?" » demanda rapidement Dan.

"Tout est découvert", a déclaré Billy.

"QUOI!" s'écria simultanément l'équipage.

"C'est du moins le cas", dit le jeune homme en se corrigeant. « Tu ferais mieux de le jeter par-dessus bord pendant que tu as le temps. J'ai entendu le capitaine le dire au second alors qu'il descendait au poste de pilotage demain matin pour regarder autour de lui. Il va le faire peindre.

« Voilà, » dit Dan au milieu d'une pause douloureuse, « voilà ce qui arrive lorsqu'on aide un semblable. Que faut-il faire ?

« Dites au capitaine que le poste de garde ne veut pas de peinture », suggéra Billy.

Le vieux marin angoissé , posant soigneusement sa soucoupe de thé, lui menotta la tête avec méchanceté.

« La mer est calme, dit-il en regardant le visage perturbé du soldat Smith, et il y a beaucoup de navires. Si j'étais déserteur, plutôt que d'être rattrapé, je passerais par-dessus bord ce soir avec une bouée de sauvetage et je tenterais ma chance.

«Je ne le ferais pas», dit M. Smith avec beaucoup de décision.

« Vous ne le feriez pas ? Pas si vous étiez à proximité d'un autre navire ? roucoula Dan.

"Pas si j'étais à proximité de cinquante navires en fleurs, essayant tous de voir lequel pourrait me prendre en premier", répondit M. Smith avec une certaine chaleur.

"Alors nous devrons vous abandonner à votre sort", dit solennellement Dan. "Si un homme est déraisonnable, ses meilleurs amis ne peuvent rien faire pour lui."

— Jetez tous ses vêtements par-dessus bord, de toute façon, dit Billy.

« C'est une bonne idée de la part du garçon . Laissez ses oreilles tranquilles », dit Joe, arrêtant la main prête de Dan exaspéré. « Il a plus de bon sens que n'importe lequel d'entre nous. Tu penses à autre chose, Billy ? Que devons-nous faire à présent?"

Les yeux de tous étaient tournés vers leur jeune libérateur, ceux de M. Smith étant douloureusement proéminents. Ce fut un moment de fierté pour Billy, et il resta silencieux pendant un certain temps, avec un air de sagesse et de réflexion ineffable sur son visage. Enfin il parla.

«Laissez le tour de quelqu'un d'autre», dit-il généreusement.

La voix de l'agent antimacassar rompit le silence.

« Peignez-le partout avec des bandes de peinture de différentes couleurs et laissez-le faire comme s'il était fou et ne savait pas comment il est arrivé ici », dit-il avec un accent de fierté incontrôlable à l'idée, qui fut très froidement accueillie. Le soldat Smith est visiblement dur avec ça.

"Je sais", dit Billy d'une voix stridente en frappant dans ses mains. «Je l'ai, je l'ai. Après qu'il aura jeté ses vêtements par-dessus bord ce soir, laissez-le aussi passer par-dessus bord, avec une corde.

"Et remorquez-le jusqu'au bout du chemin et donnez-lui des biscuits, je suppose", grogna Dan.

« Non, » dit le jeune génie avec mépris ; "Faites comme s'il était bouleversé par un bateau et qu'il nageait, et nous l'avons entendu crier à l'aide et nous l'avons secouru."

« C'est à peu près la meilleure façon de s'en sortir », dit Joe après quelques délibérations ; « Il fait chaud et tu ne subiras aucun mal, mon pote. Faites-le sous ma montre et je vous retirerai directement.

« Ça ne marcherait pas si vous me jetiez un seau d'eau sur moi et disiez que vous m'aviez retirée », a suggéré la victime. "L'autre chose semble être un pur MENSONGE."

"Non", dit Billy avec autorité, "il faut avoir l'air à moitié noyé, avaler beaucoup d'eau et avoir les yeux injectés de sang."

Tout le monde était impatient de l'aventure, sauf le soldat Smith, les arrangements furent aussitôt conclus et l'approche de la nuit attendue avec impatience. Il était juste avant minuit lorsque Smith, qui avait oublié pour le moment ses troubles du sommeil, fut secoué et réveillé.

« De l'eau froide, monsieur ? dit Billy joyeusement.

N'étant pas d'humeur frivole, le soldat Smith se leva et suivit les jeunes sur le pont. L'air lui parut aussi froid qu'il se tenait là ; mais ce fut néanmoins avec un sentiment de soulagement qu'il vit l'uniforme de Sa Majesté passer par-dessus bord et s'enfoncer dans l'eau sombre.

"Il n'a pas l'air beaucoup avec son rembourrage, n'est-ce pas ?" » dit Billy, qui le regardait d'un œil critique.

"Vous descendez en bas", dit Dan sèchement.

« Garn », dit Billy avec indignation ; «Je veux voir le plaisir aussi bien que toi. J'y ai pensé.

"Amusant?" dit sévèrement le vieillard. "Amusant? Voir une créature souffrir, et peut-être se noyer…

« Je ne pense pas que je ferais mieux d'y aller », a déclaré la victime ; "Cela semble plutôt sournois."

"Oui, tu le feras", dit Joe. "Enroulez cette ligne autour de votre bras et nagez doucement jusqu'à ce que je vous attire."

Forcément contre son inclination, le soldat Smith saisit la ligne et, suspendu au bord de la goélette, sentit la température avec son pied et, lentement et tendrement, avec de nombreux petits halètements, engagea son corps dans les profondeurs. Joe a payé la ligne et a attendu, laissant échapper davantage de ligne, lorsque l'homme dans l'eau, qui devenait anxieux, a commencé à se donner la main.

"Ça fera l'affaire", dit enfin Dan.

"Je pense que ce sera le cas", dit Joe, et, mettant la main à sa bouche, il poussa un grand cri. Il fut répondu presque directement par des rugissements de surprise venant de la cabine, et le capitaine et son second se précipitèrent en toute hâte sur le pont pour voir l'équipage, en tenue de couchage, formant un groupe excité autour de Joe et regardant avec impatience par-dessus le bord.

"Quel est le problème?" » demanda le capitaine.

"Quelqu'un dans l'eau, monsieur", dit Joe en cédant la barre à l'un des autres marins et en tirant la ligne. "J'ai entendu un cri venant de l'eau et j'ai lancé une ligne, et, par gomme, je l'ai accrochée !"

Il hala, vigoureusement aidé par le patron, jusqu'à ce que le long corps blanc du soldat Smith, blanchi par le froid, vienne heurter le flanc de la goélette.

«C'est une sirène», dit le second, qui avait tendance à être superstitieux, en la regardant d'un air dubitatif. "Laisse tomber, Joe."

« Rapportez-le, les garçons », dit le patron avec impatience ; et deux des hommes escaladèrent le bord et, se baissant, le relevèrent de l'eau.

Au milieu d'une flaque d'eau qu'il avait apportée avec lui, le soldat Smith fut étendu sur le pont et, agitant les bras, il luttait sauvagement pour reprendre son souffle.

"Allez-en chercher un vide", dit rapidement le capitaine en désignant quelques barils disposés le long du côté.

Les hommes en retournèrent un, puis aidèrent le capitaine à placer la longue silhouette blonde de leur visiteur dessus et à le faire rouler vigoureusement de haut en bas sur le pont, ses jambes formant des poignées pratiques pour les opérateurs énergiques.

« Il arrive », dit le second en les vérifiant ; « il parle. Comment te sens-tu, mon pauvre garçon ?

Il baissa l'oreille, mais cette action était inutile. Le soldat Smith se sentit mal et, dans l'anglais le plus simple auquel il pouvait penser à ce moment-là, il le dit distinctement.

« Il jure », dit le second. "Il devrait avoir honte de lui-même."

«Oui», dit austèrement le patron; « et lui aussi, si proche de la mort. Comment es-tu entré dans l'eau ?

"Je suis allé nager", haleta Smith d'un air maussade.

"NAGER?" répéta le capitaine. "Eh bien, nous sommes à dix milles de la terre!"

"Son esprit vagabonde, espèce de pores", l'interrompit précipitamment Joe. "De quel bateau es-tu tombé, mon pote ?"

« Une barque », dit Smith, essayant de rouler hors de portée du capitaine, qui était à genoux et l'écorchait vif avec une serviette à roulettes. « J'ai dû me déshabiller dans l'eau pour rester à flot. J'ai perdu tous mes vêtements.

« Fermer les pores », a déclaré Dan.

"Une montre et une chaîne en or, mon sac à main et trois des hommes les plus gentils qui aient jamais respiré", continua Smith, qui entrait maintenant dans l'esprit de la chose.

« Pauvres gars », dit solennellement le patron. "L'un d' entre eux a quitté une famille ?"

"Quatre", dit tristement Smith.

"Enfants?" demanda le compagnon.

« Familles », a déclaré Smith.

«Regardez ici», dit le second, mais Joe, vigilant, l'interrompit.

« Son esprit vagabonde », dit-il précipitamment. « Il ne sait pas compter, mon gars. Nous ferions mieux de le mettre au lit.

"Ah, oui", dit le capitaine, et, assisté de ses amis, l'homme secouru fut à moitié conduit, à moitié transporté en dessous et placé entre les couvertures, où il gisait luxueusement en sirotant un verre de cognac et d'eau, envoyé de la cabine.

"Comment ai- je fait?" » demanda-t-il d'un air satisfait.

"Il n'était pas nécessaire de mentir à tous à ce sujet", dit Dan sèchement; « Au lieu d'un petit mensonge, vous en avez raconté une demi-douzaine. Je ne veux plus rien avoir à faire avec toi. Vous recommencez maintenant, comme un nouveau-né.

«Très bien», dit brièvement Smith; et, étant très fatigué par ses efforts et très rafraîchi par l'eau-de-vie, il tomba dans un sommeil profond et paisible.

La matinée était bien avancée quand il se réveilla, et le poste de pilotage était vide, à l'exception du fidèle Joe, qui se tenait à ses côtés, avec un tas de vêtements sous le bras.

« Essayez-les », dit-il tandis que Smith le regardait à moitié éveillé ; "Ils seront mieux que rien, de toute façon."

Le soldat sauta de sa couchette et commença à s'habiller avec gratitude, Joe le regardant d'un œil critique tandis que le pantalon remontait sur ses longues jambes et que les manches de la veste faisaient de leur mieux pour cacher ses coudes.

"De quoi j'ai l'air?" » s'enquit-il anxieusement en finissant.

« Six pieds et demi de misère », dit promptement la voix aiguë de Billy, alors qu'il passait la tête dans le poste de gaillard d'avant. "Vous ne pouvez pas aller à l'église avec ces vêtements."

"Eh bien, ils feront l'affaire pour le navire, mais vous ne pouvez pas débarquer avec eux " , dit Joe, alors qu'il se dirigeait vers l'échelle et sautait soudainement d'une marche ou deux pour lâcher le garçon. le vieil homme veut te voir ; fais attention à ce que tu lui dis.

Après avoir tenté en vain de paraître inconscient de la silhouette qu'il avait faite, Smith monta sur le pont pour l'entretien.

"Nous ne pouvons rien faire avant d'arriver à Londres", a déclaré le capitaine, tout en prenant de nombreuses notes sur les aventures de Smith. "Dès que nous y arriverons, je te prêterai de l'argent pour télégraphier à tes amis pour leur dire que tu es en sécurité et pour t'envoyer des vêtements, et bien sûr tu seras nourri et logé gratuitement jusqu'à ce que ça arrive, et j'en rédigerai un compte rendu pour les journaux.

"Vous êtes très bon", a déclaré Smith d'un ton vide.

« Et je ne sais pas ce que vous êtes », dit le capitaine d'un ton interrogatif ; mais vous devriez faire de la natation un métier : six heures de natation ainsi, c'est merveilleux.

« Vous ne savez pas ce que vous pouvez faire avant d'y être obligé », dit Smith modestement en reculant lentement ; "mais je ne veux plus jamais revoir l'eau aussi longtemps que je vivrai."

Les deux jours restants de leur voyage passèrent trop vite pour les hommes, qui cherchaient un moyen de se sortir de la difficulté qu'ils prévoyaient surgir en arrivant à Londres.

« Si seulement vous aviez des vêtements décents, dit Joe alors qu'ils passaient devant Gravesend, vous pourriez partir envoyer un télégramme sans revenir ; mais vous ne pouviez pas parcourir cinq mètres avec ces engins sans avoir une foule à vos trousses.

"Je suppose qu'il faudra que je sois emmené ", dit Smith d'un ton maussade.

« Un pauvre vieux Dan aura six mois de prison ferme pour vous avoir aidé », dit Joe avec sympathie, alors qu'une idée brillante lui venait à l'esprit.

"Déchets!" dit Dan avec inquiétude. « Il peut s'en tenir à son histoire de bouleversement ; de toute façon, le patron l'a vu sortir de l'eau. C'est un type trop honnête pour causer des ennuis à un vieil homme qui essaie de l'aider.

"Il doit avoir une nouvelle plate-forme, Dan," dit doucement Joe. « Toi et moi , nous irons les acheter . Je ferai le choix et vous paierez. Eh bien, ce sera un plaisir habituel pour toi de dépenser un peu d'argent, Dan. Nous allons passer une bonne soirée de shopping, tout ce qu'il y a de mieux.

Dan, furieux, haleta et regarda, impuissant, l'équipage souriant.

« Je vais le voir, par-dessus bord d'abord », dit-il furieusement.

« S'il vous plaît, » dit brièvement Joe, « s'il est attrapé , vous aurez six mois. Dans l'état actuel des choses, vous avez une chance de faire un petit acte chrétien gentil et gentil, car , bien sûr, les vingt-cinq dollars que vous lui avez retirés ne serviront en rien à payer pour son habillement .

Presque hors de lui d'indignation, le vieil homme s'éloigna et ne dit plus un mot jusqu'à ce qu'ils soient amarrés au quai de Limehouse. Il ne rompit même pas le silence lorsque Joe, le prenant affectueusement par le bras, le conduisit vers l'arrière jusqu'au patron.

« Moi et Dan, monsieur, » dit Joe très respectueusement, « aimerions descendre à terre pour faire un peu de shopping. Dan a très gentiment proposé de prêter de l'argent à ce petit gars pour acheter des vêtements, et il veut que je l'accompagne pour l'aider à les porter.

"Oui, oui", dit le patron avec un sourire bienveillant au vieux philanthrope. "Tu ferais mieux d'y aller tout de suite, avant la fermeture des magasins."

« Nous allons courir, monsieur », dit Joe, et il prit Dan par le bras et l'entraîna au trot dans la rue.

Près de deux heures s'écoulèrent avant leur retour, et aucun enfant n'observa avec plus d'impatience l'ouverture d'un cadeau d'anniversaire que Smith n'observa la défaite des nombreux colis dont ils étaient chargés.

"C'est une fée marraine ordinaire , n'est- ce pas ?" » dit Joe, tandis que Smith s'habillait joyeusement d'un costume en tweed très présentable, de bottes en bon état et d'un chapeau melon. "Nous avons eu un travail épouvantable pour obtenir un costume assez grand, et le seul que nous avons pu obtenir était bien plus d'argent que ce que nous voulions donner, n'est-ce pas, Dan ?"

La fée marraine luttait vaillamment avec ses sentiments.

"Vous le ferez maintenant", dit Joe. "Je n'ai pas grand-chose, mais ce que j'ai, tu es le bienvenu." Il mit la main dans sa poche et en sortit une pièce de monnaie. "Qu'est-ce que vous avez, les amis ?"

Avec une bonne volonté, les autres hommes ont vidé leurs poches et, augmentant le stock, ils l'ont chaleureusement mis sur Smith, qui, après avoir serré la main avec gratitude, a suivi Joe sur le pont.

« Vous avez de quoi payer votre voyage, dit celui-ci ; « et j'ai dit au capitaine que vous alliez à terre pour envoyer des télégrammes. Si vous renvoyez l'argent à Dan, je ne vous le pardonnerai jamais.

« Je ne le ferai pas, alors », dit Smith fermement ; « mais je vais renvoyer les leurs aux autres types. Au revoir."

Joe lui serra de nouveau la main et lui ordonna de partir pendant que la voie était libre, conseil que Smith s'empressa de suivre, bien qu'il se retourna et fit un signe de la main à l'équipage, qui était monté silencieusement sur le pont pour l'accompagner au départ. ; tout le monde sauf le philanthrope, qui était en bas avec un moignon de crayon et un morceau de papier en train de faire des calculs.

UNE AFFAIRE NOIRE

Je NE VOULAIS PAS l'apporter, » dit le capitaine Gubson , regardant d'un air quelque peu défavorable un perroquet gris dont la cage était accrochée au grand mât, « mais mon vieil oncle était tellement déterminé à le faire que j'ai dû le faire. Il a dit qu'un voyage en mer mettrait fin à ses jours .

« Tout va bien pour le moment, » dit le second, qui suçait tendrement son index ; "le meilleur des esprits, devrais-je dire."

« C'est ludique », reconnaît le skipper. « Le vieil homme y pense rarement. Je pense que j'en aurai un peu de ce côté-là, alors gardez un œil sur le mendiant.

« Sondage à gratter ! » » dit le perroquet en donnant un premier coup d'œil à son bec sur son perchoir. « Grattez la pauvre Polly ! »

Il pencha la tête contre les barreaux et attendit patiemment de jouer ce qu'il avait toujours considéré comme la farce la plus consommée qui ait jamais existé. Le premier doute qu'il ait jamais eu à ce sujet survint lorsque le second s'avança et le gratta obligeamment avec le tuyau de sa pipe. C'était un développement totalement imprévu, et le perroquet, ébouriffant ses plumes, se faufila le long de son perchoir et couva sombrement à l'autre extrémité de celui-ci.

L'opinion devant le mât était également défavorable au nouvel arrivant, l'opinion générale étant que la jalousie sauvage qui faisait rage dans le sein du chat du navire conduirait tôt ou tard à des méfaits.

« Le vieux Satan n'aime pas ça », dit le cuisinier en secouant la tête. « L'oiseau béni n'était pas à bord depuis dix minutes que Satan rôdait dans les environs. L'image fleurie a attendu qu'il soit à environ un pied de la cage, puis il a appliqué la perlite et lui a demandé s'il voulait un verre de bière. Je n'ai jamais vu un chat aussi surpris de toute ma vie. Jamais."

"Il y aura des problèmes entre eux ", dit le vieux Sam, qui était le protecteur spécial du chat, "écoutez mes paroles."

«Je parierais sur le perroquet», a déclaré l'un des hommes avec assurance. « C'est un peu sorti du doigt du compagnon. Où était le chat par rapport à ce bec ?

"Eh bien, vous perdriez votre argent", a déclaré Sam. "Si vous voulez faire plaisir au chat, chaque fois que vous le voyez près de cette cage, menottez-le."

L'équipage, très attaché au chat que la femme du compagnon leur avait présenté alors qu'il était encore chaton, suivit ce conseil avec tant d'enthousiasme que pendant les deux jours suivants, l'animal indigné fut comme avoir été tué avec bonté. Le troisième jour, cependant, la cage du perroquet étant sur la table de la cabane, le chat s'est glissé furtivement vers le bas et, à la demande pressante de l'occupant lui-même, s'est gratté la tête pour lui.

Le patron fut le premier à découvrir le méfait, et il monta sur le pont et publia la nouvelle d'une voix qui frappa tous les cœurs.

« Où est passé ce diable noir ? il cria.

« Quelque chose ne va pas, monsieur ? » demanda anxieusement Sam.

«Venez voir ici», dit le capitaine. Il nous ouvrit la voie jusqu'à la cabine, où le second et un membre de l'équipage se tenaient déjà debout, secouant la tête au-dessus du perroquet.

"Qu'en pensez-vous?" » demanda farouchement le patron.

"Trop de nourriture sèche, monsieur", dit Sam après mûre réflexion.

"Trop quoi?" » beugla le capitaine.

"Trop de nourriture sèche", répéta Sam fermement. « Un perroquet – un perroquet gris – veut beaucoup de boisson. S'il ne l'obtient pas, il mue . »

"Il y a trop de CAT", a déclaré le capitaine avec férocité, "et vous le savez, et il passe par-dessus bord."

« Je ne crois pas que ce soit le chat, monsieur, » intervint l'autre homme ; "C'est trop tendre pour faire une chose pareille."

"Vous pouvez fermer la mâchoire", dit le patron en rougissant. « Qui vous a demandé de venir ici ? »

"Personne n'a vu le chat faire cela", a insisté le compagnon.

Le patron ne dit rien mais, se baissant, ramassa une plume de la queue sur le sol et la posa sur la table. Il monta alors sur le pont, suivi des autres, et commença à appeler le chat d'un ton séduisant. Aucune réponse ne venant de l'animal sagace qui s'était caché, il se tourna vers Sam et lui demanda de l'appeler.

"Non, monsieur, je n'accepterai pas de ça", dit le vieil homme. "Mise à part mon attachement pour l'animal, je n'aurai rien à voir avec la mort d'un chat noir."

"Déchets!" » dit le capitaine.

"Très bien, monsieur," dit Sam en haussant les épaules, "vous savez mieux, bien sûr. Vous êtes énervé et pas moi, et peut-être pouvez- vous vous permettre de vous moquer de ce genre de choses. J'ai connu un homme qui a tué un chat noir et il est devenu fou. Il y a quelque chose de très particulier chez notre chat.

"Il en sait plus que nous", a déclaré l'un des membres de l'équipage en secouant la tête. « Cette fois-là, je veux dire, nous avons lancé la claque, ce chat s'y attendait avant. C'était comme une chose sauvage.

« Regardez le temps qu'il fait, regardez les voyages que nous avons faits depuis qu'il est à bord », dit le vieil homme. "Dis-moi que c'est une chance si tu veux, mais je SAIS mieux."

Le capitaine hésita. C'était un homme superstitieux, même pour un marin, et sa faiblesse était si bien connue qu'il était devenu un réceptacle sympathique pour toutes les histoires de fantômes qui, en raison de leur grossièreté ou de leur manque de corroboration, avaient été rejetées par d'autres experts. Il était une bibliothèque de référence parfaite pour les présages, et ses interprétations des rêves lui avaient valu une réputation largement répandue.

« Tout cela n'a aucun sens, » dit-il, s'arrêtant avec inquiétude ; « Pourtant, je veux seulement être juste. Je n'ai rien de vindicatif et je n'y participerai pas moi-même. Joe, attache juste un morceau de charbon à ce chat et jette-le par-dessus bord.

"Pas moi", dit le cuisinier, suivant l'exemple de Sam et frémissant. « Pas pour cinquante jeux de mots en or. Je ne veux pas être hanté.

« Le perroquet va un peu mieux maintenant, monsieur, dit l'un des hommes profitant de son hésitation, il a ouvert un œil.

"Eh bien, je veux seulement être juste", répéta le skipper. "Je ne ferai rien dans la précipitation, mais, retenez bien mes paroles, si le perroquet meurt, ce chat passe par-dessus bord."

Contrairement aux attentes, l'oiseau était encore en vie lorsque l'on atteignit Londres, bien que le cuisinier, qui, du fait de ses relations avec la cabane, avait soudainement atteint une position d'une importance inhabituelle, rapporta une grande perte de force et une irritabilité d'humeur. Il était encore vivant, mais en déclin rapide le jour où ils devaient reprendre la mer ; et le gaillard d'avant, se préparant au pire, rangea son animal de compagnie dans le casier à peinture et discuta de la situation.

Leur conseil fut interrompu par le comportement mystérieux du cuisinier qui, sorti pour faire un stock de pain, fit soudain irruption chez eux, plus à la manière d'un membre d'une société secrète que d'une unité humble mais utile d'un navire. entreprise.

"Où est le capitaine ?" » demanda-t-il dans un murmure rauque, alors qu'il s'asseyait sur le casier avec le sac de pain entre les genoux.

"Dans la cabine", dit Sam, considérant ses pitreries avec une certaine défaveur . "Qu'est-ce qui ne va pas, cookie?"

"Qu'est- ce que tu penses que j'ai là-dedans?" demanda le cuisinier en tapotant le sac.

La réponse évidente à cette question était bien sûr le pain ; mais comme on savait que le cuisinier était parti exprès pour en acheter, et qu'il pouvait difficilement poser une question comportant une réponse aussi simple, personne ne la donna.

«Cela m'est venu tout d'un coup», dit le cuisinier dans un murmure passionnant. « Je venais d'acheter le pain et de quitter le magasin, quand j'aperçois un gros chat noir, notre image même, assis sur le pas d'une porte. Je me suis juste penché pour le caresser, quand il me venait .

«Ils le feront parfois», a déclaré l'un des marins.

— Ce n'est pas ce que je veux dire, dit le cuisinier avec le mépris du génie. « Je veux dire, l'idée l'a fait. Je me suis dit : « Tu pourrais être le frère du vieux Satan à en juger par ton apparence ; et si le capitaine veut tuer un chat, que ce soit toi, dis- je . Et sur ce, avant qu'il puisse dire Jack Robinson, je l'ai ramassé par la peau du cou et je l'ai mis dans le sac.

"Quoi, tout ça avec notre pain ?" » dit l'intervenant précédent d'une voix peinée.

"Certains d' entre vous sont ardents s'il vous plaît, dit le cuisinier profondément offensé.

"Ne vous occupez pas de lui, cuisinier", dit Sam admiratif. "Tu es un chef-d'œuvre, c'est ce que tu es."

«Bien sûr, si l'un d'entre vous a un meilleur plan», dit généreusement le cuisinier.

« Ne dis pas de bêtises, cuisinier », dit Sam ; "Allez chercher les deux chats et rassemblez- les ."

« Ne les mélangez pas », dit le cuisinier en guise d'avertissement ; "car vous ne saurez jamais lequel est lequel si vous le savez."

Il ouvrit prudemment le haut du sac et en sortit son captif, et Satan, ayant été libéré de sa prison, les deux animaux furent soigneusement comparés.

"Ils ressemblent à deux morceaux de charbon", dit lentement Sam. « Seigneur, quelle blague sur le vieil homme. Je dois en parler à mon compagnon ; il va l'apprécier.

"Tout ira bien si le perroquet ne meurt pas", dit le délicat pessimiste, reprenant toujours son thème favori. "Tout ce pain pourri, et deux chats à bord."

"Ne vous souciez pas de ce qu'il veut ", dit Sam; « tu es une brique, c'est ce que tu es. Je vais juste faire quelques trous dans le couvercle de la poitrine du garçon et y faire entrer le vieux Satan. Cela ne vous dérange pas, n'est-ce pas, Billy ?

" Bien sûr que non ", s'indignèrent les autres hommes.

Les choses étant ainsi agréablement arrangées, Sam se procura une vrille et prépara le coffre pour la réception de son locataire, qui, convaincu qu'on le mettait à l'écart pour faire place à un rival, se livra une lutte effrénée pour la liberté.

« Maintenant, prends quelque chose de lourd et mets-le dessus », dit Sam, après s'être convaincu que la serrure était cassée ; « et, Billy, mets le chat noo dans le casier à peinture jusqu'à ce que nous commencions ; c'est le mal du pays.

Le garçon obéit, et l'étudiant fut maintenu en détention jusqu'à ce qu'ils quittent Limehouse, lorsqu'il monta sur le pont et faillit mettre fin à sa carrière sur-le-champ en tentant de sauter par-dessus le pavois dans le jardin voisin. Pendant quelque temps , il arpenta le pont d'une manière perturbée, puis, sautant sur la poupe, il miaula plaintivement alors que sa ville natale s'éloignait de plus en plus de sa vue.

"Qu'est-ce qu'il y a avec le vieux Satan ?" » dit le second, qui avait été mis au courant du secret. "Il semble avoir quelque chose en tête."

"Il va avoir quelque chose autour du cou tout à l'heure", dit sombrement le patron.

La prophétie s'est réalisée environ trois heures plus tard, lorsqu'il est arrivé sur le pont avec tristesse au sujet des restes d'un oiseau dont le vocabulaire avait autrefois fait la fierté de sa ville natale. Il le jeta par-dessus bord sans dire un mot, puis, saisissant le chat innocent, qui l'avait suivi avec l'impression qu'il allait déjeuner, il en sortit une demi-brique attachée à une ficelle et l'attacha autour de son cou. L'équipage, qui a énormément apprécié la plaisanterie, a poussé un hurlement de protestation.

"L' Alouette des cieux n'en aura jamais d'autre comme celle-ci, monsieur", dit Sam solennellement. "Ce chat était la chance du navire."

"Je ne veux pas des histoires de votre vieille femme", dit brutalement le capitaine. "Si tu veux le chat, va le chercher."

Il recula tout en parlant et envoya le gentil étranger se précipiter dans les airs. Il y eut un « plomp » lorsqu'il atteignit l'eau, une ou deux bulles remontèrent à la surface, et tout était fini.

"C'est la fin," dit-il en se détournant.

Le vieil homme secoua la tête. « On ne peut pas tuer un chat noir pour rien, dit-il, retenez bien mes paroles !

Le patron, qui était de mauvaise humeur à ce moment-là, ne pensait pas à eux, mais ils lui revinrent vivement le lendemain. Le vent s'était rafraîchi pendant la nuit et la pluie tombait abondamment. Sur le pont, l'équipage se tenait debout dans des cirés, tandis qu'en bas, le garçon, dans sa nouvelle qualité de geôlier , poursuivait les besoins d'un prisonnier ingrat, lorsque le cuisinier, jetant un coup d'œil de ce côté, fut horrifié de voir l'animal émerger de le gaillard d'avant. Il échappa facilement à l'emprise frénétique du garçon alors qu'il sautait sur l'échelle après lui et marchait tranquillement le long du pont en direction de la cabine. Juste au moment où l'équipage l'avait abandonné pour perdu, il rencontra Sam, et l'instant d'après, malgré ses cris, il fut rattrapé et blotti sous ses cirés raides et moites. Au bruit, le patron, qui parlait au second, se retourna comme s'il avait reçu une balle et regarda autour de lui d'un air effaré.

« Dick, dit-il, entends-tu un chat ?

"Chat!" » dit le second avec un accent de grand étonnement.

"Je pensais l'avoir entendu", a déclaré le capitaine perplexe.

"Fantastique, monsieur", dit fermement Dick, alors qu'un miaulement, épouvantable dans sa colère, sortait de sous le manteau de Sam.

"L'as-tu entendu, Sam?" » appela le patron, tandis que le vieil homme s'éloignait.

« Entendez quoi, monsieur ? » » demanda respectueusement Sam, sans se retourner.

"Rien", dit le capitaine en se ressaisissant. "Rien. D'accord."

Le vieillard, à peine capable de croire à sa bonne fortune, s'avança et, saisissant une occasion favorable , rendit son ingrat fardeau au garçon.

« Imaginez-vous que vous ayez entendu un chat tout à l'heure ? » » demanda le second avec désinvolture.

«Eh bien, entre vous et moi, Dick», dit le capitaine d'une voix mystérieuse, «je l'ai fait, et ce n'était pas compliqué non plus. J'ai entendu ce chat aussi clairement que s'il était vivant.

«Eh bien, j'ai entendu parler de telles choses», dit l'autre, «mais je n'y crois pas . Quelle plaisanterie si le vieux chat revient ce soir en grimpant par-dessus le bord de la mer, avec la brique accrochée à son cou.

Le patron le regarda un moment sans rien dire. « Si c'est là votre idée d'une alouette, dit-il enfin d'une voix qui trahissait des traces d'émotion, ce n'est pas la mienne.

«Eh bien, si vous l'entendez encore», dit cordialement le second, «vous pourriez me le faire savoir. Ce genre de choses m'intéresse plutôt.

Le patron, n'en entendant plus parler ce jour-là, s'efforçait de se persuader qu'il était victime de l'imagination, mais, malgré cela, il se plaisait la nuit, au volant, à réfléchir sur la sensation de compagnie offerte par la vigie à l'avant. De son côté, le guetteur était tout à fait charmé par l'affabilité inhabituelle du patron, qui lui criait deux ou trois fois sur des sujets qui n'avaient qu'un faible rapport avec la progression de la goélette.

La nuit, qui avait été sale, s'éclaircit un peu, et le brillant croissant de lune apparut au-dessus d'un épais banc de nuages, tandis que le chat, qui, à force de se servir de son dos comme d'un levier, s'était enfin dégagé de ce maudit coffre, il lécha ses membres galbés et monta sur le pont. Après sa prison étouffante, l'air était tout simplement délicieux.

"Bob!" » cria soudain le capitaine.

« Oui, oui, monsieur ! » » dit le guetteur d'une voix surprise.

"Avez-vous miaulé?" » demanda le patron.

"Est-ce que j'ai WOT, monsieur?" s'écria Bob étonné.

"Mew," dit sèchement le capitaine, "comme un chat ?"

"Non, monsieur", dit le marin offensé. "Pourquoi est- ce que je veux faire ça?"

«Je ne sais pas pourquoi vous voulez», dit le patron en regardant autour de lui avec inquiétude. "Il y a encore de la pluie qui arrive, Bob."

"Oui, oui, monsieur", dit Bob.

"Nous avons eu beaucoup de pluie cet été", a déclaré le skipper dans un cri méditatif.

"Oui, oui, monsieur", dit Bob. "Voilier à bâbord, monsieur."

La conversation cessa, le capitaine, soucieux de détourner ses pensées, observa la masse sombre de la voile qui sortait de l'obscurité dans le clair de lune jusqu'à ce qu'elle soit à la hauteur de son propre embarcation. Ses yeux le suivirent au passage de son quartier, de sorte qu'il ne vit pas l'approche furtive du chat qui venait de derrière le compagnon et s'asseyait près de lui. Pendant plus de trente heures, l'animal avait été soumis aux plus grossières indignités de la part de tous les hommes à bord du navire, sauf un. Celui-là était le patron, et il ne fait aucun doute que son comportement ultérieur était une reconnaissance directe de ce fait. Il se leva et, se dirigeant vers le capitaine inconscient, frotta sa tête affectueusement et vigoureusement contre sa jambe.

De simples causes naissent de grands événements. Le patron bondit de quatre mètres et poussa un cri qui fit l'objet de nombreux commentaires sur la barque qui venait de passer. Lorsque Bob, qui arrivait au pas de course, l'atteignit, il était appuyé contre le côté, incapable de parler et tremblant de partout.

« Quelque chose ne va pas, monsieur ? » demanda anxieusement le matelot en courant vers le gouvernail.

Le skipper se ressaisit un peu, et se rapprocha de son compagnon.

« Croyez-moi ou non, Bob, » dit-il enfin avec un accent tremblant, « comme il vous plaira, mais le fantôme de ce... chat, je veux dire le fantôme de ce pauvre animal affectueux que j'ai noyé et que j'aimerais avoir. ce n'était pas le cas, est venu se frotter contre ma jambe.

"Quelle jambe?" » s'enquit Bob, toujours attentif aux détails.

"Qu'est-ce que ça fait, peu importe quelle jambe ?" » demanda le patron, dont les nerfs étaient dans un état épouvantable. "Ah, regarde, regarde là!"

Le marin suivit son doigt tendu, et son cœur lui manqua en voyant le chat, le dos cambré, se faufilant avec précaution le long du bord du navire.

« Je ne vois rien », dit-il avec obstination.

"Je ne suppose pas que vous puissiez le faire, Bob", dit le capitaine d'une voix mélancolique, alors que le chat disparaissait à l'avant ; « C'est évidemment uniquement destiné à ce que je le voie. Ce que cela signifie, je ne sais pas. Je descends me coucher. Je ne suis pas apte au travail. Cela ne vous dérange pas de rester seul jusqu'à ce que le compagnon arrive, n'est-ce pas ?

"Je n'ai pas peur", a déclaré Bob.

Son officier supérieur disparut en bas, et, secouant le second endormi, qui protestait fortement contre ce procédé, raconta d'un ton tremblant ses horribles expériences.

«Si j'étais toi», dit le compagnon.

"Oui?" » dit le patron en attendant un peu. Puis il le secoua de nouveau, brutalement.

"Qu'allais-tu dire?" » s'enquit-il.

"Dire?" dit le second en se frottant les yeux. "Rien."

« À propos du chat ? » suggéra le patron.

"Chat?" dit le compagnon en se blottissant à nouveau avec amour dans les couvertures. « Qu'est -ce que ça—goo' ni '»—

Alors le patron retira les couvertures des griffes endormies du second et, le faisant rouler d'avant en arrière dans la couchette, lui expliqua patiemment qu'il était très malade, qu'il allait prendre une goutte de whisky pur, et se coucher, et que lui, le second, devait prendre le quart. A partir de ce moment, la plaisanterie perdit beaucoup de sa saveur pour le compagnon.

"Tu peux aussi prendre une collation, Dick", dit le capitaine en lui tendant le whisky, tandis que l'autre s'habillait d'un air maussade.

« C'est de la pourriture, » dit le second en jetant les esprits dans sa gorge, « et ça ne sert à rien non plus ; vous ne pouvez pas fuir un fantôme ; il est tout aussi probable qu'il soit dans votre lit que n'importe où ailleurs. Bonne nuit."

Il laissa le skipper réfléchir à ses dernières paroles, et regarder d'un air dubitatif le meuble en question. Il ne se retira pas non plus avant de l'avoir soumis à une analyse des plus approfondies, puis, laissant la lampe allumée, il se précipita dedans et oublia ses ennuis dans son sommeil.

Il faisait jour lorsqu'il se réveilla et monta sur le pont pour trouver une mer agitée et juste assez de voiles déployées pour maintenir la goélette devant le vent pendant qu'elle se balançait sur les eaux. Une exclamation du patron, alors qu'une vague se brisait contre le flanc et projetait un nuage d'embruns sur lui, fit tourner la tête du second.

"Pourquoi, tu ne vas pas te lever?" » dit-il d'un ton de surprise peu sincère.

"Pourquoi pas?" » demanda l'autre d'un ton bourru.

"Allez vous allonger ", dit le compagnon , "et prenez une tasse de bon thé chaud et des toasts."

"Dégagez", dit le capitaine, se précipitant vers la barre et l'atteignant alors que le pont mouillé changeait soudainement d'angle. « Je sais que tu n'aimais pas être réveillé, Dick ; mais j'ai eu les horreurs hier soir. Allez en bas et rendez-vous.

"Très bien", dit le compagnon apaisé.

« Vous n'avez rien vu ? » demanda le patron en lui retirant la barre.

"Rien du tout", dit l'autre.

Le patron secoua la tête d'un air pensif, puis la secoua de nouveau vigoureusement, tandis qu'un autre bain-douche passait la tête par-dessus le bord et le saluait.

« J'aurais aimé ne pas avoir noyé ce chat, Dick », dit-il.

« Vous ne le reverrez plus », dit Dick avec la confiance d'un homme qui avait pris toutes les précautions possibles pour rendre la prophétie sûre.

Il descendit, laissant le patron à la barre, regardant distraitement le cuisinier exécuter de merveilleuses prouesses de jonglerie, entre la cuisine et le gaillard d'avant, avec le petit déjeuner des hommes.

Un peu plus tard, laissant le volant à Sam, il descendit en dessous de lui-même et prit le sien, parlant librement, au grand désagrément du cuisinier conscient, de ses expériences étranges de la nuit précédente.

« Vous ne le verrez plus, monsieur, je ne m'y attends pas, » dit-il faiblement ; "Je pense qu'il est venu et s'est frotté contre ta jambe pour montrer qu'il t'a pardonné."

"Eh bien, j'espère qu'il sait que c'est compris", dit l'autre. "Je ne veux plus que cela pose des problèmes."

Il termina le petit-déjeuner en silence, puis remonta sur le pont. Le vent soufflait toujours fort, et il alla surveiller les hommes qui essayaient d'attacher ensemble des vides qui roulaient dans tous les sens au milieu du navire. Un violent tonneau les libéra de nouveau, et sépara en même temps deux coffres du gaillard d'avant, qui se trouvaient l'un sur l'autre. Cela permit à Satan, qui était accroupi dans celui du bas, à moitié fou de terreur, de s'envoler follement sur le pont et d'exprimer pleinement ses sentiments. A trois reprises, sous les yeux du capitaine horrifié, il fit le tour du pont à une vitesse de course, et venait juste de démarrer le quatrième lorsqu'une lourde caisse d'emballage, qui avait été temporairement mise de côté et abandonnée par les hommes lors de son apparition soudaine, tomba. et l'attrapa par la queue. Sam s'est précipité à son secours.

"Arrêt!" » a crié le capitaine.

« Ne vais-je pas le mettre en place, monsieur ? » demanda Sam.

"Voyez-vous ce qu'il y a en dessous?" » dit le patron d'une voix rauque.

"En dessous, monsieur?" » dit Sam, dont les idées étaient en tourbillon.

"Le chat, tu ne vois pas le chat?" dit le patron, dont les yeux étaient rivés sur l'animal depuis sa première apparition sur le pont.

Sam hésita un moment, puis secoua la tête.

"L'affaire est tombée sur le chat", a précisé le skipper. "Je peux le voir distinctement."

Il aurait pu dire qu'il l'avait entendu aussi, car Satan lançait des appels frénétiques à ses amis sympathisants pour obtenir de l'aide.

"Laissez-moi remettre l'affaire, monsieur", dit l'un des hommes, "alors peut-être que la vision disparaîtra."

"Non, arrêtez-vous là où vous êtes", a déclaré le capitaine. «Je peux mieux le supporter à la lumière du jour. C'est la chose la plus merveilleuse et la plus extraordinaire que j'ai jamais vue. Veux-tu dire que tu ne vois rien, Sam ?

« Je vois une caisse, monsieur, » dit Sam, parlant lentement et prudemment, «avec un morceau de bande de fer rouillé qui en dépasse. C'est ce que vous confondez avec le chat, p'raps , monsieur.

"Tu ne vois rien, cuisinier ?" » demanda le capitaine.

« C'est peut-être fantaisiste, monsieur, balbutia le cuisinier en baissant les yeux, mais il me semble que je peux y voir une sorte de petite chose brumeuse. Ah, maintenant c'est parti.

"Non, ce n'est pas le cas ", a déclaré le capitaine. « Le fantôme de Satan est assis là. L'affaire semble retomber sur ses talons. Il semble hurler quelque chose d'horrible.

Les hommes faisaient un effort désespéré pour manifester l'étonnement qui convient à une telle merveille, tandis que Satan, qui essayait par tous les moyens de sortir sa queue, jurait librement. On ne saura jamais combien de temps le capitaine superstitieux du Skylark l'aurait laissé y rester, car à ce moment-là le second arriva sur le pont et l'aperçut avant qu'il ne se rende compte du rôle qu'il était censé jouer.

« Pourquoi diable ne retireriez-vous pas ce truc de cette pauvre brute ? » cria-t-il en se précipitant vers la valise.

"Quoi, tu peux le voir, Dick?" dit le capitaine d'une manière impressionnante en posant la main sur son bras.

« VOIR ? » rétorqua le compagnon. « Vous pensez que je suis aveugle. Écoutez la pauvre brute. Je devrais… Oh !

Il prit conscience du regard concentré et significatif de l'équipage. Cinq paires d'yeux parlant d'une seule voix, disant tous clairement « idiot », les yeux du garçon transmettant une expression trop grande pour être traduite.

En se retournant, le capitaine a vu le jeu d'au revoir et une lumière s'est lentement manifestée sur lui. Mais il en voulait plus, et il se tourna brusquement vers le cuisinier pour obtenir l'éclairage requis.

Le cuisinier a dit que c'était une plaisanterie. Puis il se corrigea et dit que ce n'était pas une plaisanterie, puis il se corrigea encore et devint incohérent. Pendant ce temps, le patron le regardait fixement, tandis que le compagnon relâchait le chat et l'aidait avec bonhomie à redresser sa queue.

Il a fallu cinq bonnes minutes d'explications involontaires avant que le skipper puisse comprendre la situation. Il ne parut pas bien le comprendre jusqu'à ce qu'on lui montre le coffre avec le couvercle ventilé ; puis son visage s'éclaircit et, prenant le malheureux Billy par le col, il réclama sévèrement un morceau de corde.

Grâce à ce traitement politique du sujet, une question très délicate et difficile a été résolue, la discipline a été préservée et une illustration pratique des périls de la tromperie a été offerte à un jeune qui était à l'âge le plus apte à recevoir de telles impressions. Il fallait s'attendre à ce qu'il épuise les ressources d'un vocabulaire jeune mais puissant sur l'équipage en général, et sur Sam en particulier. Ils ne lui en voulaient pas, mais, lorsqu'il montrait des signes de dépassement de son âge, ils organisèrent une consultation précipitée, puis lui fermèrent la bouche avec six pence et demi et un canif cassé.

LE SKIPPER DU « OSPREY »

Il ÉTAIT SIX HEURES MOINS LE QUART du matin lorsque le second de la barge à voiles Osprey arriva sur le pont et chercha du regard le capitaine, qui dormait à terre et qui était quelque peu en retard. Dix minutes s'écoulèrent avant qu'il n'apparaisse sur le quai, et le second vit avec surprise qu'il s'appuyait au bras d'une jolie fille de vingt ans, tandis qu'il boitait péniblement jusqu'à la barge.

"Voilà alors", dit le second, le visage s'éclaircissant. "J'ai commencé à penser que tu ne viendrais pas."

"Je ne le suis pas", a déclaré le capitaine; « J'ai la goutte . Mon dard ici va prendre ma place, et je vais me détendre un peu au lit.

«Je vais le préparer pour vous», dit le compagnon.

"Je veux dire mon lit à la maison", dit sèchement le capitaine. "Je veux de bons soins infirmiers et de l'attention."

Le compagnon parut perplexe.

"Mais vous ne voulez pas vraiment dire que cette jeune femme monte à bord à votre place ?" il a dit.

"C'est exactement ce que je veux dire", a déclaré le skipper. « Elle en sait autant que moi. Elle a vécu à bord avec moi jusqu'à ce qu'elle soit une grande fille. C'est elle qui vous donnera vos ordres. Pourquoi siffles-tu ? Ne puis-je pas faire ce que je veux de mon propre vaisseau ? »

« Bien sûr que vous le pouvez », dit sèchement le second ; " et je suppose que je peux siffler si je veux – je n'ai jamais entendu aucun ordre contre cela. "

« Embrasse-moi, Meg, et un connard à bord », dit le patron en s'appuyant sur son bâton et en tournant sa joue vers sa fille, qui lui donna docilement un baiser superficiel sur le sourcil gauche, et sauta légèrement à bord de la péniche.

«Larguez les amarres», dit-elle d'un ton sérieux, en saisissant une gaffe et en s'éloignant de la jetée. « Ta ta , papa, et rentre directement à la maison, attention ; le taxi attend.

"Oui, oui, ma chère", dit le fier père, ses yeux humides de fierté paternelle alors que sa fille, jetant sa veste, courait et aidait le second à faire la voile. « Seigneur, quel bon garçon elle aurait fait ! »

Il observa la barge jusqu'à ce qu'elle soit bien en route, puis, faisant un signe de la main à sa fille, rampa lentement jusqu'au taxi ; et, étant dans une certaine mesure partisan de l'homéopathie, il traita son mal avec un verre de rhum.

"Je suis désolé que votre père soit si mauvais, mademoiselle", dit le second, qui était encore quelque peu abasourdi par les récents événements, tandis que la jeune fille s'approchait et lui prenait le volant. "Il se plaignait un peu tout le long."

"Un homme volontaire doit faire ce qu'il veut", dit Miss Cringle en secouant la tête. "Cela ne sert à rien que je dise quoi que ce soit, car dès que j'ai le dos tourné, il a à nouveau son propre chemin."

Le second secoua la tête avec découragement.

« Vous feriez mieux de préparer votre literie et de prendre vos dispositions à l'avance », dit tout à coup le nouveau skipper. Il y avait une expression d'admiration indulgente dans les yeux du second, et elle crut nécessaire de la vérifier.

« Très bien, dit l'autre, vous aurez largement le temps pour cela ; la rivière est un peu épaisse en ce moment.

"Que veux-tu dire?" » demanda précipitamment la jeune fille.

"Certaines de ces choses ne sont pas aussi soignées qu'elles pourraient l'être", a déclaré le second, remarquant l'étincelle menaçante de ses yeux, "et elles pourraient rayer la peinture."

« Écoute, mon garçon, dit sombrement le nouveau patron, si tu penses que tu peux mieux diriger que moi, tu ferais mieux de le garder pour toi, c'est tout. Supposons maintenant que vous vous occupiez de votre literie, comme je l'ai dit.

Le second s'y rendit, bien qu'il en fût lui-même plutôt surpris, et cacha son agacement et sa confusion sous le matelas qu'il soulevait sur sa tête. Son travail terminé, il revint à l'arrière et, assis sur les écoutilles, alluma sa pipe.

"C'est juste le temps pour une croisière agréable", dit-il aimablement après quelques bouffées. "Vous avez choisi un bon moment pour cela."

« La météo ne me dérange pas », dit la jeune fille, qui croyait qu'il y avait un petit sarcasme latent quelque part. "Je pense que tu ferais mieux de laver les ponts maintenant."

« Je les ai lavés hier soir », dit le second sans bouger.

« Ah, la nuit tombée, peut-être », dit la jeune fille. "Eh bien, je pense que je vais les refaire."

Le second resta assis à réfléchir d'un air rebelle pendant quelques minutes, puis il ôta sa veste, l'enfila en l'honneur du nouveau capitaine et, allant chercher le seau et la serpillière, obéit silencieusement aux ordres.

« Vous semblez aimer beaucoup vous asseoir, » remarqua la jeune fille après qu'il eut fini ; "Tu ne trouves pas autre chose à faire?"

«Je ne sais pas», répondit lentement le second; "Je pensais que tu t'occupais de ça."

La jeune fille se mordit la lèvre et regardait attentivement autour d'elle, lorsqu'ils furent tous deux troublés par la conduite inconvenante du maître d'un vaisseau qui passait.

"Jack!" a-t-il crié d'un ton de fort étonnement, "Jack!"

« Salut ! » s'écria le compagnon.

"Pourquoi ne nous l'as-tu pas dit?" cria l'autre avec reproche.

"Je te dis quoi ?" rugit le compagnon mystifié.

Le capitaine de l'autre embarcation, tenant les haubans d'une main, tendit expressivement son pouce vers Miss Cringle et attendit.

"Quand était-ce?" » cria-t-il anxieusement, en réalisant que son engin le transportait rapidement hors de portée de voix.

Le second sourit faiblement et jeta un regard inquiet à la jeune fille qui, avec un beau teint et un air d'une grande indifférence, regardait droit devant elle ; et ce fut pour eux deux un soulagement lorsqu'ils se trouvèrent hésiter et esquiver devant une goélette qui arrivait.

"Voulez-vous toute la rivière?" » demanda le capitaine exaspéré de ce dernier navire, courant sur le côté au passage. "Pourquoi ne jettes-tu pas l'ancre si tu veux prendre une cuillère ?"

« Peut-être feriez-vous mieux de me laisser prendre le volant un peu », dit le second, non sans un peu de malice dans la voix.

"Non; tu peux aller surveiller à l'avant, dit la jeune fille sereinement. « Cela évitera aussi les malentendus. Mieux vaut emporter les pommes de terre avec toi et les éplucher pour le dîner.

Le second obéit et le voyage se déroula en silence, la direction étant rendue un peu plus agréable que d'habitude par diverses étincelles nautiques rapprochant leurs bateaux un peu plus qu'il n'était nécessaire pour obtenir une bonne vue du bon timonier.

Après le dîner, la marée ayant tourné et un fort vent contraire soufflant, ils arrivèrent au large de Sheppey . Il commença à pleuvoir fort, et l'équipage de l'Osprey, s'étant installé confortablement au-dessus, se retira dans la cabine pour reprendre sa querelle.

"Ne faites pas attention à moi", dit Miss Cringle d'un ton cinglant, tandis que le second allumait sa pipe.

"Eh bien, je ne pensais pas que cela vous dérangeait", répondit le compagnon ; "le vieil homme"-

"OMS?" interrompit Miss Cringle d'un ton poli et interrogateur.

« Le capitaine Cringle, dit le second en se corrigeant, fume beaucoup, et je l'ai entendu dire que vous aimiez son odeur.

« Il y a des tuyaux et des tuyaux », dit oraculairement Miss Cringle.

Le second jeta le sien sur le sol et le fit craquer sous son talon, puis il fourra ses mains dans ses poches et, se penchant en arrière, jeta un regard sombre à la pluie qui crépitait sur la lucarne.

« Si vous voulez montrer votre mauvais caractère, dit la jeune fille sévèrement, vous feriez mieux d'y aller. Après tout, ce n'est pas tout à fait normal que vous soyez ici – même si j'étudie beaucoup les apparences.

"Je ne devrais pas penser que vous l'avez fait", rétorqua le second, dont l'humeur prenait rapidement le dessus sur lui. "Je ne comprends pas à quoi pensait ton père en laissant un joli ... en laissant une fille comme toi repartir comme ça."

« Si vous deviez dire jolie fille », dit Miss Cringle avec une calme abnégation, « ne vous inquiétez pas, dites-le. Le capitaine sait de quoi il s'agit. Il m'a dit que tu étais une poule mouillée ; il a dit que tu étais un bon jeune homme et un abstinent .

Le second, admettant la véracité de la déclaration du capitaine quant à son abstinence, nia catégoriquement l'accusation de bonté. « Je peux comprendre la hâte de votre père de se débarrasser de vous pour un moment », conclut-il, poussé au-delà de toute considération de politesse. « Sa goutte ne guérirait jamais pendant que tu étais avec lui. Plus encore, je ne devrais pas me demander si vous en êtes la cause.

Sur ce dernier coup de feu, il partit, avant que la jeune fille puisse penser à une réponse appropriée, et alla bouder dans le petit gaillard d'avant.

Le soir, le temps s'étant quelque peu calmé et la marée étant descendante, ils repartirent, la jeune fille venant sur le pont entièrement vêtue d'un ciré et d'un sou'-wester pour reprendre le commandement. La pluie tombait régulièrement tandis qu'ils avançaient sur leur chemin, guidés par l'œil brillant de la « Souris » qui brillait sur les eaux sombres. Le second, trempé jusqu'aux os, était au volant.

"Pourquoi ne descendrais-tu pas et mettrais-tu tes cirés ?" » demanda la jeune fille lorsque ce fait lui vint à l'esprit.

Je n'en veux pas », dit le second.

"Je suppose que c'est vous qui le savez", dit la jeune fille, et elle n'en dit plus jusqu'à neuf heures, lorsqu'elle s'arrêta chez le compagnon pour lui donner ses derniers ordres pour la nuit.

«Je vais me coucher», dit-elle; « appelle-moi à deux heures. Bonne nuit."

« Bonne nuit », dit l'autre, et la jeune fille disparut.

Laissé à lui-même, le second, qui commençait à avoir froid, cherchait une pipe dans ses poches et était dans toute la tension d'avoir du feu, lorsqu'il entendit derrière lui une voix fine, presque douce, et, regardant autour de lui, vit le visage de la jeune fille chez le compagnon.

"Je dis, est-ce que ce sont vos cirés que je porte?" » demanda-t-elle maladroitement.

« De rien, » dit le second.

"Pourquoi ne me l'as-tu pas dit?" dit la jeune fille avec indignation. "Je ne les aurais portés pour rien au monde si je l'avais su."

"Eh bien, ils ne vous empoisonneront pas", dit le compagnon avec ressentiment. "Ton père a laissé le sien à Ipswich pour les bricoler un peu."

La jeune fille les laissa passer sur le pont et, fermant bruyamment le compagnon, disparut. Il est possible que les fatigues de la journée aient été trop lourdes pour elle, car lorsqu'elle se réveilla et consulta la petite montre en argent qui pendait à côté de sa couchette, il était plus de cinq heures et la lueur rouge du soleil l'inondait. la cabine alors qu'elle se levait et s'habillait à la hâte.

Le pont séchait en taches blanches à mesure qu'elle montait, et le second était assis au volant, en train de bâiller, les paupières rouges faute de sommeil.

« Ne t'ai-je pas dit de m'appeler à deux heures ? » demanda-t-elle en lui faisant face.

«Tout va bien», dit le second. «Je pensais que quand tu te réveillerais, ce serait assez tôt. Tu avais l'air fatigué.

"Je pense que tu ferais mieux d'y aller quand nous arriverons à Ipswich", dit la jeune fille en serrant les lèvres. "J'enverrai quelqu'un qui obéira aux ordres."

« J'irai à notre retour à Londres », dit le second. "Je confierai cette barge au capitaine et à personne d'autre."

"Eh bien, nous verrons", dit la jeune fille en prenant le volant, "je pense que vous irez à Ipswich."

Pendant le reste du voyage, le sujet ne fut pas évoqué ; le second, dans un esprit de fierté boudeuse, restait à l'avant du bateau, sauf lorsqu'il dirigeait, et, autant que possible, la jeune fille ignorait sa présence. Dans cet esprit de tolérance mutuelle , ils entrèrent dans l'Orwell et coururent rapidement jusqu'à Ipswich.

Il était tard dans l'après-midi lorsqu'ils arrivèrent là-bas, et le nouveau patron, n'attendant que d'être amarrés, descendit à terre, laissant le commandement au second. Elle était partie depuis environ une heure lorsqu'un petit télégraphiste apparut et, après être monté à bord de la barge de la manière la plus dangereuse possible, lui remit un télégramme. Le compagnon le lut et son visage rougit. Avec encore plus que la brièveté habituelle dans le langage à un demi-sou le mot, il contenait son renvoi.

« J'ai reçu un télégramme de ton père me licenciant », dit-il à la jeune fille qui revenait peu après, chargée de petits colis.

"Oui, je lui ai télégraphié", répondit-elle calmement. "Je suppose que tu vas y aller MAINTENANT?"

"Je préférerais retourner à Londres avec toi," dit-il lentement.

"J'ose dire", dit la jeune fille. « En fait, je n'avais pas vraiment l'intention que tu partes, mais quand tu as dit que tu ne le ferais pas, j'ai pensé que nous verrions qui était le maître. J'ai expédié un autre compagnon, donc vous voyez que je n'ai pas perdu beaucoup de temps.

« Qui est-il ? » demanda le second.

« Un homme nommé Charlie Lee », répondit la jeune fille ; "Le contremaître ici m'a parlé de lui."

« Lui non plus n'avait rien à faire, » dit le second en fronçant les sourcils ; « c'est un poisson lâche ; suivez mon conseil maintenant et envoyez quelqu'un d'autre. Ce n'est pas du tout le genre de type avec qui je choisirais de naviguer.

« Vous choisiriez, » dit la jeune fille avec mépris ; "Cher moi, quel dommage que tu ne me l'aies pas dit avant."

« C'est un fainéant de cabaret, » dit le second en croisant son regard avec colère, « et à peu près aussi mauvais qu'ils le font ; mais je suppose que vous ferez votre propre chemin.

"Il ne me fera pas peur", dit la jeune fille. « Je suis tout à fait capable de prendre soin de moi, merci. Bonne soirée."

Le second débarqua avec un petit paquet, laissant le reste de ses biens pour retourner à Londres avec la barge. La jeune fille regarda sa silhouette bien faite qui remontait le quai jusqu'à ce qu'elle soit hors de vue, puis, intérieurement piquée parce qu'il ne s'était pas retourné pour un regard d'adieu, poussa un petit soupir et descendit prendre le thé.

comportement docile et respectueux du nouveau venu constituait un changement agréable pour l'autocrate de l'Osprey, et les cargaisons étaient préparées et livrées sans un mot désagréable. Ils restèrent à quai pendant deux jours, le nouveau second, dont la maison était à Ipswich, dormant à terre, et le matin du troisième, il arriva ponctuellement à six heures, et ils commencèrent leur voyage de retour.

"Eh bien, vous savez manier une embarcation", dit Lee avec admiration alors qu'ils descendaient la rivière. "Le vieux bateau semble savoir qu'il a une jolie jeune femme aux commandes."

« Ne dis pas de bêtises », dit la jeune fille austère.

Le nouveau compagnon ajusta soigneusement sa cravate rouge et sourit avec indulgence.

"Eh bien, tu es le plus joli capitaine sous lequel j'ai jamais navigué", dit-il. « Comment appelle-t-on cette casquette rouge que tu portes ? C'est Tam-o'-Shanter ?

"Je ne sais pas", dit brièvement la jeune fille.

"Tu veux dire que tu ne me le diras pas ", dit l'autre, avec un air de colère dans ses doux yeux sombres.

"Comme tu veux", dit-elle, et Lee, sifflant doucement, tourna les talons et commença à s'occuper de quelque petite affaire.

Le reste de la journée se passa tranquillement, bien qu'il y ait une liberté dans les manières du nouveau second qui fit que le redoutable capitaine de l'Osprey regretta son changement d'équipage et le traita avec plus de courtoisie que son esprit fier n'approuvait. Il y avait peu de vent, et la barge se contentait de ramper pendant que le capitaine et le second, avec des regards subreptices, se mesuraient mutuellement.

"C'est le voyage le plus agréable que j'ai jamais fait", a déclaré Lee, alors qu'il sortait d'un thé indûment prolongé, avec un cigare à l'odeur forte dans la bouche. "J'ai remonté ta veste."

"Je n'en veux pas, merci", dit la jeune fille.

"Mieux vaut l'avoir", dit Lee, le lui tendant.

"Quand je veux ma veste, je la mets moi-même", a déclaré la jeune fille.

"Très bien, ne vous offensez pas", dit l'autre d'un ton léger. "Quel petit diable obstiné tu es."

"As-tu un verre là-bas?" » demanda la jeune fille en le regardant sévèrement.

"Juste une petite goutte de whisky, ma chère, pour les spasmes", dit Lee facétieusement. "Voulez-vous en prendre une goutte?"

«Je ne boirai pas ici», dit-elle sèchement. "Si tu veux boire, attends d'être à terre."

"VOUS ne boirez pas!" » dit l'autre en ouvrant les yeux, et avec un petit rire il plongea en bas et rapporta une bouteille et un verre. «Je vous souhaite un meilleur caractère, ma chère, » dit-il aimablement en jetant un verre. « Viens, tu ferais mieux d'en prendre une goutte. Cela mettra un peu de couleur sur vos joues.

« Rangez-le maintenant, c'est un brave garçon », dit timidement le capitaine, en regardant avec anxiété la voile la plus proche, distante d'environ deux milles.

"C'est le seul ami que j'ai", a déclaré Lee, s'étalant gracieusement sur les écoutilles et remplissant son verre. «Regarde ici. Êtes-vous sur le point de faire une bonne affaire ? »

"Que veux-tu dire?" demanda la jeune fille.

« Embrasse-moi, petit Spitfire, et je n'en prendrai pas une autre goutte ce soir », dit tendrement le nouveau compagnon. "Viens, je ne le dirai pas."

« Vous pouvez vous enivrer jusqu'à la mort avant que je fasse cela », dit la jeune fille en s'efforçant de parler calmement. "Ne me dis plus ces bêtises."

Elle se pencha tout en parlant et saisit brusquement la bouteille, mais le nouveau compagnon fut trop rapide pour elle et, la saisissant d'un air moqueur, la défia de venir la chercher.

« Allez, venez vous battre pour cela », dit-il ; « frappe-moi si tu veux, ça ne me dérange pas ; ton petit poing ne fera pas mal.

Aucune réponse n'étant accordée à cette invitation, il s'adressa de nouveau à son unique ami, tandis que la jeune fille, maintenant complètement effrayée, gouvernait en silence.

« Mieux vaut ôter les veilleuses », dit-elle enfin.

"Beaucoup de temps", a déclaré Lee.

« Alors, prends le gouvernail pendant que je le fais », dit la jeune fille en se mordant les lèvres.

L'homme se leva et s'approcha d'elle et, tandis qu'elle se dirigeait vers lui, il lui passa le bras autour de la taille et essaya de la retenir. Le cœur battant vivement, elle s'avança, et, non sans jeter un coup d'œil hésitant à la silhouette ivre qui tenait le volant, elle descendit dans le gaillard d'avant pour les lampes.

L'instant d'après, avec un petit cri haletant, elle se laissa tomber sur un casier tandis que la silhouette sombre d'un homme se levait et se tenait à ses côtés.

« N'ayez pas peur, » dit-il doucement.

"Jack?" dit la jeune fille.

«C'est moi», dit le personnage. « Vous ne vous attendiez pas à me voir, n'est-ce pas ? Je pensais que peut-être tu ne savais pas ce qui était bon pour toi, alors je me suis caché hier soir, et me voici.

"Avez-vous entendu ce que cet homme m'a dit ?" » demanda Miss Cringle, avec un piquant de vieux caractère levant une fois de plus sa voix.

"Chaque mot", dit joyeusement le second.

"Pourquoi n'es-tu pas venu me soutenir?" » demanda vivement la jeune fille.

Le second baissa la tête.

"Oh," dit la jeune fille, et son ton était celui d'une profonde déception, "tu as peur."

« Ce n'est pas le cas », dit le second avec mépris.

« Pourquoi n'es-tu pas venu, alors, au lieu de te cacher ici ? » demanda la jeune fille.

Le compagnon se gratta la nuque et sourit, mais faiblement. «Eh bien, je... je pensais» commença-t-il, puis il s'arrêta.

« Vous pensiez » - dit froidement Miss Cringle.

"Je pensais qu'un peu de frayeur vous ferait du bien", dit le second en parlant rapidement, "et que cela vous ferait m'apprécier un peu plus quand je viendrais."

« Ahah ! MAGGIE ! MAGGIE ! » fit la voix du varlet sans grâce qui dirigeait.

"Je vais le MAGGIE", dit le compagnon en grinçant des dents, "Pourquoi, qu'est-ce que... pourquoi tu pleures."

"Ce n'est pas le cas", sanglota Miss Cringle avec mépris. "Je suis de mauvaise humeur, c'est tout."

« Je vais lui faire tomber la tête », dit le second ; "tu restes ici."

« Mag-GIE ! » répéta la voix, "MAG—HULLO!"

"Est-ce que tu m'appelais, mon garçon?" » dit le second avec une politesse dangereuse en s'éloignant. « N'as -tu pas peur de forcer ta douce voix ? Laisse tomber cette barre.

L'autre lâcha prise, et le poing du second le frappa lourdement au visage et l'envoya s'étaler sur le pont. Il se releva avec un cri de rage et se précipita sur son adversaire, mais l'humeur de son compagnon, qui avait beaucoup souffert de son traitement des derniers jours, s'était améliorée et il le fit retomber lourdement.

« Il y a un petit trou sombre et sombre en avant, » dit le second après avoir attendu un moment qu'il se relève, « juste l'endroit où tu peux aller et réfléchir à tes péchés. Si je te vois en sortir jusqu'à ce que nous arrivions. à Londres, je te ferai du mal. Maintenant, c'est clair.

L'autre s'éloigna et, évitant soigneusement la jeune fille qui se tenait à proximité, disparut en bas.

« Vous lui avez fait du mal », dit la jeune fille en s'approchant du compagnon et en lui posant la main sur le bras. "Quel horrible caractère tu as."

"C'est lui qui vous demandait de l'embrasser qui m'a bouleversé", s'est excusé le compagnon.

"Il a passé son bras autour de ma taille", dit Miss Cringle en rougissant.

"QUOI!" dit le second en bégayant, "passe son... passe son bras... autour de... ta taille... comme"...

Son courage l'abandonna soudain.

"Comme quoi?" » demanda la jeune fille avec une superbe innocence.

"Comme CELA", dit virilement le second.

"Ça fera l'affaire," dit doucement Miss Cringle, "ça fera l'affaire. Tu es aussi mauvais que lui, mais le pire, c'est qu'il n'y a personne ici pour t'en empêcher.

EN PLUMES EMPRUNTES

Le MAÎTRE DU SARAH Jane avait disparu depuis deux jours, et tous à bord, à l'exception du garçon, dont personne ne s'inquiétait, étaient pleins de joie de cette circonstance. Deux fois auparavant, le patron, dont les habitudes pourraient peut-être être qualifiées d'irrégulières, avait raté son navire, et la rumeur s'était répandue que la troisième fois serait la dernière. Sa couchette était bonne et le second la voulait à la place de la sienne, ce que souhaitait Ted Jones, AB.

«Encore deux heures», dit anxieusement le second aux hommes, alors qu'ils se tenaient appuyés contre le bord, «et je fais sortir le navire.»

"En moins de deux heures , ça suffira", dit Ted, regardant par-dessus le bord et observant l'eau qui montait lentement sur la boue. "Qu'est-ce qui a le vieil homme, je me demande?"

«Je ne sais pas et je m'en fiche», a déclaré le second. « Vous les gars, restez à mes côtés et ce sera bon pour nous tous. M. Pearson a dit clairement la dernière fois que si le capitaine manquait à nouveau son navire, ce serait son dernier voyage à bord, et il m'a dit devant le vieil homme que je ne devais à aucun moment attendre deux minutes, mais apporter faites-la sortir tout de suite.

« C'est un vieux fou », dit Bill Loch, de son autre côté ; « et il ne manquera à personne à part le garçon, et il a eu l'air régulièrement inquiet toute la matinée. Il avait l'air tellement inquiet à l'heure du dîner que je lui donne un coup de pied pour lui remonter un peu le moral. Regardez-le maintenant.

Le compagnon jeta un regard dédaigneux en direction du garçon, puis se détourna. Le garçon, qui n'avait aucune idée de rechercher l'observation, se rangea derrière le guindeau ; et, sortant une lettre de sa poche, il la parcourut pour la quatrième fois.

"Cher Tommy", commença-t-il. "Je prends mon stylo et je vous informe que je reste ici et que je ne peux pas m'enfuir parce que j'ai passé mes études au crèche. la nuit dernière , mon argent aussi et tout le reste. N'en parlez pas à quelqu'un vivant car le compagnon veut ma naissance, mais emportez des sommes d'argent et apportez-les-moi sans rien dire à personne . Les vêtements des copains feront l'affaire parce que je n'ai pas d' autre suie, ne me le dis pas . Ne vous souciez pas des soks , il me les reste. Mon lit est si mauvais que je dois maintenant conclure. Votre oncle affectueux et capitaine Joe Bross . PS Ne laissez pas votre compagnon vous voir venir, sinon il ne vous laissera pas partir.

"Encore deux heures", soupira Tommy en remettant la lettre dans sa poche. « Comment puis-je me procurer des vêtements alors qu'ils sont tous sous clé ? Et ma tante m'a dit que je devais m'occuper de lui et veiller à ce qu'il ne fasse pas de bêtises.

Il réfléchit profondément, puis, alors que l'équipage du Sarah Jane descendait à terre pour profiter d'un verre offert par le second, il redescendit dans la cabine pour un autre regard désespéré autour de lui. Les seuls vêtements visibles appartenaient à Mme Bross , qui jusqu'à ce voyage naviguait dans la goélette pour s'occuper de son maître. Il les regarda fixement.

"Je vais les prendre et essayer de les échanger contre des vêtements d'homme", dit-il soudain en arrachant les vêtements des patères. « Cela ne la dérangerait pas » ; et les enroula à la hâte en un paquet, avec une paire de pantoufles de tapis appartenant au capitaine, et il fourra le tout dans un vieux sac à biscuits. Alors il porta son fardeau, monta prudemment sur le pont, gagna le rivage et partit au trot jusqu'à l'adresse indiquée dans la lettre.

Le chemin était long et le sac était lourd. Sa première tentative de troc fut alarmante, car le prêteur sur gages, qui venait d'être averti par la police, était dans un état de moralité si grave et si inconfortable, que l'enfant reprit aussitôt son paquet et partit. Très troublé, il s'avança précipitamment, jusqu'à ce que, dans une petite rue secondaire, son regard tombât sur un boulanger d'aspect doux et bienveillant, debout derrière le comptoir de sa boutique.

"S'il vous plaît, monsieur", dit Tommy en entrant et en déposant son sac sur le comptoir, "avez-vous des vêtements usés dont vous ne voulez pas?"

Le boulanger se tourna vers une étagère et, sélectionnant un pain rassis, le coupa en deux et en plaça une devant le garçon.

«Je ne veux pas de pain», dit Tommy désespérément; mais ma mère vient de mourir, et mon père veut faire le deuil pour les funérailles. Il n'a qu'un costume neuf avec lui, et s'il pouvait échanger les affaires de sa mère contre un vieux costume, il vendrait ses meilleurs pour l'enterrer.

Il secoua les articles sur le comptoir, et la boulangère, qui venait d'entrer dans la boutique, les inspecta plutôt favorablement .

« Pauvre garçon, alors tu as perdu ta mère », dit-elle en retournant les vêtements. "C'est une bonne jupe, Bill."

"Oui, madame," dit tristement Tommy.

« De quoi est-elle morte ? » demanda le boulanger.

"La scarlatine", dit Tommy en larmes, mentionnant la seule maladie qu'il connaissait.

« Scar – Enlevez ces affaires », a crié le boulanger en poussant les vêtements par terre et en suivant sa femme jusqu'à l'autre bout du magasin. "Emmène- les directement, jeune méchant."

Sa voix était si forte, ses manières si impératives, que le garçon surpris, sans s'arrêter pour discuter, fourra de nouveau les vêtements pêle-mêle dans le sac et partit. Un regard d'adieu à l'horloge lui fit paraître presque aussi horrifié que le boulanger.

« Il n'y a pas de temps à perdre », murmura-t-il en se mettant à courir ; « ou bien le vieux devra venir ici, ou bien il devra rester où il est. »

Il arriva à la maison essoufflé et s'arrêta devant un homme mal rasé, aux vêtements gras et usés par le temps, qui fumait avec beaucoup de plaisir une courte pipe en terre devant la porte.

"Est-ce que Cap'n Bross ici ? il haletait.

« Il est à l'étage, » dit l'homme avec un regard méprisant, « assis dans un sac et de la cendre, plus de cendre que de sac. As-tu des vêtements pour lui ?

«Regarde ici», dit Tommy. Il était à genoux, l'ouverture du sac à nouveau ouverte, tout à fait dans le style du colporteur expérimenté . « Donnez-moi un vieux costume pour eux. Dépêche-toi. Il y a une jolie robe.

"Blimey," dit l'homme en le regardant, "Je n'ai que ces vêtements. Pour qui me prenez -vous ? Un dook ?

"Eh bien, apporte-m'en quelque part", dit Tommy. "Si vous ne le faites pas, le capitaine devra venir avec ceux-ci, et je suis sûr qu'il n'aimera pas ça."

«Je me demande à quoi il ressemblerait», dit l'homme avec un sourire. "Merde si je ne viens pas voir."

"Donnez-moi des vêtements", supplia Tommy.

"Je ne t'offrirais pas de vêtements, non, pas pour cinquante jeux de mots ", dit l'homme sévèrement. « Pourquoi vouloir ainsi gâcher le plaisir des gens ? Allez, viens dire au capitaine ce que tu as pour lui , je veux entendre ce qu'il dit . Il jure depuis dix heures du matin, mais il devrait dire quelque chose de spécial à ce sujet.

Il monta l'escalier en bois nu, suivi du garçon harcelé, et entra dans une petite pièce sale au sommet, au centre de laquelle le maître du Sarah Jane s'assit pour refuser les visiteurs, en chaussettes et avec le costume de la semaine dernière. papier.

«Voici un jeune monsieur qui vient vous apporter des vêtements, capitaine », dit l'homme en prenant le sac des mains du garçon.

"Pourquoi n'es-tu pas venu avant ?" grogna le capitaine qui lisait les annonces.

L'homme mit la main dans le sac et en sortit les vêtements. "Qu'en penses-tu ? " » demanda-t-il dans l'expectative.

Le capitaine essaya vainement de le lui dire, mais sa langue abandonna avec miséricorde son office et sécha entre ses lèvres. Son cerveau résonnait de phrases d'iniquité torride, mais elles n'allaient pas plus loin.

"Eh bien, dis merci, si tu ne peux rien dire d'autre", suggéra son bourreau avec espoir.

«Je ne pouvais rien apporter d'autre», dit précipitamment Tommy; «Tout était sous clé. J'ai essayé de les échanger et j'ai failli me faire enfermer pour ça. Mettez-les et dépêchez-vous.

Le capitaine s'humecta les lèvres avec sa langue.

"Le compagnon descendra dès qu'il flotte", a poursuivi Tommy. « Mettez-les et gâchez son petit jeu. Il pleut un peu maintenant. Personne ne vous verra et dès que vous monterez à bord, vous pourrez emprunter des vêtements pour hommes.

"C'est le ticket, capitaine ", dit l'homme. "Seigneur Lumme , tout le monde tombera amoureux de toi."

"Dépêchez-vous", dit Tommy en dansant d'impatience. "Dépêche-toi."

Le patron, hébété et le regard hagard, resta immobile pendant que ses deux assistants l'habillaient à la hâte, se chamaillant quelque peu sur les détails.

"Il devrait être serré, je vous le dis ", dit l'homme.

"Il ne peut pas être serré sans baleines", dit Tommy avec mépris. "Tu devrais le savoir."

"Ho, n'est-ce pas," dit l'autre, décontenancé. « Tu en sais trop pour un jeune. Eh bien, mets un peu de distance autour de moi alors.

"Nous ne pouvons pas attendre une file d'attente", a déclaré Tommy, qui se tenait sur la pointe des pieds pour attacher le bonnet du skipper. « Maintenant, attachez le foulard sur son menton pour cacher sa barbe et mettez ce voile. C'est une bonne chose qu'il n'ait pas de moustache.

L'autre obéit, puis recula d'un pas ou deux pour contempler son ouvrage. « Strewth, même si je pense que cela ne devrait pas être le cas, tu es un régal ! » remarqua-t-il avec complaisance. « Maintenant, jeune homme, prends ce vieux de son bras. Remontez les ruelles et si vous voyez quelqu'un vous regarder, appelez « im Mar ».

Les deux hommes se mirent en route après que l'homme, un réaliste né, eut tenté d'arracher un baiser au capitaine sur le seuil. Heureusement pour le succès de l'entreprise, il pleuvait à torrent et, bien que quelques personnes regardaient curieusement le couple alors qu'ils avançaient à toute vitesse, ils ne furent pas inquiétés et gagnèrent le quai en toute sécurité, arrivant juste à temps pour voir la goélette. se repoussant sur le côté.

A cette vue, le patron releva ses jupes et courut. "Oh!" il cria. "Attends une minute."

Le second jeta un regard d'étonnement vide devant cette silhouette extraordinaire, puis se détourna ; mais à ce moment-là, la poupe arriva à une distance de saut du quai, et l'oncle et le neveu, se déplaçant d'un seul coup, sautèrent dessus et gagnèrent le pont en toute sécurité.

"Pourquoi n'as-tu pas attendu quand je t'ai appelé ?" » demanda farouchement le patron.

"Comment pourrais-je savoir que c'était toi?" » demanda le second d'un ton maussade, alors qu'il réalisait sa défaite. "Je pensais que c'était l'impératrice de Rooshia ."

Le capitaine le regarda bêtement.

« Et si vous suivez mon conseil, » dit le second avec un ricanement, « vous garderez ces affaires. Je ne t'ai jamais vu aussi bien dans quoi que ce soit auparavant.

"Je veux emprunter quelques-uns de tes vêtements, Bob", dit le capitaine en le regardant fixement.

"Où est le vôtre?" demanda l'autre.

"Je ne sais pas", a déclaré le capitaine. « J'ai eu une crise hier soir, Bob, et quand je me suis réveillé ce matin, ils étaient partis. Quelqu'un a dû profiter de mon état d'impuissance et les prendre .

"Très probablement", dit le second en se détournant pour crier un ordre à l'équipage, occupé à mettre les voiles.

« Où sont-ils, vieil homme ? » demanda le patron.

"Comment devrais-je le savoir?" demanda l'autre, s'intéressant à nouveau aux hommes.

"Je veux dire VOS vêtements", a déclaré le skipper, qui s'énervait rapidement.

"Oh, le mien?" dit le compagnon. « Eh bien, en fait , je n'aime pas prêter mes vêtements. Je suis plutôt perturbateur . Vous pourriez avoir une crise avec EUX.

"Tu ne me les prêteras pas ?" » demanda le capitaine.

"Je ne le ferai pas", a déclaré le second, parlant fort et fronçant les sourcils de manière significative en direction de l'équipage qui écoutait.

"Très bien", a déclaré le skipper. « Ted, viens ici. Où sont tes autres vêtements ?

« Je suis vraiment désolé, monsieur », dit Ted, passant avec inquiétude d'une jambe à l'autre et jetant un coup d'œil au compagnon pour obtenir du soutien ; "Mais ils ne conviennent pas à des gens comme vous, monsieur." « Je suis le meilleur juge en la matière », dit sèchement le skipper. "Allez les chercher ."

"Eh bien, à vrai dire, monsieur," dit Ted, "je suis comme le compagnon. Je ne suis qu'un pauvre marin, mais je ne prêterais pas mes vêtements à la reine d'Angleterre.

« Allez chercher ces vêtements », rugit le capitaine en arrachant son bonnet et en le jetant sur le pont. « Allez les chercher immédiatement . Pensez-vous que je me promène avec ces jupons ?

"Ce sont mes vêtements", marmonna Ted avec obstination.

"Très bien, alors, je prendrai celui de Bill", dit le capitaine. « Mais attention, mon garçon, je te ferai payer ça avant d'en avoir fini avec toi. Bill est le seul homme honnête à bord de ce navire. Donne-moi ta main, Bill, vieil homme.

"Je suis avec eux deux", dit Bill d'un ton bourru en se détournant.

Le patron, se mordant les lèvres avec fureur, se tourna de l'un à l'autre, puis, poussant un grand juron, s'avança. Avant qu'il puisse atteindre le poste de garde, Bill et Ted plongèrent devant lui et, au moment où il descendit, s'assirent sur leur poitrine côte à côte, face à lui. Aux menaces comme aux appels, ils firent la sourde oreille, et le capitaine affolé fut enfin obligé de remonter sur le pont, toujours encombré de ses jupes détestées.

« Pourquoi ne vas-tu pas t'allonger, » dit le compagnon, « et je t'enverrai une bonne tasse de thé chaud. Vous aurez des histéricks si vous continuez comme ça.

"Je vais vous faire tomber la tête si vous me parlez", a déclaré le capitaine.

« Pas vous », dit joyeusement le second ; "Tu n'es pas assez grand. Regarde ce gars là-bas.

Le patron regarda dans la direction indiquée, et, gonflé d'une rage impuissante, brandit violemment son poing en direction d'un homme au visage rouge et aux moustaches grises, qui envoyait d'innombrables baisers tendres du haut du pont d'un paquebot qui passait.

« C'est vrai », dit le second avec approbation ; « Ne me donne aucun encouragement. Le coup de foudre ne vaut pas la peine d'être vécu.

Le patron, souffrant gravement d'émotion refoulée, descendit et l'équipage, après avoir attendu un peu pour s'assurer qu'il ne remonterait pas, se dirigea tranquillement vers le second.

"Si seulement nous pouvons l'emmener à Battlesea dans cette plate-forme, tout ira bien", a déclaré ce dernier. « Vous, les gars, restez à mes côtés. Ses pantoufles et son sou'-wester sont les seuls vêtements qu'il a à bord. Jetez par-dessus bord toutes les aiguilles sur lesquelles vous pouvez mettre la main, sinon il essaiera de fabriquer un costume avec un morceau de vieille voile ou quelque chose comme ça. Si nous pouvons seulement l'emmener chez M. Pearson de cette façon, ce ne sera pas si grave après tout.

Pendant que ces arrangements étaient en cours au-dessus, le patron et le garçon étaient occupés avec d'autres en bas. Divers plans surprenants proposés par le capitaine pour obtenir la possession de ses vêtements d'homme ont été rejetés par les jeunes comme étant illégaux et, pire encore, impraticables. Pendant quelques heures , ils discutèrent des voies et moyens, mais ne se terminèrent que par des diatribes contre les méthodes mesquines de l'équipage ; et le patron, dont la tête lui faisait encore mal à cause de ses excès, tomba enfin dans un état de désespoir maussade et resta silencieux.

"Par Jupiter, Tommy, je l'ai", s'écria-t-il soudain en se levant et en frappant la table avec son poing. "Où est ton autre costume?"

"Ce n'est pas plus gros que celui-ci", a déclaré Tommy.

" Toi débarrassez -vous-en », dit le capitaine avec un hochement de tête entendu. « Ah, nous y sommes. Maintenant, va dans ma cabine et enlève-les.

Tommy, étonné, qui pensait qu'un grand chagrin avait bouleversé le cerveau de son parent, obéit et sortit peu après dans une couverture, portant ses vêtements sous son bras.

"Maintenant, tu sais ce que je vais faire?" » s'enquit le patron avec un grand sourire.

"Non."

« Alors, va me chercher les ciseaux. Maintenant, tu sais ce que je vais faire ?

"Découpez les deux costumes et faites- en un seul", risqua Tommy, horrifié. « Tiens, arrête ça ! Pars!"

Le patron le repoussa impatiemment et, posant les vêtements sur la table, prit les ciseaux et, de quelques coups tranchants, coupa les vêtements en pièces détachées.

"Que dois-je porter", dit Tommy en commençant à pleurer. "Tu n'y as pas pensé ?"

« Que vas-tu porter, espèce de jeune cochon égoïste ? » » dit sévèrement le capitaine. « Je pense toujours à toi. Va chercher du fil et des aiguilles, et s'il en reste, et tu es un bon garçon, je verrai si je ne peux pas te faire quelque chose avec les restes.

« Il n'y a pas d'aiguilles ici », gémit Tommy après une longue recherche.

" Descendez le gaillard d'avant et prenez la boîte d'aiguilles de voilier, alors ", dit le patron, " ne laissez personne voir ce que vous cherchez, et du fil. "

"Eh bien, pourquoi ne peux-tu pas me laisser mettre mes vêtements avant de les couper " , gémit Tommy. « Je n'aime pas monter dans cette couverture. Ils se moqueront de moi.

« Partez tout de suite ! » tonna le patron, et, lui tournant le dos, il siffla doucement et commença à ranger les morceaux de tissu.

"Riez, mes gars", dit-il joyeusement, alors qu'un éclat de rire bruyant saluait l'apparition de Tommy sur le pont. "Attends un peu."

Il attendit lui-même près de vingt minutes, au bout desquelles Tommy, marchant sur sa couverture, descendit l'échelle du compagnon et roula dans la cabine.

« Il n'y a pas d'aiguille à bord du navire », dit-il solennellement en se relevant et en se frottant la tête. "J'ai cherché partout."

"Quoi?" rugit le patron en dissimulant précipitamment les morceaux de tissu. « Tiens, Ted ! Ted !

« Oui, oui, monsieur ! » dit Ted en descendant.

« Je veux une aiguille de voilier », dit le patron avec désinvolture. "J'ai un loyer sur cette jupe."

"J'ai cassé le dernier hier", a déclaré Ted avec un sourire diabolique.

"N'importe quelle autre aiguille alors", dit le patron, essayant de cacher son émotion.

"Je ne crois pas qu'une telle chose existe à bord du navire", a déclaré Ted, qui avait obéi à l'injonction réfléchie du second. « Fil NI. Je le disais seulement au second hier.

Le patron sombra de nouveau au plus profond, lui fit signe de s'éloigner, puis, se plaçant sur un coin du coffre, tomba dans une sombre rêverie.

"C'est dommage que vous fassiez les choses si vite", dit Tommy en reniflant d'un air vindicatif. « Vous auriez pu vous assurer de l'aiguille avant de gâcher mes vêtements. Nous sommes deux à devenir ridicules maintenant.

Le capitaine du Sarah Jane a laissé cette insolence passer inaperçue. C'est dans les moments de profonde détresse que l'esprit de l'homme, naturellement revenu aux choses solennelles, cherche à améliorer l'occasion par une conférence. Le patron, châtié par la souffrance et la déception, mit sa main droite dans sa poche, après une longue recherche, et ordonna doucement au gamin couvert devant lui de s'asseoir, et commença :

« Vous voyez ce que donnent les boissons et les cartes », dit-il tristement. "Au lieu d'être à la barre de mon navire, faisant la course avec toutes les autres embarcations sur la rivière, je me cache ici en bas comme—comme"—

"Comme une actrice", suggéra Tommy.

Le capitaine le regardait partout. Tommy, inconscient de son offense, croisa son regard sereinement.

« Si, continua le patron, à un moment quelconque vous aviez envie d'en prendre trop et que vous vous arrêtiez avec la chope de bière à mi-chemin des lèvres et que vous pensiez à moi assis dans cet état honteux, que feriez-vous ?

"Je ne sais pas ", répondit Tommy en bâillant.

"Que feriez-vous?" » a insisté le patron, avec une grande expression.

"Riez, je suppose ", dit Tommy après un moment de réflexion.

Le bruit d'une oreille bien fermée résonna dans la cabine.

"Vous n'êtes qu'un petit crapaud contre nature et ingrat", dit le capitaine avec férocité. "Vous ne méritez pas d'avoir un bon et gentil oncle pour s'occuper de vous."

"N'importe qui peut l'avoir pour moi", sanglotait Tommy indigné en palpant tendrement son oreille. "Tu ressembles plus à une tante qu'à un oncle."

Après avoir tiré ce coup de feu, il disparut dans un nuage de couverture, et le capitaine, abandonnant à contrecœur sa résolution hâtive de l'écorcher vivant puis de le jeter par-dessus bord, se rassit et alluma sa pipe.

Une fois hors de la rivière, il revint sur le pont et, ignorant au prix d'un grand effort les sourires de l'équipage et les quolibets du second, prit le commandement. La seule modification qu'il fit à sa tenue fut de substituer son sou'-wester au bonnet, et sous cette forme il fit son travail, tandis que Tommy, mécontent, le sautait dans des couvertures. Les trois jours de mer se passèrent comme un horrible rêve. Son regard était si cupide que l'équipage saisit instinctivement ses vêtements du bas et regarda le boutonnage de ses manteaux en passant devant lui. Il aperçut des manteaux dans la grand-voile, confectionna des pantalons fantômes avec le foc volant et, vers la fin, se mit à bavarder de serges bleues et de tweeds mélangés. Ignorant sa renommée, il avait résolu d'entrer de nuit dans le port de Battlesea ; Mais il ne devait pas être. Près de chez nous, le vent tomba et le soleil était bien levé avant que Battlesea n'apparaisse, un banc gris sur la proue tribord.

Jusqu'à moins d'un mille du port , le patron a tenu bon, puis sa prise sur la barre s'est quelque peu relâchée et il a regardé autour de lui avec anxiété à la recherche du second.

"Où est Bob?" il cria.

"Il est très malade, monsieur", dit Ted en secouant la tête.

"Je vais?" haleta le capitaine surpris. "Tiens, prends le volant une minute."

Il le remit et, saisissant ses jupes, il descendit précipitamment. Le second était à moitié couché, à moitié assis, sur sa couchette, gémissant lamentablement.

"Quel est le problème?" » demanda le patron.

«Je suis en train de mourir», dit le compagnon. «Je continue d'être noué à l'intérieur. Je n'arrive pas à me tenir droit.

L'autre s'éclaircit la gorge. « Tu ferais mieux de te déshabiller et de t'allonger un peu », dit-il gentiment. "Laisse-moi t'aider avec eux."

"Non, ne vous inquiétez pas", haleta le second.

« Ce n'est pas un problème », dit le patron d'une voix tremblante.

"Non, je vais les garder ", dit faiblement le second. « J'ai toujours eu l'idée que j'aimerais mourir dans mes vêtements. C'est peut-être stupide, mais je n'y peux rien.

Un jour , vous réaliserez votre souhait , n'ayez crainte, espèce de coquin infernal », a crié le skipper surmené. "Vous faites semblant d'être malade pour me faire amener le navire au port."

«Pourquoi ne devriez-vous pas l'héberger», demanda le second avec un air de surprise innocente. « C'est votre devoir en tant que capitaine . Tu ferais mieux de passer au-dessus maintenant. La barre change toujours.

Le patron, se retenant par un grand effort, remonta sur le pont et, prenant le volant, s'adressa à l'équipage. Il parlait avec émotion de l'obéissance que les hommes devaient à leurs officiers supérieurs et de l'obligation morale qu'ils avaient de leur prêter leurs pantalons lorsqu'ils en avaient besoin. Il s'appesantit sur les terribles châtiments infligés en cas de mutinerie et prouva clairement que permettre au capitaine d'un navire d'entrer dans un port en jupon était une mutinerie de la pire espèce. Il les envoya ensuite chercher leurs vêtements. Ils étaient partis depuis si longtemps qu'il était palpable pour l'intellect le plus bas qu'ils n'avaient pas l'intention de l'apporter. Cependant le port s'élargissait devant lui.

Il y avait deux ou trois personnes sur le quai lorsque le Sarah Jane arriva à portée de voix. Au moment où elle passa devant la lanterne au bout, il y en avait deux ou trois douzaines, et leur nombre augmentait régulièrement au rythme de trois personnes tous les cinq mètres parcourus. Des hommes bienveillants et humains, soucieux que leurs amis ne perdent pas une friandise aussi précieuse et bon marché, soudoyèrent avec de l'argent de petits garçons réticents pour qu'ils partent à leur recherche, et au moment où la goélette atteignit son poste d'amarrage, une grande partie de la La population du port se regardait par-dessus les épaules et lançait des questions stupides et hilarantes au capitaine. La nouvelle parvint au propriétaire, et il se précipita vers le navire, au moment même où le patron, malgré les remontrances passionnées des touristes, se préparait à descendre.

M. Pearson était un homme robuste, et il est descendu explosant de colère. Puis il vit l'apparition et la joie l'envahit. Il fallut recourir à trois gros gaillards pour servir de contreforts, et plus le patron paraissait indigné, plus leur travail devenait pénible. Finalement, il fut aidé, affaibli et riant hystériquement, jusqu'au pont de la goélette, où il suivit le capitaine en bas et, d'une voix brisée par l'émotion, demanda une explication.

"C'est le plus beau spectacle que j'ai jamais vu de ma vie, Bross ", dit-il lorsque l'autre eut fini. « Je ne l'aurais manqué pour rien au monde. Je me sens très déprimé la semaine dernière et ça m'a fait du bien. Ne dites pas de bêtises à propos de quitter le navire. Je ne te perdrais pour rien au monde après ça, mais si tu souhaites envoyer un nouveau compagnon et un nouvel équipage, tu peux te faire plaisir. Si seulement vous vouliez venir à la maison et laisser Mme Pearson vous voir – elle est malade – je vous donnerais quelques livres. Maintenant, prends ton bonnet et viens.

- 73 -

LA MONTRE DU MANŒUVRE

Le CAPITAINE POLSON ÉTAIT ASSIS dans son salon confortable , souriant avec bienveillance à sa fille et à sa sœur. Son navire, après une absence de dix-huit mois, était de nouveau amarré dans le petit port de Barborough , et le capitaine était assis dans cet état d'affabilité bon enfant qui caractérisait invariablement sa première apparition après une longue absence.

« Pas de nouvelles de ce côté-ci, je suppose », demanda-t-il après un long récit d'aventures des plus extraordinairement inintéressantes.

"Pas grand-chose", dit sa sœur Jane en regardant nerveusement sa nièce. "Le jeune Metcalfe s'est associé à son père."

— Je ne veux pas entendre parler de ces requins, dit le capitaine en devenant rouge. "Parlez-moi des hommes honnêtes."

« Joe Lewis a été condamné à un mois de prison pour vol de volailles », dit docilement Miss Polson. "Mme. Purton a eu des jumeaux – ces chers petits gars, gros comme du beurre ! – elle a nommé l'un d'eux Polson, en votre honneur. Le gourmand.

« Des morts ? » » demanda sèchement le capitaine, alors qu'il regardait la dame innocente avec méfiance.

« Le pauvre vieux Jasper Wheeler est parti », dit sa sœur ; « Il était très résigné. Il a emprunté assez d'argent pour trouver un grand médecin à Londres, et quand il a appris qu'il n'y avait aucun espoir pour lui , il a dit qu'il avait juste envie de partir et qu'il était désolé de ne pas pouvoir emmener tous ses proches avec lui. Mary Hewson est mariée à Jack Draper, et les bans du jeune Metcalfe seront affichés pour la troisième fois dimanche prochain.

«J'espère qu'il aura un Tartare», dit le capitaine vindicatif. "Qui est la fille? Un petit imbécile, je sais. Il faut la prévenir ! »

« Je ne crois pas à l'ingérence dans les mariages », a déclaré sa fille Chrissie en secouant sagement la tête.

"Oh!" » dit le capitaine en regardant fixement, « VOUS non ! Maintenant que tu as relevé tes cheveux et que tu portes de longues robes, je suppose que tu commences à y penser.

"Oui; tante veut te dire quelque chose ! dit sa fille en se levant et en traversant la pièce.

"Non, je ne le fais pas!" dit précipitamment Miss Polson.

«Tu ferais mieux de le faire», dit Chrissie en la poussant un peu, «il y a une chérie; Je vais monter et m'enfermer dans ma chambre.

Le visage du capitaine, pendant que se déroulait cette conversation, était le reflet d'émotions contenues. Il était un ardent défenseur de l'importation des manières de dunette dans la vie privée, le seul inconvénient étant qu'il devait laisser derrière lui la langue habituelle dans cette localité. C'est à cette omission qu'il imputait habituellement ses échecs.

« Asseyez-vous, Chrissie », ordonna-t-il ; "Asseyez-vous, Jane. Maintenant, mademoiselle, de quoi s'agit-il ? »

"Je n'aime pas te le dire ", dit Chrissie en croisant les mains sur ses genoux. « Je sais que tu seras fâché. Vous êtes tellement déraisonnable.

Le capitaine le regarda avec un regard effrayant.

« Je vais me marier, dit soudain Chrissie, voilà ! À Jack Metcalfe, là-bas ! Il va donc falloir apprendre à l'aimer. Il va essayer de t'aimer pour moi. Au grand désarroi de sa sœur, le capitaine se leva et, brandissant ses poings, marcha violemment de long en large . Par ces moyens simples mais inhabituels, le décorum était préservé.

« Si vous n'étiez qu'un enfant, dit le capitaine lorsqu'il eut regagné sa place, je saurais que faire de vous.

« Si j'étais un garçon », a déclaré Chrissie, qui, après s'être préparée à la mêlée, avait l'intention d'en finir avec elle, « je ne voudrais pas épouser Jack. Ne sois pas stupide, père !

« Jane, » dit le capitaine d'une voix qui fit sursauter la dame à qui il s'agissait, « qu'entendez-vous par là ?

"Ce n'est pas ma faute", dit faiblement Miss Polson. «Je lui ai dit comment ça se passerait. Et c'était si progressif ; il a d'abord admiré mes géraniums et, bien sûr, j'ai été trompé. Il y a tellement de gens qui admirent mes géraniums ; que ce soit parce que la fenêtre est orientée au sud »—

"Oh!" » dit grossièrement le capitaine, « ça ira, Jane. S'il n'était pas avocat, je lui briserais le cou. Chrissie n'a que dix-neuf ans et elle viendra avec moi pour une croisière d'un an. Peut-être que l' air marin lui fortifiera la tête. Nous verrons qui est le maître dans cette famille.

« Je suis sûre que je ne veux pas être le maître », dit sa fille en sortant de sa poche une arme en batiste fine et en se préparant à l'action. « Je ne peux m'empêcher d'aimer les gens. Tante l'aime aussi, n'est-ce pas, tante ?

"Oui", dit courageusement Miss Polson.

"Très bien", dit aussitôt l'autocrate, "je vous emmènerai tous les deux faire une croisière."

"Vous me rendez très malheureuse", dit Chrissie en enfouissant son visage dans son mouchoir.

"Vous serez encore plus malheureux avant que j'en ai fini avec vous", dit sombrement le capitaine. "Et pendant que j'y pense, je vais faire demi-tour et arrêter ces interdictions." Sa fille le saisit par le bras au moment où il passait et posa son visage sur sa manche. "Tu vas me faire passer pour un idiot", gémit-elle.

« Cela te permettra de prendre plus facilement la mer avec moi », dit son père. « Ne pleure pas partout dans ma manche. Je vais voir un curé. Courez à l'étage et jouez avec vos poupées, et si vous êtes une gentille fille, je vous apporterai des bonbons. Il mit son chapeau et, fermant bruyamment la porte d'entrée, s'en alla chez le nouveau recteur pour faire reculer de deux ans l'âge que sa fille gardait pour se marier. Le recteur, affligé d'une telle duplicité chez un si jeune, le rencontra à plus de mi-chemin, et il sortit de lui en souriant placidement, jusqu'à ce que son attention soit attirée par un jeune homme de l'autre côté de la route, qui le regardait avec un air placide. une maladresse manifeste.

« Bonsoir, capitaine Polson », dit-il en traversant la route.

"Oh," dit le capitaine en s'arrêtant, "je voulais vous parler. Je suppose que vous vouliez épouser ma fille pendant mon absence, pour éviter des ennuis. Juste la chose virile que j'aurais dû attendre de toi. J'ai arrêté les bans et je vais l'emmener faire un voyage avec moi. Il faudra chercher ailleurs, mon garçon.

« Tout le malaise est de votre côté, capitaine », dit Metcalfe en rougissant.

"Sensation de malaise!" renifla le capitaine. « Vous m'avez mis à la barre des témoins et vous avez fait de moi la risée de tous avec vos tentatives stupides de plaisanteries, vous m'avez perdu cinq cents livres, puis vous avez essayé d'épouser ma fille pendant que je suis en mer. Je me sentirai pendu !

"C'était du business", dit l'autre.

«C'était le cas», dit le capitaine, «et c'est aussi une question d'affaires. Le mien. Je m'en occuperai, je te le promets. Je pense que je sais qui aura l'air idiot cette fois. Je préférerais voir ma copine au paradis plutôt que d'être mariée à un avocat voyou.

"Vous voudriez de bonnes lunettes", rétorqua Metcalfe, qui commençait à s'énerver.

«Je ne veux pas échanger des mots avec vous», dit dignement le capitaine, après une longue pause, consacrée à réfléchir à quelque chose qui valait la peine d'être échangé. « Vous pensez que vous êtes un garçon intelligent, mais j'en connais un plus intelligent. Vous pouvez épouser ma fille, si vous le pouvez.

Il tourna les talons et, refusant d'écouter d'autres remarques, continua son chemin en se réjouissant. Arrivé chez lui, il alluma sa pipe, et se jetant dans un fauteuil, raconta ses exploits. Chrissie eut de nouveau recours à son mouchoir, plus pour l'effet que pour l'utilité, mais Miss Polson, qui était une âme tendre, sortit le sien et pleura sans retenue. Au début, le capitaine l'a assez bien pris. C'était un hommage à son pouvoir, mais quand ils se mirent à sangloter l'un contre l'autre, son humeur monta et il ordonna sévèrement le silence.

«Je serai comme ça tous les jours en mer», sanglota Chrissie d'un ton vindicatif, «mais en pire; nous rendant tous ridicules.

"Arrêtez ce bruit directement!" vociféra le capitaine.

"Nous ne pouvons pas", sanglota Miss Polson.

"Et nous ne voulons pas", a déclaré Chrissie. « C'est tout ce que nous pouvons faire, et nous allons le faire. Tu ferais mieux de sortir et d'arrêter autre chose. Vous ne pouvez pas nous arrêter.

Le capitaine suivit le conseil et partit, et dans la salle de billard du George, il entendit des nouvelles qui le firent réfléchir et qui le ramenèrent un peu plus tôt qu'il ne l'avait d'abord prévu. Un petit groupe à sa porte se dispersa à son approche, et le capitaine, suivant sa sœur et sa fille dans la pièce, s'assit et les regarda sévèrement.

" Alors vous allez vous enfuir à Londres pour vous marier, n'est-ce pas, mademoiselle ?" dit-il férocement. «Eh bien, nous verrons. Vous ne quittez pas ma vue jusqu'à ce que nous ayons appareillé, et si je surprends à nouveau cet avocat mesquin à ma porte, je lui briserai tous les os du corps, n'oubliez pas.

Pendant les trois jours suivants, le capitaine garda sa fille en observation et ne la laissa jamais sortir qu'en sa compagnie. La soirée du troisième jour, à sa grande surprise, il la passa chez Dorcas. La compagnie n'était pas agréable, plusieurs dames rangeant leur travail et lançant des regards glacials à l'intrus ; et bien qu'ils voyaient clairement qu'il souffrait beaucoup, ils ne faisaient aucun effort pour le mettre à l'aise. Il fut très attentionné tout au long du chemin du retour et, le lendemain, il emmena dans l'entreprise un partenaire, en la personne de son maître d'équipage.

« Vous comprenez, Tucker », conclut-il alors que le malheureux marin se tenait dans une attitude grimaçante devant Chrissie, « que vous n'avez jamais laissé ma fille hors de votre vue. Quand elle sort, tu l'accompagnes.

«Oui, monsieur», dit Tucker; "Et supposons qu'elle me dise de rentrer chez moi, que dois-je faire alors ?"

"Vous êtes un imbécile", dit sèchement le capitaine. « Peu importe ce qu'elle dit ou fait ; à moins que vous ne soyez dans la même pièce, vous ne devez jamais vous trouver à plus de trois mètres d'elle.

« Faites-en quatre, capitaine », dit le maître d'équipage d'une voix brisée.

« Trois », dit le capitaine ; « et attention, elle est astucieuse. Toutes les filles le sont, et elle essaiera de vous échapper. J'ai reçu des informations sur ce qui se passe. Quoi qu'il arrive, tu ne dois pas la quitter.

"J'aimerais que vous trouviez quelqu'un d'autre, monsieur", a déclaré Tucker avec beaucoup de respect. "Il y a beaucoup de gars à bord qui aimeraient ce poste."

« Vous êtes le seul homme en qui je peux avoir confiance », dit brièvement le capitaine. « Quand je vous donne des ordres, je sais qu'ils seront obéis ; c'est ta montre maintenant.

Il est sorti en fredonnant. Chrissie prit un livre et s'assit, ignorant complètement la silhouette malheureuse qui se tenait à trois mètres d'elle, tordant sa casquette dans ses mains.

"J'espère, mademoiselle", dit le maître d'équipage après être resté patiemment pendant trois quarts d'heure, "car vous ne penserez pas que j'ai cherché après ce petit travail."

"Non", dit Chrissie sans lever les yeux.

"J'obéis simplement aux ordres", a poursuivi le maître d'équipage. « On me laisse toujours participer à ces petits boulots, d'une manière ou d'une autre. Les singes que j'ai dû observer à bord du navire vous feraient peur. Il n'y a jamais eu de singe sur le Monarch dont je n'étais pas responsable. C'est ce qu'un homme obtient en étant digne de confiance.

"Juste comme ça", dit Chrissie en posant son livre. « Eh bien, je vais dans la cuisine maintenant ; viens, infirmière .

"'Eh bien, dis-je, mademoiselle!" » remontra Tucker en rougissant.

"Je ne sais pas à quel point Susan aimerait que tu ailles dans sa cuisine", dit Chrissie pensivement; "Cependant, c'est votre affaire."

Le malheureux marin suivit sa belle charge dans la cuisine, et, appuyé contre le montant de la porte, se courba comme un chiffon mou devant le regard terrible de sa maîtresse.

"Hé!" dit Susan, qui prenait cet état de choses comme une insulte au sexe en général ; "Et qu'est-ce que tu pourrais vouloir?"

« Ordres du capitaine », murmura faiblement Tucker.

"Je suis capitaine ici", dit Susan, le confrontant avec ses bras nus sur les hanches.

« Et cela vous fait honneur », dit le maître d'équipage en regardant autour de lui avec admiration.

« Souhaitez-vous, Miss Chrissie, que cette image vienne et pénètre dans ma cuisine comme si l'endroit lui appartenait ? » demanda Susan en colère.

"Je n'avais pas l'intention d'entrer de cette façon", a déclaré Tucker étonné. "Je ne peux pas m'empêcher d'être grand."

«Je ne veux pas de lui ici», dit sa maîtresse; "Pourquoi penses-tu que je le veux?"

"Vous entendez cela?" dit Susan en désignant la porte ; "vas y. Je ne veux pas qu'on dise que tu entres dans cette cuisine après moi.

"Je suis ici sur ordre du capitaine ", dit faiblement Tucker. « Je ne veux pas être ici, loin de là. Quant aux gens qui disent que je viens ici après toi, ceux qui me connaissent se moqueraient de cette idée.

« Si j'en avais les moyens, » dit Susan d'une voix dure et rauque, « je te boucherais les oreilles. C'est ce que je te ferais, et tu peux aller dire au capitaine que je l'ai dit. Espionner!"

C'était le premier verset de la première veille, et il y avait beaucoup de versets. Pour ajouter à son inconfort, il était confiné à la maison, comme sa charge ne manifestait aucun désir de sortir, et comme ni elle ni sa tante ne se souciaient de la peine de l'amener à un état de sujétion convenable, la tâche devint un travail. d'amour pour l'énergique Susan. Malgré tout, cependant, il resta fidèle à ses positions, et Chrissie, indignée, qui était en communication presque toutes les heures avec Metcalfe par l'intermédiaire de sa fidèle servante, devenait rapidement désespérée.

Le quatrième jour, le temps étant compté, Chrissie a changé de cap avec son gardien et Susan, durement contre sa volonté, a dû emboîter le pas. Chrissie lui sourit, Susan l'appela M. Tucker et Miss Polson lui offrit un verre de son meilleur vin. De la position de paria, il saute d'un seul coup à celle de conseiller de confiance. Miss Polson lui raconta de nombreux sujets d'intérêt familial et, plus tard dans l'après-midi, le consulta au sujet d'un gros rhume que Chrissie avait développé.

Il lui prescrit une demi-pinte d'huile de lin chaude, mais Miss Polson préféra la chlorodyne. La conversation tourna alors sur les qualités mortelles de cette drogue lorsqu'elle était prise en excès, sur le sommeil mortel dans lequel elle berçait ses victimes. Les incidents cités furent si désastreux qu'une demi-heure plus tard, alors que sa tante et Susan étaient dehors, Chrissie prit une petite bouteille de chlorodyne sur la cheminée, le maître d'équipage la supplia d'essayer plutôt son remède plus méchant mais plus sûr.

"Absurdité!" dit Chrissie, "je ne vais prendre que vingt gouttes - une - deux - trois -"

La drogue se déversa soudain en un petit filet.

"Je devrais penser que c'est tout", dit Chrissie en tenant le gobelet devant la lumière.

"C'est environ cinq cents!" dit Tucker horrifié. « Ne prenez pas ça, mademoiselle, quoi que vous fassiez ; laissez-moi le mesurer pour vous.

La jeune fille lui fit signe de s'éloigner et, avant qu'il puisse intervenir, but le contenu du verre et reprit sa place. Le maître d'équipage la regarda avec inquiétude et, prenant la fiole, il lut attentivement les instructions. Après cela, il ne fut pas du tout surpris de voir le livre tomber des mains de sa protégée sur le sol et ses yeux se fermer.

«Je le savais », a déclaré Tucker, en sueur abondante, «je le savais . Ces filles blâmées sont toutes pareilles. Sait toujours ce qui est le mieux. Mademoiselle Polson ! Mademoiselle Polson !

Il la secoua brutalement, mais en vain, puis courut vers la porte et cria vivement vers Susan. Sans réponse , il courut vers la fenêtre, mais il n'y avait personne en vue, et il revint et se plaça devant la jeune fille, tordant ses énormes mains, impuissant. C'était une grande question pour un pauvre marin. S'il allait chercher le médecin, il abandonnait son poste ; s'il n'y allait pas, son protégé pourrait mourir. Il fit une nouvelle tentative pour la réveiller et, saisissant un verre à fleurs, l'aspergea librement d'eau froide. Elle n'a même pas grimacé.

« Cela ne sert à rien de s'amuser avec ça », murmura Tucker ; "Je dois aller voir le médecin, c'est tout."

Il quitta la pièce et, se précipitant en bas, avait déjà ouvert la porte du vestibule, lorsqu'une pensée le frappa, et il revint. Chrissie dormait toujours dans le fauteuil et, souriant de la manière intelligente avec laquelle il avait résolu une difficulté, il se baissa et, la soulevant dans ses bras forts, la porta hors de la pièce et en bas. Puis un accroc s'est produit. Le progrès triomphal fut gâché par le comportement de la porte du hall qui, malgré ses efforts, refusa de s'ouvrir, et, encombré par son juste fardeau, il ne put pendant un certain temps en déterminer la raison. Alors, plein de honte qu'il puisse y avoir tant de tromperies dans une demeure si belle et si fragile, il découvrit que le pied de Miss Polson y appuyait fermement. Ses yeux étaient toujours fermés et sa tête lourde, mais il n'en restait pas moins qu'un pied agissait d'une manière pleine d'intelligence et de ruse, et quand il l'éloigna de la porte, l'autre prit sa place. Par une manœuvre brusque , le rusé Tucker tourna le dos à la porte et l'ouvrit, et, au même instant, une main revint à la vie et lui adressa une cinglante gifle au visage.

"Idiot!" dit Chrissie indignée, glissant de ses bras et lui faisant face. "Comment oses-tu prendre une telle liberté ?"

Le maître d'équipage étonné palpa son visage et la regarda bouche bée.

— N'ose plus jamais me parler, dit la jeune fille offensée en se redressant avec une dignité irréprochable. «Je suis dégoûté de votre conduite. C'est vraiment insupportable ! »

«Je t'emmenais chez le médecin», dit le maître d'équipage. « Comment pouvais-je savoir que tu faisais seulement semblant ? »

"HONTE ?" » dit Chrissie d'un ton d' horreur incrédule. "J'étais endormi. Je me couche souvent l'après-midi.

Le maître d'équipage ne répondit rien, se contentant de sourire avec une grande intelligence tandis qu'il suivait de nouveau son officier à l'étage. Il souriait de temps en temps jusqu'au retour de Susan et de Miss Polson, qui, essayant de paraître indifférentes, arrivèrent plus tard, toutes deux apparemment souffrantes de colère, Susan en particulier. Au milieu des interruptions sympathiques de ces auditeurs, Chrissie racontait ses expériences, tandis que le maître d'équipage, malgré son meilleur sens, se sentait comme le plus grand des canailles, un sentiment qui était entretenu par les remarques de Susan et les regards glaçants de Miss Poison.

"J'informerai le capitaine", dit Miss Polson en se retenant. "C'est mon devoir."

"Oh, je vais lui dire ", dit Chrissie. "Je lui dirai dès qu'il franchira la porte."

«Moi aussi», dit Susan; "l'idée de prendre de telles libertés!"

Après avoir tiré cette bordée, le trio observa l'ennemi de près et avec anxiété.

« Si j'ai fait quelque chose de mal, mesdames, dit le malheureux maître d'équipage, j'en suis désolé. Je ne peux rien dire de plus juste que cela, et je dirai moi-même au capitaine exactement comment j'en suis arrivé à le faire quand il entrera.

« Bah ! témoin!" dit Suzanne.

"Bien sûr, si vous êtes ici pour aller chercher et transporter", dit Miss Polson avec une emphase flétrie.

"L'idée d'un homme adulte racontant des histoires ", dit Chrissie avec mépris. "Bébé!"

"Eh bien, tout à l'heure, vous alliez tous le lui dire vous-mêmes", dit le maître d'équipage abasourdi.

Les deux femmes aînées se levèrent et le regardèrent avec un air de dédain et de pitié. Le regard de Miss Polson disait « Imbécile ! » clairement; Susan, une simple enfant de la nature, habituée à exprimer librement son esprit, a déclaré : « Imbécile ! avec conviction.

«Je vois, comment ça se passe», dit le maître d'équipage après avoir profondément réfléchi. "Eh bien, je ne me séparerai pas, mesdames. Je peux voir maintenant que vous étiez tous dedans, et c'était un petit travail pour me faire sortir de la maison.

«Quelle tête il a», dit Susan irritée; « N'est-ce pas merveilleux comme il pense à tout cela ! Personne ne penserait qu'il était si intelligent pour le regarder.

« Les eaux sont encore profondes », dit le maître d'équipage, qui commençait à avoir une haute opinion de lui-même.

"Et la fierté précède la chute", a déclaré Chrissie; "N'oubliez pas cela, M. Tucker."

M. Tucker sourit, mais, se souvenant de la fable de la cruche et du puits, il pressa ce soir-là son officier supérieur de le relever de ses fonctions. Il a déclaré que la tension sapait lentement une constitution qui n'était pas aussi forte que les apparences le justifieraient, et que sa connaissance de la nature féminine était lamentablement déficiente sur de nombreux points importants. « Vous vous en sortez très bien, » dit le capitaine, qui n'avait plus l'intention de fréquenter Dorcases , « très bien en effet ; Je suis fier de toi."

« Ce n'est pas un travail d'homme », objecta le maître d'équipage. "En plus, si quelque chose arrive , tu me le reprocheras."

« Rien ne peut arriver », déclare le capitaine avec assurance. « Nous commencerons dans environ quatre jours maintenant. Tu es le seul homme en qui je peux avoir confiance pour un travail aussi difficile, Tucker, et je ne t'oublierai pas.

"Très bien", dit l'autre avec découragement. "J'obéis aux ordres, alors."

La journée suivante se passa tranquillement, les membres de la maison faisant beaucoup d'histoires à l'égard de Tucker et le remplissant ainsi des pires pressentiments possibles. Le lendemain, lorsque le capitaine, ayant affaire dans une ville voisine , le laissa seul en charge, son inquiétude ne put se cacher.

« Je vais me promener », dit Chrissie, assis seul, élaborant les mouvements dangereux et les meilleurs moyens de les contrôler ; " Voudrais-tu venir avec moi, Tucker ? "

"J'aimerais que vous ne le disiez pas ainsi, mademoiselle", dit le maître d'équipage en attrapant son chapeau.

«Je veux faire de l'exercice», a déclaré Chrissie; "J'ai été enfermé assez longtemps."

Elle partit d'un bon pas dans High Street, accompagnée de ses fidèles disciples, et traversant les petites banlieues, elle se dirigea vers la campagne au-delà. Après quatre milles, le maître d'équipage, qui ne savait pas marcher, lui rappela qu'il fallait rebrousser chemin.

"Nous avons beaucoup de temps", a déclaré Chrissie, "nous avons la journée devant nous. N'est-ce pas glorieux ? Voyez-vous cette étape importante, Tucker ? Je vais vous y précipiter ; venez."

Elle partit à l'instant, suivie par le maître d'équipage qui soupçonnait une trahison.

"Vous POUVEZ courir", haletait-elle pensivement, alors qu'elle arrivait deuxième ; « Nous en aurons un autre tout à l'heure. Tu ne sais pas à quel point c'est bon pour toi, Tucker.

Le maître d'équipage sourit amèrement et la regarda du coin de l'œil. Les trois milles suivants se passèrent comme un horrible cauchemar ; sa charge faisait une course pour chaque étape, dans laquelle le maître d' équipage, malgré son manque de pratique, arrivait vainqueur. Le quatrième s'est terminé de manière désastreuse, Chrissie boitant les dix derniers mètres et s'asseyant avec un visage très malheureux sur la pierre elle-même.

« Vous avez très bien fait, mademoiselle », dit le maître d'équipage, qui pensait pouvoir se permettre d'être généreux. "Vous n'avez pas besoin d'en être offensé."

"C'est ma cheville", dit Chrissie avec un petit gémissement. "Oh! Je l'ai tordu.

Le maître d'équipage la regardait avec une consternation silencieuse.

"Ça ne sert à rien de ressembler à ça," dit Chrissie d'un ton brusque, "espèce de grande maladroite. Si tu n'avais pas couru aussi fort, cela ne serait pas arrivé. Tout est de ta faute."

"Si cela ne vous dérange pas de vous appuyer un peu sur moi", a déclaré Tucker, "nous pourrions nous entendre."

Chrissie lui prit le bras avec irritation, et ils commencèrent leur voyage de retour, au rythme d'environ quatre heures par mile, avec de petits cris et des halètements tous les deux mètres.

"Cela ne sert à rien", dit Chrissie en abandonnant son bras et, boitant sur le bord de la route, s'asseyait. Le maître d'équipage dressa les oreilles avec espoir au bruit des roues qui approchaient.

"Qu'est-ce qu'il y a avec la jeune femme ?" » demanda un palefrenier qui conduisait une petite trappe, en s'arrêtant et en regardant avec intérêt une grimace d'une intensité extraordinaire sur le visage de la jeune dame.

— Je crois qu'elle s'est cassé la cheville, dit le maître d'équipage avec désinvolture. « Dans quelle direction vas-tu ? »

« Eh bien, je vais à Barborough », dit le marié ; "mais mon gouverneur est plutôt capricieux ."

«Je vais arranger ça avec vous», dit le maître d'équipage.

Le palefrenier hésita une minute, puis laissa la place à Chrissie tandis que le maître d'équipage l'aidait à se lever à côté de lui ; puis Tucker, avec un sourire de satisfaction d'avoir retrouvé une place, se grimpa derrière et ils commencèrent.

« Ayez un tapis, mon pote », dit le marié en remettant les rênes à Chrissie et en le lui passant ; "Mettez-le autour de vos genoux et rentrez les extrémités sous vous."

"Oui, oui, mon pote", dit le maître d'équipage en obéissant aux instructions.

"Etes-vous sûr d'être assez à l'aise?" dit affectueusement le marié.

« Tout à fait », dit l'autre.

Le palefrenier n'en dit pas plus, mais, d'une manière calme et professionnelle, il posa ses mains sur le large dos du matelot et le lança sur la route. Puis il saisit les rênes et partit au galop.

Sans le moindre espoir de victoire, M. Tucker, qui réalisait clairement, malgré les apparences, qu'il était tombé dans un piège, se leva après un repos précipité et partit pour sa cinquième course ce matin-là. Le prix était seulement un palefrenier de second ordre avec des boutons plaqués, qui lui faisait de joyeux adieux avec un haut-de-forme crasseux ; mais le maître d'équipage l'aurait plutôt eu qu'un service à thé en argent.

Il courut comme il n'avait jamais couru de sa vie, mais en vain, la trappe s'arrêtant tranquillement un peu plus loin pour prendre un autre passager, en faveur duquel le palefrenier se retira sur la banquette arrière ; puis, d'un dernier signe de la main, ils prirent une route à gauche et roulèrent rapidement hors de vue. Le quart du maître d'équipage était terminé.

FAIBLE EAU

C'était UNE SOIRÉE CALME ET CLAIRE de la fin de l'été alors que l'Elizabeth Ann, de Pembray , méprisant l'aide coûteuse d'un remorqueur, descendait la rivière London sous toile. L'équipage était occupé à l'avant, et le capitaine et copropriétaire – un petit homme difficile, profondément imprégné du sens de sa propre importance et de son intelligence – était au volant et discutait avec le second. En attendant une partie de sa cargaison, il avait passé la semaine précédente assez agréablement chez des parents à Exeter, et recevait maintenant d'une manière magistrale un rapport du second.

« Il y a autre chose », dit le second. "Je pense que vous avez remarqué à quel point le vieux Dick est sobre ce soir."

«Je l'ai tenu à court de but», dit le patron d'un air satisfait.

« Ce n'est pas ça, » dit le second. "Vous serez heureux d'apprendre que les deux autres ont parlé de moi et de Sam, et que tout votre équipage maintenant, sauf le cuisinier, qui est toujours catholique, a rejoint l'Armée du Salut."

"Armée du Salut!" répéta le patron d'un ton hébété. "Je ne veux rien de ton gammon, Bob."

"C'est tout à fait vrai", dit l'autre. « Vous pouvez me le prendre. Comment cela a été fait, je ne sais pas, mais ce que je sais, c'est qu'aucun d'entre eux n'a touché à lécher depuis cinq jours. Ils ont tous des maillots rouges, et j'entends le vieux Dick prêcher un excellent sermon. Il est brûlant là-dessus, et les autres le suivent comme des moutons.

« La boisson lui a atteint le cerveau », dit sagement le patron, après mûre réflexion. "Eh bien, cela ne me dérange pas, tant qu'ils se comportent bien ."

Il garda le silence jusqu'à ce que Woolwich fut dépassé, et ils coururent toutes voiles dehors, puis, sa curiosité étant quelque peu excitée, il appela le vieux Dick, avec l'aimable intention de plaisanter un peu.

"Qu'est-ce que j'ai entendu dire que tu étais en train de rejoindre l'Armée du Salut ?" Il a demandé.

«C'est tout à fait vrai, monsieur», dit Dick. "Je me sens si heureux que vous ne pouvez pas penser, nous le faisons tous."

"Gloire!" dit l'un des autres hommes, avec une corroboration enthousiaste.

"On dirait la rougeole", dit facétieusement le capitaine. "Vous quatre d'entre vous à la fois!"

"C'est comme la rougeole, monsieur", dit le vieil homme d'une manière impressionnante, "et j'espère seulement que vous l'attraperez vous-même, tant pis."

"Alléluia!" » braila soudain l'autre homme. "Il l'attrapera."

"Retiens ce bruit, toi, Joe!" cria sévèrement le capitaine. « Comment oses-tu faire ce bruit à bord du navire ?

"Il est excité, monsieur", a déclaré Dick. "C'est de l'amour pour toi dans 'est' terre comme ça."

« Qu'il garde son amour pour lui », dit grossièrement le skipper.

« Ah ! c'est exactement ce que nous ne pouvons pas faire », a déclaré Dick d'un ton aigu, que le capitaine a conclu à juste titre comme étant sa voix de prêcheur. « Nous ne pouvons pas le faire – et pourquoi ne pouvons-nous pas le faire ? Parce que nous nous sentons bien, et nous voulons que vous vous sentiez bien aussi. Nous voulons le partager avec vous. Oh, cher ami… »

«Cela suffit», dit sèchement le capitaine de l'Elizabeth Ann. « Ne me dis pas « cher ami ». Allez -y ! Allez - y tout de suite !

Avec un mouvement mélancolique de la tête, le vieil homme obéit, et le capitaine surpris se tourna vers le second, qui était à la barre, et lui exprima sa ferme intention de mettre immédiatement un terme à un tel comportement sur son navire.

« Vous ne pouvez pas le faire », dit fermement le second.

« Tu ne peux pas le faire ? » » demanda le patron.

"Pas du tout", dit l'autre. « Ils ont tous de mauvaises choses, et plus vous les attaquerez, plus ils deviendront des maudites. Notez mes paroles, mieux vaut les laisser tranquilles .

« Je vais me tenir un peu la main et les surveiller », fut la réponse ; "mais j'ai toujours été capitaine sur mon propre navire, et je le serai toujours."

Pendant les vingt-quatre heures suivantes, il conserva sa souveraineté incontestée, mais le dimanche matin, après le petit-déjeuner, alors qu'il était au volant et que l'équipage en dessous, le second, qui était à l'avant, arriva à l'arrière avec un étrange sourire, luttant pour le développement. aux coins de sa bouche.

"Quel est le problème?" » s'enquit le capitaine en le considérant avec une certaine défaveur .

"Ils sont tous en bas avec leurs maillots rouges", répondit le second, toujours en train de se débattre, "et ils tiennent une sorte de consultation au sujet de l'agneau perdu, et le meilleur moyen d'y parvenir est d' aller plus loin ." terre .

«Agneau perdu!» répéta le patron sans inquiétude, mais en évitant soigneusement le regard de l'autre.

« Vous êtes l'agneau perdu », dit le second, qui allait toujours droit au but.

"Je ne l'aurai pas", a déclaré le capitaine avec enthousiasme. « Comment osent-ils continuer ainsi ? Allez les envoyer directement .

Le second, sifflant joyeusement, s'exécuta, et les quatre hommes, soigneusement vêtus d'écarlate, montèrent sur le pont.

"Maintenant, de quoi s'agit-il avec toutes ces absurdités ?" » demanda l'homme furieux. "Que veux-tu?"

«Nous voulons votre âme pécheresse», dit Dick avec extase.

"Oui, et nous l'aurons", dit Joe avec une profonde conviction.

« C'est ce que nous ferons », dirent les deux autres en fermant les yeux et en souriant avec ravissement ; "Alors nous le ferons."

Le patron, alarmé malgré lui de leur confiance, tourna vers le second un visage surpris.

« Si vous pouviez le voir maintenant, poursuivit Dick de manière impressionnante, vous en seriez effrayé. Si tu peux-"

« Allez de votre côté du navire », balbutia le capitaine indigné. « Va-t'en, avant que je te donne un coup de pied là-bas !

"Mieux vaut laisser Sam essayer", dit l'un des autres hommes, ignorant calmement la fureur du maître ; « Ses efforts ont été merveilleusement bénis. Viens ici, Sam.

« Il y a un temps pour tout » dit Sam prudemment. "Allons- y et faisons ce que nous pouvons pour lui entre nous."

Ils s'éloignèrent à contrecœur, Dick jetant des regards si affectueux au capitaine par-dessus ses épaules qu'il faillit s'étouffer de rage.

"Je ne l'aurai pas!" dit-il avec férocité ; "Je vais les faire tomber . "

« Vous ne pouvez pas », dit le second. « On ne peut plus bousculer les marins de nos jours. La seule chose que vous pouvez faire est de vous en débarrasser .

"Je ne veux pas faire ça", fut la réponse grognante. « Ils sont avec moi depuis longtemps et ce sont tous de bons hommes. Pourquoi ne s'en prennent-ils pas à vous, je me demande ?

"MOI?" » dit le second avec une surprise indignée. « Eh bien, je suis un baptiste du septième jour ! Ils ne veulent pas perdre leur temps avec moi. Je vais bien."

"Vous êtes un joli baptiste du septième jour, vous l'êtes!" répondit le capitaine. "Je viens d'en entendre parler."

« Vous ne comprenez pas ce genre de choses », dit le second.

« Cela doit être une religion très facile », poursuit le skipper.

"Je n'en fais pas de spectacle, si c'est ce que tu veux dire", répondit chaleureusement l'autre. "Je fais partie de ceux qui croient qu'il faut mettre ma lumière sous le boisseau."

"Une pinte de pot , c'est facile", ricana le capitaine. "C'est aussi plus dans votre domaine."

« Quoi qu'il en soit, les hommes s'en rendent compte », dit le second avec hauteur. "Ils ne vont pas s'asseoir dans leurs maillots rouges et organiser des réunions de mères à ma place."

"Je vais leur faire tomber la tête!" grogna le capitaine. "Je vais leur apprendre à m'insulter !"

"C'est tout pour ton bien", dit l'autre. « Ils le pensent gentiment. Eh bien, je leur souhaite bonne chance.

Avec ces paroles hardies, il se retira, laissant un volcan bouillonnant arpenter le pont et réfléchir aux voies et moyens de réduire une fois de plus son équipage à ce qu'il considérait comme un état d'obéissance et de respect convenable.

Le point culminant a été atteint à l'heure du thé, lorsqu'une main anonyme a été glissée sous la lucarne et qu'un tract corsé a flotté sauvagement vers le bas et a bouleversé son thé.

"C'est la goutte d'eau qui fait déborder le vase !" » rugit-il, récupérant le tract et le jetant par terre. « Je vais leur lire une leçon qu'ils n'oublieront pas de sitôt, et je mettrai par la même occasion un peu d'argent dans ma poche. J'ai un petit projet dans mon bureau qui m'est venu tout à coup cet après-midi. Viens sur le pont, Bob.

Bob obéit en souriant, et le capitaine, prenant le volant des mains de Sam, l'envoya chercher les autres.

"As-tu déjà vu que je manquais ma parole, Dick?" » s'enquit-il brusquement, alors qu'ils se traînaient.

«Jamais», dit Dick.

« La parole du capitaine Bowers vaut mieux que le serment d'un autre homme », affirma Joe.

« Eh bien, » dit le capitaine Bowers en faisant un clin d'œil au second, « je vais vous donner, les gars, une petite semaine d'abnégation rien que pour vous. Si vous vivez tous de biscuits et d'eau jusqu'à ce que nous arrivions au port, et que vous ne touchez à rien d'autre, je vous tuerai et je deviendrai un salutiste.

« Du biscuit et de l'eau », dit Dick d'un air dubitatif, en se grattant la barbe assez fort pour se gratter en retour.

"Ce ne serait pas bien de jouer avec nos constitooshuns de cette façon, monsieur", objecta Joe en secouant la tête.

« Vous y êtes », dit Bowers en se tournant vers le second d'un geste de la main. "Ils sont très inquiets à mon sujet tant que cela se limite à mordre et à laisser tomber des tracts dans mon thé, mais quand il s'agit d'un peu de difficulté de leur part, voyez comment ils s'en sortent."

« Nous ne reculerons pas », dit Dick avec prudence ; "Mais si c'est le cas, comment pouvons-nous être sûrs que vous nous attaquerez ?"

"Vous avez ma parole", dit l'autre, "et le compagnon et le cuisinier en sont témoins."

« Bien sûr, vous faites partie de l'armée pour de bon, monsieur », dit Dick, toujours dubitatif.

"O cours."

« Alors c'est une bonne affaire, monsieur », dit Dick rayonnant ; " n'est-ce pas, les gars ? "

"Oui, oui", dirent les autres, mais pas vraiment rayonnants. "Oh, quelle journée joyeuse c'est!" dit le vieil homme. « Un équipage du Salut et un capitaine du Salut ! Nous aurons ensuite le cuisinier, aussi mauvais soit-il.

"Vous aurez du biskit et de l'eau", dit le cuisinier d'un ton glacial tandis qu'ils s'éloignaient, "et rien d'autre, je m'en occupe."

«Ils doivent m'aimer beaucoup», dit le capitaine d'un ton méditatif.

"Pratique, il aime suivre sa propre voie", grogna le second. "C'est une bonne chose pour laquelle tu t'es laissé tenter."

"Je sais ce que je fais", fut la réponse confiante.

"Tu ne vas pas laisser ces idiots jeûner pendant une semaine et ensuite rompre ta parole ?" » dit le second surpris.

« Certainement pas, » dit l'autre avec colère ; "Je préférerais engager trois armées plutôt que de faire cela, et vous le savez."

« Ils s'en tiendront à la bouffe, n'ayez crainte », dit le second. "Je ne comprends pas comment vous allez gérer cela."

« C'est là qu'intervient le cerveau », rétorque le skipper avec une certaine arrogance.

« C'est la première fois que j'en entends parler » , murmura doucement le second ; "mais je suppose que tu as aussi utilisé des pots d'une pinte."

Le capitaine lui lança un regard méprisant, mais, n'ayant pas de réplique, s'abstint de répondre, et redescendit en se mélangeant un bon verre de grog et but le succès de son projet.

Trois jours se sont écoulés et les hommes ont tenu bon et, se rendant compte qu'ils sapaient peu à peu les convictions du capitaine, n'ont fait aucun effort pour le porter par un assaut direct. Le second ne cherchait pas à cacher son opinion sur le péril que courait son supérieur et s'efforçait, en termes sombres, de lui montrer toute l'horreur de sa situation.

« Ce que dira votre femme la première fois qu'elle vous verra caracoler sur la route en tapant sur un tambourin, je ne peux pas y penser », dit-il.

« Je n'aurai pas de tambourin », dit gaiement le capitaine Bowers.

« Ce sera également un travail pénible de rester devant le pub de votre beau-père et d'essayer de persuader les clients de ne pas y entrer », a poursuivi Bob. « Une bonne chose pour une famille tranquille ! »

Le patron sourit d'un air entendu et, roulant un cigare dans sa bouche, se pencha en arrière sur son siège et leva les yeux vers la lucarne.

« Ne vous inquiétez pas, mon garçon, dit-il ; « ne t'inquiète pas. Je fais ce travail et j'arrive en tête. Quand les hommes oublient ce qui est dû à leurs supérieurs et leur prêchent , il faut leur apprendre ce qui est quoi. Si le vent reste favorable , nous devrions être à la maison dimanche soir ou lundi matin.

L'autre hocha la tête.

« Maintenant, gardez les yeux ouverts », dit le patron ; et, se rendant à sa chambre d'apparat, il revint avec trois bouteilles de rhum et un tire-bouchon, qu'il posa le tout d'un air très mystérieux sur la table, puis sourit au second. Le compagnon sourit aussi.

"Qu'est-ce que c'est ça?" demanda le patron en tirant le bouchon et en tenant une bouteille sous le nez de l'autre.

"Ça sent le rhum", dit le second en jetant un coup d'œil autour de lui, peut-être pour un verre.

"C'est pour les hommes", dit le patron, "mais vous pouvez en prendre une goutte."

Le second, prenant un verre, se servit généreusement et, après s'en être assuré, avec sympathie, mais poliment, exprima sa ferme opinion que les hommes n'y toucheraient en aucun cas.

« Vous ne comprenez pas bien à quel point ils sont fermes, dit-il ; "Vous pensez que c'est juste une nouvelle mode avec eux , mais ce n'est pas le cas ."

"Ils le boiront", dit le patron en prenant deux des bouteilles. "Amenez l'autre sur le pont pour moi."

Le second obéit, étonné, et, chargé de la vieille Jamaïque de première qualité, monta les marches.

"Qu'est-ce que c'est ça?" » demanda le capitaine en se dirigeant vers Dick et en lui tendant une bouteille.

« Pison , monsieur », dit promptement Dick.

"Prenez une goutte", dit jovialement le skipper.

"Pas pour vingt livres", dit le vieil homme avec un air horrifié.

"Pas pour deux millions de livres", dit Sam avec une précision financière.

"Est-ce que quelqu'un en aura une goutte?" » demanda le propriétaire en agitant la bouteille d'avant en arrière .

Pendant qu'il parlait, une patte crasseuse jaillit derrière lui, et, avant qu'il ne se rende vraiment compte de la situation, le cuisinier avait accepté l'invitation et en profitait en toute hâte.

« Pas vous », grogna le patron en lui arrachant la bouteille ; « Je ne parlais pas de toi. Eh bien, mes enfants, si vous ne voulez pas le garder propre, vous le ferez arroser.

Avant que quiconque puisse deviner son intention , il se dirigea vers le tonneau d'eau et, ôtant le couvercle, y versa le rhum. Au milieu d'un profond silence, il vida les trois bouteilles, puis, avec un sourire triomphant, se retourna et fit face à son équipage étonné.

"Qu'est-ce qu'il y a dans ce fût , Dick?" » demanda-t-il doucement.

« Du rhum et de l'eau », gémit Dick ; « mais ce n'est pas fair-play, monsieur. Nous avons respecté notre part de l'accord, monsieur, et vous auriez dû respecter la vôtre.

« C'est ce que j'ai fait », fut la réponse rapide ; « C'est ce que j'ai fait, et je m'y tiens toujours. Ne voyez-vous pas cela, mes gars ; Quand tu commences à faire des pitreries avec moi , tu joues à un jeu de dupes, et tu vas forcément devenir un cropper. Certains hommes auraient attendu plus longtemps avant de gâcher leur jeu, mais je pense que vous avez assez souffert. Maintenant, il y a un morceau de bœuf et quelques pommes de terre, et tu ferais mieux d'aller préparer un bon repas carré, et la prochaine fois que tu voudras modifier la religion des gens comme il le sait mieux que toi, réfléchis-y à deux fois.

« Nous ne voulons pas de bœuf, monsieur ; Biskit fera l'affaire pour nous, dit Dick fermement.

« Très bien, faites-vous plaisir, » dit le patron ; « mais attention, pas de manigances, pas de venue boire un verre quand j'ai le dos tourné ; ce tonneau sera surveillé ; mais si vous changez d'avis à propos du bœuf , vous pouvez demander au cuisinier de vous le procurer à tout moment.

Il jeta les bouteilles par-dessus bord et, ignorant les gémissements et les hochements de tête des hommes, s'éloigna, écoutant avec avidité les hommages respectueux à son génie rendus par le second et le cuisinier, flatterie si délicate et si authentique en même temps qu'il en ouvrit une autre. bouteille.

« Il n'y a qu'une chose », dit alors le second ; "Le rhum n'affectera-t-il pas beaucoup la cuisson ?"

« Je n'y ai jamais pensé », a admis le capitaine ; "Pourtant, nous ne devons pas nous attendre à tout faire à notre manière."

"Non, non", dit le compagnon d'un ton neutre, admirant le choix des pronoms de l'autre.

Jusqu'au vendredi après-midi, le patron circulait avec un sourire de satisfaction aimable sur le visage ; mais le soir, elle s'affaiblissait quelque peu, et le samedi matin, elle avait complètement disparu et était remplacée par une expression de stupéfaction et d'inquiétude, car l'équipage évitait le tonneau d'eau comme s'il s'agissait d'un poison, sans paraître souffrir le moindre inconvénient. Un air visible de propriété apparaissait sur leurs visages chaque fois qu'ils regardaient le capitaine, et l'homme maintenant effrayé s'indignait farouchement auprès du second contre les méthodes inappropriées de conversion patronnées par certains organismes religieux et l'obstination aggravante de certains de leurs adeptes.

« C'est merveilleux ce que l'enthousiasme peut faire pour un homme », dit Bob pensivement ; «J'ai connu un homme une fois…»

"Je ne veux pas de vos mensonges", intervint grossièrement l'autre.

"Et je ne veux pas de votre reproche de rhum et d'eau, si l'on en arrive là", dit le second en s'enflammant. « Quand le thé d'un homme est fait avec du rhum et que son bœuf y est cuit , il commence à se demander s'il est embarqué avec un marin ou un… un… »

"Un quoi?" cria le capitaine. "Dis-le!"

"Je ne trouve rien d'assez stupide", fut la réponse franche. "Tout va bien pour toi, parce que c'est le dernier licker que tu seras autorisé à goûter, mais c'est dur pour moi et le cuisinier."

« Au diable vous et le cuisinier », dit le capitaine, et il monta sur le pont pour voir si les langues des hommes étaient tirées.

Le dimanche matin, il était paniqué ; les hommes étaient en assez bonne santé, quoique peut-être un peu maigres, et il commença à croire avec le cuisinier que l'âge des miracles n'était pas encore passé.

C'était une journée brûlante et, pour ajouter à son inconfort, le second, rongé par une soif rageuse, restait haletant à l'ombre de la grand-voile, échangeant des condoléances des plus offensantes avec le cuisinier chaque fois qu'il regardait son chemin.

Toute la matinée, il grommela sans cesse, jusqu'à ce qu'enfin, averti par une odeur désagréable de rhum que le dîner était sur la table, il se levât et descendit.

Au pied de l' échelle , il s'arrêta brusquement, car le patron était adossé au dossier de son siège et regardait avec fascination quelque objet posé sur la table.

"Quel est le problème?" » demanda le second alarmé.

L'autre, qui ne parut pas entendre la question, ne répondit rien, mais continua à fixer d'une manière très extraordinaire une bouteille qui ornait le centre de la table.

"Qu'est-ce que c'est?" » demanda le second, n'osant pas se fier à ses yeux. "EAU? D'où vient-il?"

"Cuisiner!" » rugit le capitaine en tournant un œil injecté de sang vers ce digne, alors que son visage pâle apparaissait derrière le second, « qu'est-ce que c'est ? Si tu dis que c'est de l'eau, je te tue.

« Je ne sais pas ce que c'est, monsieur, » dit prudemment le cuisinier ; « mais Dick vous l'a envoyé avec ses meilleurs respects, et je devais vous dire qu'il y en a bien d'autres d'où cela vient. C'est un vieil homme méchant, compréhensif et trompeur, c'est Dick, monsieur, et il semble qu'il ait déposé un stock d'eau dans des bouteilles et autres avant de trafiquer le tonneau, et les hommes l'ont fait enfermer. dans leur poitrine depuis.

« Dick est un vieil homme très intelligent, » remarqua le second en se versant un verre et en le buvant avec un plaisir infini, « n'est-ce pas , capitaine ? Ce sera un privilège de s'occuper de tout ce avec quoi cet homme est connecté, n'est-ce pas ?

Il s'arrêta pour répondre, mais aucune ne vint, car le capitaine , les yeux éteints, regardait fixement vers un avenir si solitaire et si peu agréable qu'il avait perdu la faculté de parler - même de ce qui, dans d'autres crises, n'avait jamais eu lieu. n'a pas réussi à lui apporter un soulagement. Le second le regarda un instant avec curiosité, puis, imitant l'exemple du cuisinier, quitta la cabine.

AU MOYEN-ATLANTIQUE

Non , MONSIEUR, DIT LE veilleur de nuit en s'asseyant sur un poteau au bout de la jetée et en mettant un énorme morceau de tabac dans sa joue. "Non, mec et garçon, j'étais en mer quarante ans avant d'accepter ce travail, mais je ne peux pas dire, comme jamais, que j'ai vu un véritable fantôme."

C'était décevant et je l'ai dit. L'expérience antérieure de la puissance de la vision de Bill m'avait amené à m'attendre à quelque chose de très différent.

"Non, mais je sais que des choses étranges se produisent", a déclaré Bill, fixant ses yeux du côté du Surrey et entrant dans une sorte de transe. "Des choses bizarres."

J'ai attendu patiemment; Les yeux de Bill, après s'être reposés quelque temps sur Surrey, commencèrent à traverser lentement la rivière, s'arrêtèrent à mi-chemin dans l'espoir raisonnable d'une collision entre un remorqueur avec sa flottille de barges et un penny steamer, puis revinrent vers moi.

« Vous avez entendu dire que le vieux capitaine Harris racontait l'autre jour que le capitaine qu'il connaissait avait reçu un avertissement une nuit pour modifier sa route et, ce faisant, avait ramassé cinq hommes vivants et trois squelettes morts dans un bateau non ponté ? » s'enquit-il.

J'ai hoché la tête.

"Le fil sous diverses formes est ancien", dis-je.

"Tout est fondé sur quelque chose que je lui ai dit une fois", a déclaré Bill. « Je ne souhaite pas accuser le capitaine Harris d'avoir pris l'histoire vraie d'un autre homme et de l'avoir gâchée ; il a une mauvaise mémoire, c'est tout. Avant tout, il oublie qu'il a déjà entendu cette histoire ; deuxièmement, il va le gâcher.

J'ai émis un murmure sympathique. Harris était un vieil homme aussi véridique que jamais, mais ses récits étaient terriblement limités par cette circonstance, alors que ceux de Bill n'étaient limités que par sa propre imagination.

"C'était il y a environ quinze ans maintenant", commença Bill, mettant la livre dans un coin de sa joue, là où cela n'empêcherait pas sa parole. "J'étais AB sur le Swallow, une barque , faisant du commerce partout où nous pouvions ramasser des trucs. . Sur ce trajet , nous allions de Londres à la Jamaïque avec une cargaison générale.

« Le début de ce parcours a été excellent. Nous avons été remorqués hors des quais de St. Katherine ici, jusqu'au Nore , et le remorqueur nous a laissés face à une forte brise, qui nous a assez rapidement propulsés dans la Manche et dans l'Atlantique. Tout le monde disait que nous vivions une belle vie et que nous devions gagner du temps rapidement, et le premier compagnon était de si belle humeur que vous pouviez faire n'importe quoi avec lui .

« Nous étions à l'écart depuis environ dix jours, et nous avancions toujours de cette manière fessée, quand tout d'un coup les choses ont changé. Une nuit, j'étais à la barre avec le second, lorsque le patron, qui s'appelait Brown, est arrivé d'en bas d' un air inquiet et est resté à nous regarder pendant un certain temps sans parler. Puis finalement, il se décide et dit qu'il...

"'M. McMillan, je viens de vivre une expérience des plus remarquables, et « je ne sais pas quoi faire à ce sujet ».

"'Oui Monsieur?' ses M. McMillan.

« « Trois fois, j'ai été réveillé cette nuit par quelque chose qui me criait à l'oreille : « Direction ni-ni-ouest ! » Le capitaine dit très solennellement : « « Direction ni-ni-ouest ! "' c'est tout ce qu'il dit. La première fois, j'ai cru que c'était quelqu'un qui était entré dans ma cabine en ricanant, et je l'ai attaqué avec un bâton, mais je l'ai entendu trois fois et "il n'y a rien là-bas".

« C'est un avertissement surnaturel », dit le second, qui avait autrefois un grand-oncle qui avait la seconde vue, et qui était l'homme le plus impopulaire de sa famille, car il savait toujours à quoi s'attendre et faisait ses plans en conséquence.

« C'est ce que je pense », dit le capitaine . "Il y a de pauvres compagnons naufragés en détresse."

"'C'est une réponse très grave ,' dit M. McMillan, 'Je devrais juste appeler le compagnon le plus juste .'

« 'Bill', dit le capitaine , 'descendez en bas et dites à M. Salmon que j'aimerais lui parler quelques mots .'

« Eh bien, je suis descendu en bas et j'ai appelé le second, et dès que je lui ai expliqué pourquoi il était recherché, il s'est lancé dans un accès de langage scandaleux et m'a frappé. Il est arrivé sur le pont en pantalon et en chaussettes. Une façon très irrespectueuse de venir voir le capitaine , mais il était si chaud et excité qu'il se fichait de ce qu'il faisait.

"'M. Salmon, dit gravement le capitaine , je viens de recevoir un avertissement des plus solennels, et je veux...

« 'Je sais', dit le second d'un ton bourru.

"'Quoi! tu l'as entendu aussi ? ses le capitaine , surpris. 'Trois fois?' «Je l'ai entendu de sa part», dit le compagnon en me désignant. "Cauchemar, monsieur, cauchemar."

« Ce n'était pas un cauchemar, monsieur, dit le capitaine , très vexé, et si je l'entends encore, je vais modifier le cap de ce navire. »

« Eh bien, le premier compagnon était dans un trou. Il voulait appeler le capitaine d'une manière qui, il le savait, n'était pas de la discipline. Je savais ce que c'était, et je savais que si le compagnon ne faisait rien, il serait malade, c'était ce genre d'homme, tout lui montait à la tête. Il s'éloigna et pencha un moment la tête sur le côté, et enfin, quand il revint, il était relativement calme.

« «Vous ne devez plus entendre ces mots, monsieur », dit -il ; ne te rendors plus ce soir. Reste debout, et nous jouerons aux cartes , et le matin, tu prendras une bonne dose de rhoobarbe . Ne gâchez pas l'un des meilleurs voyages que nous ayons jamais fait pour un sou de rhoobarbe , dit -il d'un air suppliant.

"'M. Saumon, dit le capitaine très en colère, je ne ferai pas face à la Providence de cette manière. Je dormirai comme d'habitude, et quant à votre rhoobarbe , dit le capitaine en s'emportant, bon sang, monsieur, je vais... j'en administrerai à tout l'équipage, du second au second. garçon de cabine, si j'ai quelque impertinence.

"Eh bien, M. Salmon, qui devenait très en colère, descend en bas, suivi du capitaine , et M. McMillan était tellement excité qu'il a même commencé à m'en parler. Une demi-heure plus tard, le capitaine revient en courant sur le pont.

"'M. McMillan, dit - il avec enthousiasme, dirigez-vous vers le nord-nord-ouest jusqu'à nouvel ordre. Je l'ai encore entendu, et cette fois, il m'a presque fendu le tympan de l'oreille.

« Le cap du navire a été modifié, et après que le vieil homme ait été satisfait , il s'est recouché, et presque immédiatement après le coup de huit cloches, et j'ai été soulagé. Je n'étais pas sur le pont lorsque le premier compagnon est arrivé, mais ceux qui ont été entendus ont dit qu'il avait pris cela très calmement. Il n'a pas dit un mot. Il s'est simplement assis sur la merde et s'est fait exploser les joues.

« Dès le jour, le skipper était sur le pont avec ses lunettes. Il envoya des hommes en tête de mât pour bien surveiller, et il dansa comme un chat sur des briques chaudes toute la matinée.

« « Combien de temps allons-nous suivre ce cours, monsieur ? » demande M. Salmon, vers dix heures du matin.

« Je n'ai pas pris ma décision, monsieur, » dit le capitaine , très majestueux ; mais je voyais qu'il avait l'air un peu idiot.

« À midi, le premier lieutenant toussait, et chaque fois qu'il toussait, cela semblait agir sur le patron et le rendre de plus en plus fou. Maintenant qu'il faisait grand jour, M. McMillan ne semblait plus aussi effrayant que la nuit précédente, et je pouvais voir que le capitaine n'attendait que la moindre excuse pour reprendre notre bonne route.

« C'est une vilaine et mauvaise toux de votre part, M. Salmon », dit -il en regardant le compagnon très attentivement.

« 'Oui, une sorte de toux vilaine et irritante, monsieur', répond l'autre ; 'ça m'inquiète beaucoup. C'est ça qui monte au nord de ce qui me colle à la gorge, dit- il.

« Le capitaine a bu une gorgée et s'est éloigné, mais il revient dans une minute et lui dit ...

« 'M. Salmon, je trouverais bien dommage de perdre un officier précieux comme vous, même pour faire du bien aux autres. Il y a une toux dure que je n'aime pas, et si vous pensez vraiment qu'elle monte un peu vers le nord, eh bien, cela ne me dérange pas de remettre le navire sur sa route.

« Eh bien, le second l'a gentiment remercié, et il était sur le point de donner les ordres quand l'un des hommes qui se trouvaient en tête de mât crie soudain :

« 'Ohé ! Petit bateau sur la proue bâbord !'

« Le capitaine a sursauté comme si on lui avait tiré dessus et a couru jusqu'au gréement avec ses lunettes. Il redescendit presque directement , et son visage était tout rayonnant de plaisir et d'excitation.

« 'M. Saumon, dit -il, voici un petit bateau avec une voile à oreilles au milieu de l'Atlantique, avec un homme à pores couché au fond. Que pensez-vous de mon avertissement maintenant ?

« Le second n'a rien dit au début, mais il a pris les lunettes et a jeté un coup d'œil, et quand il est revenu, tout le monde pouvait voir que son opinion sur le skipper avait augmenté de mille et de milles.

« 'C'est une chose merveilleuse, monsieur', dit- il, 'et dont je me souviendrai toute ma vie. Il est évident que vous avez été choisi comme instrument pour accomplir ce bon travail.

« Je n'avais jamais entendu le premier compagnon parler ainsi auparavant, sauf une fois lorsqu'il est tombé par-dessus bord, alors qu'il était plein et coincé dans la boue de la Tamise. Il a dit que c'était la Providence ;

cependant, comme l'eau était basse, d'après l'horaire des marées, je ne pouvais pas voir moi-même ce que la Providence avait à voir avec cela. Il était aussi excité que n'importe qui, il a pris le volant lui-même et a placé la tête du navire vers le bateau, et alors qu'il se rapprochait, notre bateau a été projeté, et moi, le second et trois autres hommes sommes tombés dedans, et ' tiré pour rencontrer l'autre.

« Peu importe le bateau ; nous ne voulons pas nous embêter avec elle, crie le capitaine tandis que nous nous éloignons. Sauvez cet homme !

«Je dirai ceci pour M. McMillan, il a magnifiquement dirigé ce bateau et nous avons couru côte à côte aussi intelligemment que possible. Deux d'entre nous ont embarqué nos rames et l'ont serré fort, puis nous avons vu que ce n'était qu'un bateau ordinaire, partiellement ponté, avec la tête et les épaules d'un homme visibles dans l'ouverture, profondément endormi et ronflant comme le tonnerre.

« ' Puir gars,' ses M. McMillan, debout. "Regardez comme il est épuisé."

« Il a saisi l'homme par le col de son manteau et sa ceinture et, étant un homme très puissant, il l'a traîné et l'a balancé dans notre bateau, qui sautait de haut en bas et grinçait contre le côté. de l'autre. Nous l'avons alors lâché, et l'homme que nous avions secouru a ouvert les yeux tandis que M. McMillan tombait avec lui sur l'un des bancs et, poussant un rugissement comme un taureau, essayait de sauter de nouveau dans son bateau.

« 'Tiens-le !' cria le second. 'Tiens-le bien ! Il est fou, mon gars.

« À la façon dont cet homme s'est battu et a crié, nous pensions que son compagnon avait raison aussi. C'était un type petit et raide, dur comme le fer, et il mordait, donnait des coups de pied et jurait de tout ce qu'il valait, jusqu'à ce qu'enfin nous l'ayons fait trébucher et l'avons fait tomber au fond du bateau, et l'avons maintenu là, la tête baissée. retour sur un échec.

« 'Tout va bien, mon puir gars', dit le second ; « vous êtes entre de bonnes mains, vous êtes sauvé.

« 'Merde !' ses l'homme; 'c'est quoi ton petit jeu ? Où est mon bateau, hein ? Où est mon bateau ?

« Il s'est tortillé un peu et a levé la tête, et, quand il l'a vu rouler à deux ou trois cents mètres de là, son humeur a pris le dessus sur lui, et il a juré que si M. McMillan ne ramait pas après , il je le poignarderais.

« 'Nous ne pouvons pas nous soucier du bateau', dit le second ; 'nous avons eu assez de peine pour vous secourir.'

« 'Qui diable voulait que tu me sauves ?' beugla l'homme. « Je vais vous faire payer pour ça, misérables écouvillons. S'il y a une loi à Amurrica , vous l'aurez !'

« À ce moment -là , nous étions arrivés au navire, dont la voile avait été raccourcie, et le capitaine se tenait à côté, regardant l'étranger avec un grand et gentil sourire qui le rendait presque fou.

« 'Bienvenue à bord, mon homme aux pores' , dit- il en tendant la main tandis que le type se levait sur le côté.

« Etes-vous l'auteur de cet outrage ? » s'adresse à l'homme avec férocité. « 'Je ne vous comprends pas', dit le capitaine , très digne, et se redressant.

« 'Avez-vous envoyé vos gars pour me faufiler hors de mon bateau pendant que j'avais quarante clins d'œil ?' rugit l'autre. 'Merde ! c'est de l'anglais, n'est- ce pas ?

« _ _ _ _ J'ai reçu un avertissement surnaturel pour prendre cette direction exprès pour venir vous chercher, et ceci est votre gratitude.

« 'Regardez ici !' ses l'autre. 'Je m'appelle Cap'n Naskett et moi faisons un voyage record de New York à Liverpool dans le plus petit bateau qui ait jamais traversé l'Atlantique, et vous allez tout casser avec votre officine têtue. Si vous pensez que je vais être kidnappé juste pour répondre à vos avertissements bestiaux, vous avez commis une erreur. J'aurai la loi sur toi, c'est ce que je ferai. L'enlèvement est un délit punissable.

« 'Pourquoi es-tu venu ici, alors ?' ses le cap'n .

"'Viens!' hurle Cap'n Naskett . 'Viens! Un homme se faufile à mes côtés avec un bateau chargé de balayeurs habillés en marins, et m'attrape pendant que je dors, et vous me demandez pourquoi je viens. Regardez ici. Vous battez toutes les voiles et attrapez mon bateau, et vous me remettez en place, et j'arrête. Si vous ne le faites pas, j'engagerai un procès contre vous et, par-dessus le marché, je ferai de vous la risée de deux continents.

« Eh bien, pour tirer le meilleur parti d'une mauvaise affaire, le capitaine a navigué après le petit bateau têtu, et M. Salmon, qui pensait que suffisamment de temps avait déjà été perdu, s'est trompé sur le capitaine . Naskett . Ils étaient tous deux assez bavards et leur façon de procéder était une éducation pour tous les marins à flot. Tous les hommes à bord s'approchaient autant qu'ils osaient les écouter ; mais je dois dire Cap'n Naskett a eu le meilleur. C'était un homme sarkastik , et il faisait semblant de penser que le navire avait été aménagé uniquement pour récupérer les naufragés, et il faisait aussi semblant de penser que nous étions des naufragés, ceux qui avaient été sauvés par lui. Il a dit que bien sûr, tout le monde pouvait voir d'un coup d'œil que nous n'étions pas des marins, et il a supposé que M.

Salmon était un boucher qui avait été emporté en mer alors qu'il pagayait à Margate pour renforcer ses chevilles. Il a dit beaucoup plus de choses de ce genre, et pendant tout ce temps, nous poursuivions son misérable petit bateau, et il admirait la façon dont elle naviguait, tandis que le premier compagnon répondait à ses réflexes , et je suis sûr que non. même notre capitaine fut plus content que M. Salmon lorsque nous l'attrapâmes enfin et le repoussâmes. Il fut ingrat jusqu'au bout et, juste avant de quitter le navire, il s'approcha du capitaine Brown et lui conseilla de fermer les yeux, de se retourner trois fois et d'attraper ce qu'il pouvait.

«Je n'ai jamais vu le capitaine aussi bouleversé auparavant, mais je l'ai entendu dire à M. McMillan cette nuit-là que s'il s'écartait de nouveau de son chemin après un engin, ce ne serait que pour le renverser. La plupart des gens restent assez silencieux sur les choses surnaturelles qui leur arrivent, mais il était à peu près le plus silencieux dont j'ai jamais entendu parler, et, de plus, il a fait en sorte que tout le monde se taise aussi. Même lorsqu'il devait naviguer vers le nord-nord-ouest après cela, dans le domaine des affaires, cela ne lui plaisait pas, et il était à peu près l'homme le plus cruellement déçu que l'on ait jamais vu lorsqu'il apprit par la suite que le capitaine Naskett s'est mis en sécurité à Liverpool.

APRÈS L'ENQUÊTE

C'était UNE SOIRÉE ENCORE BELLE en cette fin d'été dans la paroisse de Wapping . Les ouvriers étaient partis depuis longtemps, et le veilleur de nuit ayant abandonné sa confiance au profit d'un bar voisin , le quai était désert.

Un marin âgé s'est présenté à la porte et s'est arrêté, indécis, puis, voyant que tout était calme, il s'est dirigé avec précaution vers la jetée et est resté un moment à regarder avec curiosité le pont du Billy -Boy PSYCHE qui se trouvait à côté.

A l'exception du second, qui, depuis la regrettée disparition de son défunt maître et propriétaire, faisait office de capitaine, le pont était aussi désert que le quai. Il fumait une pipe du soir avec toute la fierté d'un premier commandement, ses yeux parcourant affectueusement la proue émoussée et le pont en désordre de son embarcation jusqu'à sa poupe maladroite, lorsqu'une légère toux de l'homme au-dessus attira son attention.

« Comment ça va, George ? » dit l'homme sur la jetée, quelque peu penaud, alors que l'autre levait les yeux.

Le compagnon ouvrit la bouche et sa pipe en tomba et se brisa en morceaux sans que l'on s'en aperçoive.

« Avez-vous beaucoup de choses en elle ce voyage ? » continua l'homme avec un effort évident pour paraître à l'aise.

« Le second, toujours les yeux levés, recula lentement de l'autre côté du pont, mais ne répondit pas.

"Qu'est-ce qu'il y a, mec?" » dit l'autre avec humeur. "Tu ne sembles pas trop content de me voir."

Il se pencha tout en parlant et, s'emparant du gréement, descendit sur le pont, tandis que le second reprenait son souffle par de courts et exaltants halètements.

« Me voici, George, » dit l'intrus, « arrivé comme un mauvais sou, et « heureux de revoir votre beau visage, je peux vous le dire. »

En réponse à cette remarque flatteuse, George gargouilla.

« Pourquoi, dit l'autre avec un rire inquiet, pensais-tu que j'étais mort, George ? Ha, ah ! Ressentez ça !

Il alla chercher l'homme horrifié et lui donna un coup dans le dos, qui stoppa même ses gargouillis.

« Ça ressemble à un homme mort ? » demanda le frappeur en levant de nouveau la main. "Sentir"-

Le second recula précipitamment. « Cela suffira », dit-il avec férocité ; "Fantôme ou pas fantôme, ne me frappe plus comme ça."

« C'est vrai, George », dit l'autre, alors qu'il sentait méditativement les moustaches grises et raides qui encadraient son visage rouge. "Quelles sont les nouvelles?"

« La nouvelle, » dit George, qui avait des habitudes et un langage lents, « c'est que vous avez été retrouvé mardi dernier près des escaliers de St. Katherine, que vous étiez assis un vendredi de la semaine au pub de Town o' Ramsgate et que vous avez été enterré. lundi après-midi à Lowestoft .

"Enterré?" » haleta l'autre, « assis ? Tu as bu, George.

"Et un joli centime pour vos funérailles, je peux vous le dire ", a poursuivi le second. « Une pierre tombale est en train d'être érigée : « A vécu, déploré et est mort respecté », je pense que c'est le cas, avec « Pas perdu, mais disparu avant » en bas. »

« Vous avez vécu respecté et êtes mort déploré, vous voulez dire », grogna le vieil homme ; « Eh bien, vous avez fait une belle confusion entre vous. Les choses tournent toujours mal quand je ne suis pas là pour m'en occuper.

« Tu n'es pas mort, alors ? » » dit le second, sans prêter attention à cette remarque déraisonnable, « Où étiez-vous pendant tout ce temps ?

"Pas plus que vous n'êtes le maître de cet ancien navire", répondit sombrement M. Harbolt . « Je… j'ai été un peu bizarre au ventre, et j'ai pris un petit verre pour corriger ça. C'est vraiment stupide, j'ai pris le mauvais verre, et ça a dû me venir à l'esprit.

— C'est le pire de ne pas être habitué, dit le second sans bouger un muscle.

Le capitaine le regarda solennellement, mais le second resta ferme.

"Après cela," continua le patron, toujours en l'observant avec méfiance, "je ne me souviens plus distinctement jusqu'à ce matin, où je me suis retrouvé assis sur une marche en bas de Poplar Way et frissonnant , avec le journal du matin et une foule autour de moi."

«Journal du matin!» répéta le compagnon mystifié. "C'était pour quoi ?"

"Décence. J'étais enveloppé dedans », répond le skipper. « D'où je viens et comment j'y suis arrivé, je n'en sais pas plus qu'Adam. Je suppose que j'ai dû être malade; Il me semble que j'ai souvent sorti quelque chose d'une bouteille. Un vieux monsieur dans la foule m'a emmené dans un magasin et m'a acheté ces vêtements, et me voici. Mes propres vêtements et trente livres de fret que j'avais en poche ont disparu.

"Eh bien, je suis très heureux de vous revoir", a déclaré le second. « C'est tout un retour à la maison pour toi aussi. Votre miss est à l'arrière.

« Ma mademoiselle ? Pourquoi diable est-elle à bord ? » grogna le capitaine, contrôlant avec succès sa gratification naturelle à la nouvelle.

« Elle a été avec nous ces deux derniers voyages », répondit le second. "Elle a des affaires à régler à Londres, et elle a fouillé vos casiers pour ranger, genre."

"Mes casiers!" gémit le capitaine. "Bonté divine! il y a des choses dans ces casiers que je ne voudrais pour rien au monde qu'elle les voie ; les femmes sont si pointilleuses et aiment tellement faire quelque chose avec rien. Il y a un pore féminin un peu touché à l' étage supérieur , ce qui m'écrit des lettres d'amour, George.

« Trois femelles à pores », dit le compagnon précis ; « La miss a attaché toutes les lettres avec un ruban bleu. Ils étaient eux aussi allés très loin, de pauvres créatures .

« George », dit le capitaine d'une voix brisée, « je suis un homme ruiné. Je n'entendrai jamais la fin de ça. Je suppose que je vais aller dormir avant ce voyage et me coucher. Faites attention à ne pas laisser entendre que je suis à bord, et une fois qu'il sera à la maison, je reprendrai le navire et je laisserai la chose s'échapper progressivement. Prenez vie petit à petit, pour ainsi dire. Il ne faudrait pas lui faire peur, George, et en attendant, je vais essayer de réfléchir à une explication à lui donner. Vous pensez peut-être aussi.

« Je ferai ce que je peux », a déclaré le second.

« Faites-moi plaisir avec la vieille fille autant que vous pouvez ; dis-lui que j'écrivais à toutes sortes de gens quand j'avais une goutte de boisson en moi ; dire à quel point j'ai toujours été attentionné à son égard. Vous pourriez lui parler de ce médaillon en or que je lui ai acheté et dont je me suis fait voler.

"Médaillon en or?" » dit le second d'un ton très surpris. « Quel médaillon en or ? La première fois que j'en ai entendu parler.

« N'importe quel médaillon en or », dit le capitaine avec irritation ; « tout ce à quoi vous pouvez penser ; tu n'as pas besoin d'être pertikler . Après cela, vous pouvez laisser de petites allusions aux gens qui se sont trompés pour les autres, afin de la préparer un peu, je ne veux pas lui faire peur.

« Laissez-moi faire », dit le second.

"Je vais me coucher maintenant, je suis mort de fatigue", a déclaré le skipper. « Je suppose que Joe et le garçon dorment ?

George hocha la tête et regarda l'autre d'un air méditatif tandis qu'il repoussait l'auvent avant et le tirait après lui alors qu'il descendait. Puis une pensée frappa le second, et il courut en toute hâte et jeta son poids sur l'écoutille juste à temps pour contrecarrer les efforts de Joe et du garçon, qui montaient sur le pont pour lui raconter une nouvelle histoire de fantômes. La confusion ci-dessous était effrayante, le cri du capitaine : « C'est seulement moi, Joe », n'ayant pas l'effet apaisant qu'il espérait. Ils se calmèrent enfin, après que leur visiteur les eut convaincus qu'il était bien de chair, de sang et de poings, et que l'attention du garçon fut attirée sur un petit tapis dans le coin du poste de commandement , le patron prit sa couchette et fut bientôt rapide. endormi.

Il dormit si profondément que le bruit du navire qui faisait route ne parvint pas à le réveiller, et il était en pleine rivière lorsqu'il se réveilla et, après avoir prudemment passé la tête à travers l'auvent, s'aventura sur le pont. Pendant quelque temps, il resta debout à renifler avidement l'air frais et doux, puis, après avoir regardé autour de lui, il s'approcha avec précaution du second qui était à la barre.

« Donnez-moi une prise sur elle », dit-il.

« Vous feriez mjeux de redescendre si vous ne voulez pas que la demoiselle vous voie », dit le second. "Elle se relève , elle est de mauvaise humeur aussi."

Le patron s'avança en grommelant. «Envoyez-moi un bon petit déjeuner, George», dit-il.

À son grand inconfort, le second poussa soudain un petit sifflement et le regarda avec un air de consternation vide.

"Bonne grace!" il s'est écrié : « J'ai tout oublié. Voilà une jolie marmite de poisson… eh bien, eh bien.

"J'ai oublié quoi ?" » demanda le patron avec inquiétude.

"L'équipage prend ses repas dans la cabine maintenant", répondit le second, "parce que la missis dit que c'est plus gai pour eux , et elle leur apprend à bien manger leurs friandises ."

Le capitaine le regarda avec étonnement. « Il faudra que vous m'apportiez de la nourriture clandestinement », dit-il enfin. "Je ne vais mourir de faim pour personne."

« Plus facile à dire qu'à faire », dit le second. « La demoiselle a des yeux comme des aiguilles ; néanmoins, je ferai de mon mieux pour vous. Attention! La voilà."

Le patron s'enfuit précipitamment et, en sécurité en contrebas, expliqua à l'équipage comment ils devaient lui cacher des portions de leur petit-déjeuner. La quantité d'explications requises pour une question aussi simple était remarquable, l'équipage manifestant une densité qui l'irritait presque au-delà de toute endurance. Ils promirent cependant de faire de leur mieux pour lui, et revinrent triomphants après un copieux repas, et présentèrent à leur commandant enragé quelques miettes grasses et la queue d'un ballonnement.

Pendant les deux jours suivants, le vent fut contre eux et ils ne firent que peu de progrès. Mme Harbolt passait la plupart de son temps sur le pont, confinant ainsi son mari dans ses quartiers malodorants en contrebas. Les choses ne se sont pas améliorées pour lui par le traitement qu'il a réservé à l'équipage, qui, mécontent de la brutalité avec laquelle il les a traités, faisait de son mieux pour le priver de courtoisie. La plupart du temps, il restait dans sa couchette – ou plutôt dans celle de Jemmy – en proie au découragement et à la faim d'un type aigu, ne s'aventurant sur le pont que la nuit pour rôder avec inquiétude et se plaindre de son état.

La troisième nuit, Mme Harbolt se retira plus tard que d'habitude, et il était presque minuit lorsque le patron, qui attendait avec indignation son départ, put monter sur le pont et tenir conseil avec le second.

« J'ai fait ce que j'ai pu pour vous », dit ce dernier en sortant une croûte de sa poche, qu'Harbolt prit avec reconnaissance. "Je lui ai raconté toutes les histoires auxquelles je pouvais penser sur les gens qui revenaient après avoir été enterrés, etc."

"Qu'est-ce qu'elle a dit ?" » interrogeait vivement le patron, entre ses bouchées.

« M'a dit de ne pas parler ainsi », dit le second ; « Il a dit que cela montrait un manque de confiance en la Providence en faisant allusion à de telles choses. Ensuite, je lui ai dit ce que tu m'avais demandé à propos du médaillon, seulement j'en ai fait un bracelet d'une valeur de dix livres.

« Ça lui a plu ? » » suggéra l'autre avec espoir.

Le second secoua la tête. "Elle a dit que j'étais un imbécile né pour croire qu'on t'en avait volé", répondit-il. « Elle a dit que ce que vous aviez fait, c'était de le donner à l'une de ces femelles à pores de peau. Elle a été affreuse à ce sujet tout l'après-midi ; elle ne parlera de rien d'autre.

"Je ne sais pas ce qu'il faut faire", gémit le capitaine avec découragement. « Je serai mort avant que nous arrivions à bâbord, ce vent tient. Descends et apporte-moi quelque chose à manger George ; Je meurs de faim."

« Tout est fermé à clé, comme je vous l'ai déjà dit », dit le second.

« En tant que maître de ce navire, dit le capitaine en se redressant, je vous ordonne de descendre et de me chercher à manger. Tu peux dire à ma femme que c'est pour toi si elle dit quelque chose.

"Je suis pendu si je veux", dit le second avec vigueur. « Pourquoi ne descends-tu pas et t'en sortir avec elle comme un homme ? Elle ne peut pas te manger.

"Je ne le ferai pas", dit brièvement l'autre. « Je suis un homme déterminé et quand je dis une chose , je le pense. Cela va lui être brisé progressivement, comme je l'ai dit ; Je ne veux pas qu'elle ait peur, la pauvre.

« Je sais qui aurait le plus peur », murmura le second.

Le patron le regarda avec férocité, puis s'assit avec lassitude sur les écoutilles, les mains entre les genoux, se levant au bout d'un moment pour prendre la louche et boire abondamment au tonneau d'eau. Puis, le remplaçant par un soupir, il souhaita une bonne nuit au second et descendit.

À son grand désarroi, il constata en se réveillant le matin que le peu de vent qu'il y avait était tombé dans la nuit, et que le petit garçon se levait et tombait paresseusement sur l'eau d'une manière très répréhensible pour un estomac vide. Ce fut la goutte d'eau qui fit déborder le vase, et il rendit les choses si inconfortables en bas que l'équipage fut heureux de s'échapper sur le pont, où ils s'accroupirent à l'avant et se mirent à examiner une situation qui devenait rapidement insupportable.

« J'en ai assez parlé, Joe, » grommela le garçon. « J'ai mal partout à force de dormir par terre, et le caractère du vieil homme devient de plus en plus moche. Je vais être malade.

" Pourquoi ?" » demanda Joe d'un ton sourd.

« Vous dites à madame que je suis malade en bas. Dites que vous pensez que je suis en train de mourir, répondit l'enfant Machiavel, alors vous verrez quelque chose si vous gardez les yeux ouverts.

Il redescendit, non sans un peu de nervosité, et, grimpant sur la couchette de Joe, se retourna sur le dos et poussa un profond gémissement.

"Quel est ton problème!" grogna le patron, qui était allongé sur l'autre couchette et conjurait la faim avec une pipe.

«Je suis très malade, en train de mourir», dit Jemmy avec un autre gémissement.

« Dans ce cas, vous feriez mieux de rester au lit et de faire descendre votre petit-déjeuner ici », dit gentiment le patron.

"Je ne veux pas de petit-déjeuner", dit faiblement Jem.

« Ce n'est pas une raison pour que tu ne le fasses pas descendre, espèce de petite brute insensible », s'est indigné le patron. « Vous dites à Joe de vous apporter une grande assiette de viande froide et de cornichons, ainsi que du café ; c'est ce que tu veux."

"Très bien, monsieur", dit Jemmy . « J'espère qu'ils ne laisseront pas ma femme venir ici, au cas où cela serait captivant. Je n'aimerais pas qu'elle soit mal prise.

"Hein?" » dit le patron alarmé. "Certainement pas. Ici, vous montez et mourez sur le pont. Dépêchez-vous avec vous.

"Je ne peux pas; Je suis trop faible », a déclaré Jemmy .

« Vous montez aussitôt sur le pont ; m'entendez -vous ? siffla le patron alarmé.

"Je ne peux pas m'en empêcher", sanglota Jemmy , qui appréciait incroyablement la situation. "Je crois que dormir sur le sol dur a cassé quelque chose en moi."

"Si tu ne pars pas , je t'emmènerai", dit le capitaine. Et il était sur le point de se lever pour mettre sa menace à exécution lorsqu'une ombre tomba sur l'ouverture, et une voix qui le ravit jusqu'au plus profond de lui dit : doucement, " Jemmy !"

"Oui, c'est vrai?" dit Jemmy avec langueur, tandis que le capitaine s'aplatissait sur sa couchette et enfilait les vêtements sur lui.

"Comment vous sentez-vous?" » demanda Mme Harbolt .

"C'est mauvais partout", dit Jemmy . "Oh, ne descends pas, maman, s'il te plaît, ne le fais pas."

"Déchets!" dit Mme Harbolt d'un ton acerbe, alors qu'elle descendait lentement et prudemment à reculons. « Quel trou noir c'est, Jemmy . Pas étonnant que tu sois malade. Tire la langue. »

Jemmy obéit.

« Je ne vois pas bien ici, murmura la dame, mais ça paraît très grand. Supposons que tu ailles dans l'autre couchette, Jemmy . C'est un peu plus haut que cela, et vous aurez plus d'air et serez globalement plus à l'aise.

« Joe n'aimerait pas ça, maman », dit le garçon anxieux. La dernière vision qu'il avait eue du visage du patron ne lui donnait pas envie de partager son lit avec lui.

« Fais des bêtises ! » dit Mme Harbolt avec chaleur. « Qui est Joe, j'aimerais savoir ? Sortez.

"Je ne peux pas bouger, maman," dit fermement Jemmy .

"Absurdité!" dit la dame. "Je vais d'abord vous expliquer les choses clairement, puis vous y allez."

"Non, ne le fais pas, maman", cria Jemmy , maintenant complètement alarmé par le succès de son complot. « Là, il y a un monsieur dans cette couchette. Un gentleman que nous avons amené de Londres pour changer d'air marin.

« Mon Dieu, ma grâce ! » éjacula Mme Harbolt surprise . "J'ai jamais fait. Pourquoi, qu'est-ce qu'il a mangé ?

« Il… il… ne voulait rien manger », dit Jemmy avec un mépris lamentable pour les faits.

"Quel est son problème?" » demanda Mme Harbolt , regardant la couchette avec curiosité. "Quel est son prénom? Qui est-il?"

« Il est perdu depuis longtemps, » dit Jemmy , « et il a oublié qui il est — c'est un vieil homme avec un visage rouge et une petite moustache blanche tout autour — un homme très joli, je veux dire, » il s'interposa précipitamment. « Je ne pense pas qu'il ait tout à fait raison, parce qu'il dit qu'il aurait dû être enterré à la place de quelqu'un d'autre. Oh!"

Le dernier mot fut presque un cri, car Mme Harbolt , chancelant en arrière, le pinça convulsivement.

« Jemmy ! » haleta-t-elle d'une voix tremblante, en se rappelant soudain certaines allusions mystérieuses lancées par le second. "Qui est-ce?"

"Le capitaine!" » dit Jemmy , et, se détachant de son étreinte, il se glissa de son lit et s'élança précipitamment sur le pont, juste au moment où le visage pâle de son commandant brisait les couvertures et rayonnait anxieusement sur sa femme.

Cinq minutes plus tard, alors que l'équipage rassemblé à l'arrière observait curieusement le poste de pilotage , Mme Harbolt et le capitaine arrivèrent sur le pont. Au grand étonnement du second, les yeux de la redoutable femme étaient légèrement humides, et, malgré la présence des hommes, elle s'accrochait tendrement à son mari alors qu'ils marchaient lentement vers la cabane. Avant qu'ils ne descendent, cependant, elle appela Jemmy souriant et, à son grand chagrin privé et à sa honte publique, elle lui mit la tête sous le bras et l'embrassa tendrement.

À LIMEHOUSE REACH

C'était L'AFFAIRE DU COMPAGNON depuis le début. Il commença par laisser pendre l'extrémité d'une ligne au-dessus de la poupe, et l'hélice, bien que peu habituée à ce genre de travail, l'enroula jusqu'à ce qu'il ne reste plus que quelques brasses. Il s'est ensuite arrêté et le méfait n'a été découvert que lorsque le capitaine a appelé le mécanicien de toutes les manières auxquelles lui, le second, trois hommes et un garçon pouvaient penser. Le patron faisait l'interprétation à travers le tube qui constituait le seul moyen de communication entre la barre et la salle des machines, et l'ingénieur indigné faisait l'écoute.

Le Gem se trouvait juste à côté de Limehouse à l'époque, et il était évident qu'elle allait y rester. Le capitaine l'a conduit à terre et l'a amarré à une vieille goélette spacieuse qui se trouvait le long d'un quai. Il put alors accorder un peu d'attention au véritable coupable, et le malheureux compagnon, qui avait été le plus inventif de tous, comprit pleinement le vieil adage selon lequel les malédictions reviennent sur leur perchoir. Ils ont également amené des étrangers avec eux.

«Je vais à terre», dit enfin le patron. « Nous ne descendrons plus avant la prochaine marée maintenant. Lorsque l'eau est basse, vous devrez descendre et couper la ligne. Une nouvelle ligne aussi ! J'ai honte de toi, Harry.

"Je ne suis pas surpris", a déclaré l'ingénieur, qui était un homme vindicatif.

"Que veux-tu dire par là?" » demanda farouchement le second.

"Nous ne voulons pas de votre mauvaise humeur", interrompit sévèrement le patron. « NI un mauvais langage. Les hommes peuvent débarquer, et l'ingénieur aussi, à condition qu'il garde la vapeur. Mais soyez prêt pour un départ vers cinq heures. Vous devrez vous occuper du navire.

Il regarda de nouveau par-dessus la poupe, secoua tristement la tête et, après une visite à la cabine, grimpa par-dessus le flanc de la goélette et descendit à terre. Les hommes, après avoir regardé l'hélice et secoué la tête, descendirent également à terre, et le garçon, après avoir regardé l'hélice et s'apprêtant à secouer la sienne, croisa le regard du second et omis cette partie de la cérémonie, convaincu soudain que c'était malsain.

Resté seul, le second, qui était d'un caractère sensible, après un bref signe de tête au capitaine Jansell de la goélette Aquila, qui avait entendu parler du désastre et était disposé à être curieux avec sympathie, alluma sa pipe et commença à fumer d'un air maussade.

Lorsqu'il releva la tête, le vieil homme avait disparu et une jeune fille vêtue d'une robe imprimée et d'un grand chapeau de paille était assise sur une chaise en osier et lisait. C'était une si jolie fille que le second oublia aussitôt ses ennuis et, après avoir soigneusement mis sa casquette droite, se promena nonchalamment sur le pont.

À sa grande mortification, la jeune fille semblait ignorer sa présence et lisait régulièrement, levant parfois les yeux et gazouillant avec une paire de lèvres ravissantes vers un merle suspendu dans une cage en osier au grand mât.

«C'est un bel oiseau», dit le compagnon en s'appuyant contre le bord et en tournant vers lui un regard de grande admiration.

"Oui", dit la jeune fille, levant une paire d'yeux bleu foncé vers les yeux marron audacieux et le regardant d'un seul coup d'œil.

"Est-ce que ça chante?" » demanda le second avec un grand intérêt.

"C'est le cas parfois, quand nous sommes seuls", fut la réponse.

« J'aurais dû penser que l'air marin lui aurait affecté la gorge », dit le second en rougissant. « Êtes-vous souvent dans la rivière London , mademoiselle ? Je ne me souviens pas avoir vu votre métier auparavant.

"Pas souvent", dit la jeune fille.

« Vous avez une belle goélette ici », dit le second en la regardant d'un œil critique. « Pour ma part, je préfère un voilier à un bateau à vapeur. »

"Je devrais penser que tu le ferais", dit la jeune fille.

"Pourquoi?" » demanda tendrement le second, heureux de cette marque d'intérêt.

"Pas d'hélice", dit doucement la jeune fille, et elle quitta son siège et disparut en dessous, laissant le compagnon haletant douloureusement.

Livré à lui-même, il devint mélancolique en comprenant que la grande passion de sa vie avait commencé et qu'elle finirait probablement dans quelques heures. L'ingénieur monta à bord pour examiner les incendies, et, le paquebot étant maintenant sur la boue molle, descendit avec bonhomie et l'aida à libérer l'hélice avant de repartir à terre. Puis il se retrouva seul, regardant tristement le pont nu de l'Aquila.

Il était plus de deux heures de l'après-midi lorsqu'aucun signe de vie autre que le merle n'y apparut. Puis la jeune fille revint sur le pont, accompagnée d'une grosse femme d'âge moyen, et d'apparence si affable que le second commença aussitôt.

«Belle journée», dit-il agréablement en s'adressant à eux.

"Il fait beau", dit la mère en s'installant sur sa chaise et en déposant son travail pour discuter. «J'espère que le vent dure ; nous partons demain matin, avec la marée. Vous partirez cet après-midi, je suppose .

« Vers cinq heures », dit le second.

« J'aimerais essayer un bateau à vapeur pour changer », dit la mère, et elle se montra bavarde sur les voiliers en général, et sur la sienne en particulier.

« Nous sommes cinq là-bas, avec mon mari et les deux garçons, dit-elle en désignant la cabane du pouce ; "Naturellement, ça devient plutôt étouffant."

Le compagnon soupira. Il pensait que dans certaines conditions, il y avait des choses pires que des cabanes étouffantes.

« Et Nancy est tellement mécontente », dit la mère en regardant la fille qui lisait tranquillement à ses côtés. « Elle n'aime ni les navires ni les marins. Elle a la tête tournée en lisant ces romans à un sou.

« Vous prenez soin de votre tête », dit Nancy avec élégance, sans lever les yeux.

"Les filles de ces romans ne parlent pas ainsi à leur mère", dit sévèrement la femme plus âgée.

«Ils ont différentes sortes de mères», dit Nancy en tournant sereinement une page. « Je déteste les petits bateaux et les marins qui sentent le goudron. Je n'ai encore jamais vu un marin qui me plaise.

Le visage du compagnon tomba. « Il y a des marins et des marins », suggéra-t-il humblement.

« Ce n'est pas la peine de lui parler, dit la mère avec un air de grosse résignation sur le visage, nous ne pouvons que la laisser suivre son propre chemin ; si vous lui parliez vingt-quatre heures sur vingt-quatre, cela ne lui servirait à rien.

«J'aimerais essayer», dit le second, reprenant courage.

"Voudriez-vous?" dit la jeune fille en levant pour la première fois la tête et en le regardant bien en face. "Impudence!"

"Peut-être n'avez-vous pas vu beaucoup de navires", dit le second impressionnable, ses yeux dévorant son visage. « Voudriez-vous venir jeter un œil à notre cabane ?

"Non merci!" » dit brusquement la jeune fille. Puis elle sourit malicieusement. « J'ose dire que ma mère le ferait, cependant ; elle aime se mêler des affaires des autres.

La mère regarda fixement sa progéniture irrévérencieuse pendant quelques instants. Le second s'interposa.

«Je serais très heureux de vous faire visiter, madame», dit-il poliment.

La mère hésita ; puis elle se leva, et acceptant l'aide du second, grimpa sur le côté du paquebot, et, soutenue par ses bras, sauta sur le pont et le suivit en bas.

"Très gentil", dit-elle en hochant la tête d'un air approbateur, tandis que le second lui faisait les honneurs . "Très agréable."

« C'est agréable et spacieux pour une petite embarcation comme la nôtre », dit le second en sortant une bouteille en pierre d'un casier et en versant quelques verres de stout. "Essayez un peu de bière, madame."

« Ce que vous devez penser de cette fille, de la mienne, je ne peux pas le penser », murmura la dame en prenant une modeste gorgée.

« Les jeunes, dit le second qui n'avait pas encore vingt-cinq ans, sont souvent comme ça.

«Ça la gâte», dit sa mère. "C'est aussi une jolie fille, à sa manière."

« Je ne vois pas comment elle pourrait s'empêcher d'être ainsi », a déclaré le compagnon.

"Oh, partez avec vous", dit agréablement la dame. "Elle grossira comme moi en vieillissant."

« Elle ne pouvait pas faire mieux », dit tendrement le second.

"C'est absurde", dit la dame en souriant.

« Vous êtes comme deux pois, a insisté le second. "Je me suis assuré que vous étiez sœurs quand je vous ai vue pour la première fois."

« Tu n'es pas le premier à penser cela », dit l'autre en riant doucement ; "pas beaucoup."

«J'aime voir des dames», dit le second, qui cherchait désespérément à recevoir une invitation en retour. «J'aimerais que tu puisses toujours t'asseoir là. Vous égayez vraiment la cabine.

« Vous êtes un flatteur », dit son visiteur en remplissant son verre et en montrant si peu de signes de mouvement que le second, prenant prétexte d'apercevoir le mécanicien, s'est précipité sur le pont pour se brûler encore une fois les ailes.

"Tu lis toujours?" dit-il doucement en s'approchant de la jeune fille. "Tout est question d'amour, je suppose ."

«Avez-vous laissé ma mère là-bas toute seule?» » demanda brusquement la jeune fille.

« Juste une minute », dit le second, quelque peu découragé. "Je suis juste venu voir l'ingénieur."

"Eh bien, il n'est pas là", fut la réponse décourageante.

Le second attendit une minute ou deux, la jeune fille lisant toujours tranquillement, puis retourna à la cabine. Le bruit d'une respiration douce et régulière parvenait à ses oreilles, et, marchant doucement, il s'aperçut avec joie que son visiteur dormait.

« Elle dort, dit-il en revenant, et elle a l'air si bien que je ne pense pas que je la réveillerai.

« Je ne devrais pas vous le conseiller », dit la jeune fille ; "elle se réveille toujours fâchée."

« Comme c'est étrange que nous nous heurtions ainsi », dit sentimentalement le second ; "Ça ressemble à la Providence, n'est-ce pas ?"

"On dirait de la négligence", dit la jeune fille.

«Je m'en fiche», répondit le compagnon. « Je suis content d'avoir laissé cette ligne aller par-dessus bord. La meilleure journée de travail que j'ai jamais faite. Je n'aurais pas dû te voir si je ne l'avais pas fait.

"Et je ne pense pas que vous me reverrez un jour", dit la jeune fille confortablement, "donc je ne vois pas à quel point vous vous êtes fait du bien."

« De toute façon, je courrai jusqu'à Limehouse chaque fois que nous serons au port », dit le second ; « Ce sera étrange si je ne te vois pas parfois. J'ose dire que nos vaisseaux se croisent parfois. Peut-être la nuit, ajouta-t-il sombrement.

«Je vais rester éveillé toute la nuit à vous surveiller», déclara faussement Miss Jansell .

La conversation se déroulait de cette manière joyeuse, la jeune fille, qui n'était en aucun cas insensible à son visage brillant et avide et à sa silhouette bien faite, partageant son temps à raison de trois parties pour son livre et une pour lui. Le temps passa trop tôt pour le second, lorsqu'ils furent interrompus par une série de rugissements rauques et inintelligibles provenant de la cabine de la goélette.

« C'est mon père », dit Miss Jansell en se levant avec une célérité qui témoignait bien de la discipline maintenue sur l'Aquila ; il veut que je lui raccommode son gilet.

Elle posa son livre et partit, le compagnon la surveillant jusqu'à ce qu'elle disparaisse dans la descente. Puis il s'assit et attendit.

Un à un, les membres de l'équipage retournèrent au paquebot, mais le pont de la goélette ne montrait aucun signe de vie. Alors le capitaine arriva et, après avoir regardé d'un œil critique par-dessus le flanc de son navire, donna l'ordre de mettre en route.

« Si seulement elle venait, se dit le misérable compagnon, je le risquerais et je lui demanderais si je peux lui écrire.

Cette chance de mettre en péril une carrière prometteuse ne s'est cependant pas présentée ; le bateau à vapeur s'éloigna lentement de la goélette et, se frayant un chemin entre un étage de briquets, se dirigea lentement vers une eau plus claire.

"Pleine vitesse!" » rugit le capitaine dans le tube. Le mécanicien répondit et le second regarda avec mélancolie l'eau qui s'élargissait rapidement entre les deux navires. Puis son visage s'éclaira soudainement alors que la jeune fille accourut sur le pont et agita la main. À peine capable d'en croire ses yeux, il agita le dos. La jeune fille gesticulait violemment, désignant tantôt le paquebot, puis la goélette.

« Par Jupiter, cette fille s'est pris d'affection pour toi », dit le patron. "Elle veut que tu rentres."

Le compagnon soupira. "On dirait", dit-il modestement.

À son grand étonnement, la jeune fille fut maintenant rejointe par ses hommes, qui lui aussi lui saluèrent chaleureusement et, jetant leurs bras, crièrent de manière incohérente.

« C'est à blâmer s'ils ne se sont pas tous pris d'affection pour vous », dit le patron perplexe ; « Le vieux a le porte-parole maintenant. Qu'est ce qu'il dit?"

"C'est quelque chose qui concerne la vie, je pense", dit le second.

« Ce sont plus des pantins qu'autre chose », explique le skipper. "Regarde-les ."

Le second regarda et, à mesure que la distance augmentait, sauta sur le côté et, les yeux embués d'émotion, fit de tendres adieux. Sans la présence du capitaine, très soucieux du décorum, il lui aurait baisé la main.

Ce ne fut que lorsque Gravesend fut dépassé, et que les feux latéraux du navire essayèrent de s'éclairer dans le crépuscule naissant, qu'il se réveilla de sa tendre apathie. Il est probable que cela aurait duré plus longtemps sans un soudain cri d'angoisse et de terreur qui sortit de la cabine et retentit dans l'air encore chaud.

« Des sakés vivants ! » » dit le patron en commençant ; "Qu'est ce que c'est?"

Avant que le second ait pu répondre, le compagnon fut repoussé et une femme d'âge moyen, aux prises avec une forte excitation, apparut sur le pont.

«Espèce de méchant!» » cria-t-elle avec excitation, en se précipitant vers le compagnon. "Reprends moi; reprends moi!"

« Qu'est-ce que c'est, Harry ? » demanda sévèrement le capitaine.

« Il… il… il… m'a demandé de monter dans le taxi… la cabine », sanglotait Mme Jansell , « et m'a endormie, et aussi… aussi… m'a emmenée. Mon mari va me tuer ; Je sais qu'il le fera. Reprends moi."

"Pourquoi veux-tu qu'on te ramène pour être tué ?" interrompit judiciairement l'un des hommes.

« J'aurais peut-être compris ce qu'il voulait dire quand il a dit que j'avais égayé la cabine », a déclaré Mme Jansell ; « Et quand il a dit, il pensait que ma fille et moi étions sœurs. Il a dit qu'il aimerait que je sois toujours assis là, le misérable !

"C'est toi qui as dit ça ?" » demanda farouchement le patron.

« Eh bien, je l'ai fait, » dit le misérable compagnon ; « Mais je ne voulais pas qu'elle le prenne de cette façon. Elle s'est endormie et je l'ai complètement oubliée.

« Pourquoi as-tu dit des mensonges aussi stupides, alors ? » » demanda le capitaine.

Le second baissa la tête.

"Assez vieille pour être ta mère aussi", dit sévèrement le patron. « Voici une belle chose qui se passe à bord de mon navire, et avant le garçon aussi ! »

« Bon sang, ce garçon ! » » dit le compagnon aiguillonné.

« Reprenez-moi », gémit Mme Jansell ; "Tu ne sais pas à quel point mon mari est jaloux."

« Il ne vous fera pas de mal, » dit gentiment le patron, « il ne sera pas jaloux d'une femme pendant toute votre vie ; enfin, pas s'il a du bon sens. Il va falloir aller jusqu'à Boston avec nous maintenant. J'ai déjà perdu trop de temps pour y retourner.

«Vous devez me reprendre», dit Mme Jansell avec passion.

"Je n'y retourne pour personne", a déclaré le skipper. « Mais vous pouvez avoir l'esprit tranquille : vous êtes aussi en sécurité à bord de mon navire que vous le seriez seul sur un radeau au milieu de l'Atlantique ; et quant au second, il ne faisait que vous plaisanter. N'est-ce pas, Harry ?

Le second répondit, mais ni Mme Jansell , le capitaine, ni les hommes, qui écoutaient tous avec impatience, ne l'attrapèrent, et sa malheureuse victime, acceptant l'inévitable, se dirigea vers le côté du navire et regarda derrière l'arrière d'un air inconsolable.

Ce n'est que le lendemain matin que le second, qui avait reçu l'ordre de jouer devant , la vit et, ignorant le fait que tout le monde avait suspendu le travail pour écouter, s'approcha et lui dit bonjour.

"Harry", dit le capitaine en guise d'avertissement.

"Très bien", dit brièvement le second. "Je veux vous parler tout particulièrement", dit-il nerveusement, et il conduisit son auditeur vers l'arrière, suivi de trois membres de l'équipage venus nettoyer les cuivres , et qui écoutèrent en mutinerie lorsqu'on leur ordonna de reporter une industrie inhabituelle à un lieu plus approprié. temps. Le pont fut dégagé, commença le second, et dans une longue déclaration décousue, que Mme Jansell considéra d'abord comme des délires de folie, il lui fit part de l'état réel de ses sentiments.

"J'ai jamais fait!" dit-elle quand il eut fini. "Jamais! Eh bien, vous ne l'aviez pas vue avant hier.

" Bien sûr, je vous ramènerai en train", dit le second, "et je dirai à votre mari combien je suis désolé."

«J'aurais pu me douter de quelque chose quand vous m'avez dit toutes ces belles choses», dit la dame apaisée. « Eh bien, vous devez tenter votre chance, comme tous les autres. Elle ne peut que dire à nouveau « Non ». Cela expliquera mieux cette affaire, c'est une chose ; mais j'espère qu'ils se moqueront de vous.

«Je m'en fiche», dit fermement le second. "Tu es de mon côté, n'est- ce pas ?"

Mme Jansell rit, et le second, ayant réussi au-delà de ses espérances à établir des relations amicales, s'acquitta de ses fonctions avec un cœur léger.

Au moment où ils atteignirent Boston, la matinée était très avancée et, une fois le Gem confortablement amarré , il obtint la permission du capitaine d'accompagner le beau passager jusqu'à Londres, séduisant le long voyage en train par tous les moyens en son pouvoir. Cependant, malgré ses efforts, le voyage commençait à peser sur son compagnon, et ce n'est que lorsque le soir fut bien avancé qu'ils se trouvèrent dans les rues étroites de Limehouse.

« Nous verrons d'abord comment se trouve la terre », dit-il alors qu'ils approchaient du quai et se dirigeaient prudemment vers le quai.

L'Aquila était toujours à quai, et le cœur du second battait violemment lorsqu'il comprit la cause de tous ces ennuis, assis seul sur le pont. Elle se leva en sursaut tandis que sa mère montait prudemment à bord, et, courant vers elle, l'embrassa affectueusement et la fit asseoir sur les écoutilles.

« Pauvre mère, » dit-elle avec caresse. « Pourquoi as-tu ramené ce fou avec toi ?

"Il viendrait", a déclaré Mme Jansell . "Faire taire! voici ton père qui arrive.

Le capitaine de l'Aquila monta sur le pont pendant qu'elle parlait, et s'avançant lentement vers le groupe, il les regarda sévèrement. Sous son regard, le compagnon déroulait son récit à bout de souffle, remarquant avec des sentiments quelque peu mitigés le sourire grandissant de son auditeur au fur et à mesure qu'il avançait.

"Eh bien, vous êtes un homme vif", dit le capitaine en terminant. « En un jour , vous amarrez votre propre navire, vous vous enfuyez avec ma femme et vous perdez la marée. Es-tu toujours comme ça ?

«Je veux que quelqu'un s'occupe de moi, je suppose », dit le second en jetant un coup d'œil à Nancy.

« Eh bien, nous vous hébergerions pour la nuit », dit le patron en passant son bras autour des épaules de sa femme ; « mais tu es vraiment un type. J'ai peur que vous brûliez le vaisseau, ou quelque chose du genre. Qu'en penses-tu, vieille fille ?

"Je pense que nous allons l'essayer une fois", a déclaré sa femme. « Et maintenant, je vais descendre voir pour le dîner ; Je le veux."

Le vieux couple descendit et le jeune resta sur le pont. Nancy alla s'appuyer contre le côté ; et comme elle paraissait avoir complètement oublié sa présence, le second, après quelques hésitations, la rejoignit.

« Ne ferais-tu pas mieux de descendre dîner ? » elle a demandé.

« Je préférerais rester ici, si cela ne vous dérange pas », dit le second. « J'aime regarder les lumières monter et descendre ; Je pourrais rester ici pendant des heures.

« Alors, je vous quitte, » dit la jeune fille ; "J'ai faim."

Elle trébucha légèrement avec un rire étouffé, laissant l'homme assez pris au piège regardant avec indignation les lumières qui l'avaient attiré vers la destruction.

D'en bas, il entendait le joyeux cliquetis de la vaisselle, accompagné d'un encens savoureux , ainsi que des discussions et des rires. Il imaginait la jeune fille se moquant des raisons sentimentales qui l'avaient poussé à rester sur le pont ; mais, trop fier pour rencontrer ses regards ironiques, il resta obstinément là où il était, résolu à prendre le premier train du matin. Il fut tiré de sa tristesse par un léger contact sur son bras et, se tournant brusquement, vit la jeune fille à ses côtés.

« Le souper est tout à fait prêt », dit-elle sobrement. "Et si vous voulez beaucoup admirer les lumières, montez les voir quand je le ferai, après le souper."

UNE FUGEMENT ÉLABORÉE

J'ai TOUJOURS EU UN léger soupçon que le récit suivant n'était pas tout à fait vrai. Cela m'a été raconté par un vieux marin qui, entre autres incidents d'une carrière un peu aventureuse, prétendait avoir reçu l'épée de Napoléon à la bataille de Trafalgar et une blessure dans le dos à Waterloo. Je préfère le raconter à ma manière, étant si garni de termes nautiques et de jurons qu'il en est à moitié inintelligible et quelque peu horrible. Notre conversation avait porté sur l'amour et la cour, et après m'avoir fait cadeau de plusieurs astuces, inventées par lui-même et considérées comme inestimables par ses amis, il raconta l'histoire de la cour d'un de ses amis comme illustrant les efforts déployés par le jeune les sangs étaient prêts à aller dans ses jours pour atteindre leurs fins.

C'était une belle journée claire de juin lorsque Hezekiah Lewis, capitaine et copropriétaire de la goélette Thames, en route de Londres à Aberdeen, a jeté l'ancre au large de la petite ville isolée d' Orford dans le Suffolk. Entre autres antiquités, la ville possédait la mère veuve d'Ézéchias, et quand on n'était pas très pressé (le monde allait plus lentement à cette époque), le fils dévoué avait l'habitude de débarquer dans le bateau du navire, et après une tape filiale à la fenêtre de sa mère, ce qui effrayait souvent considérablement la vieille femme, passa en route chez une jeune femme à qui il avait déjà proposé cinq fois sans effet.

Le second et l'équipage de la goélette, sept au total, se rassemblèrent en petit nœud tandis que le capitaine, dans ses vêtements de rivage, apparaissait sur le pont et le regardait avec un air de sourire et d'intérêt mystérieux.

« Maintenant, vous savez tous ce que vous devez faire ? » » demanda le patron.

"Oui, oui", répondit l'équipage, souriant encore plus profondément.

Ézéchias les regarda attentivement, puis ordonna que le bateau soit abaissé, sauta par-dessus le bord et fut rapidement tiré vers le rivage.

Un cri aigu et un « Lawk -a-mussy me ! » essoufflé. tandis qu'il frappait à la fenêtre de sa mère, il l'assura que la vieille dame était bien vivante, et il continua son chemin jusqu'à ce qu'il arrive dans une petite mais jolie maison sur la route voisine.

« Bonjour, M. Rumbolt », dit-il chaleureusement à un gros homme au visage rouge, assis en train de fumer dans l'embrasure de la porte.

"Bonjour, capitaine , bonjour", dit l'homme au visage rouge.

« Est-ce que les rhumatismes vont mieux ? » demanda anxieusement Ézéchias en saisissant l'énorme main de l'autre.

"Alors, alors", dit l'autre. — Mais ce ne sont pas tant les rhumatismes qui me troublent, reprit-il en baissant la voix et en regardant autour de lui avec précaution. "C'est Kate."

"Quoi?" » dit le capitaine.

« Avez-vous entendu parler d'un homme qui se faisait picorer ? continua M. Rumbolt , d'un ton de confiance rauque.

Le capitaine hocha la tête.

«Je suis CHICK-PECKED» murmura l'autre.

"Quoi?" demanda encore le marin étonné.

« Un picou de poussin », répéta fermement M. Rumbolt . « CHIK-PEKED. Me comprenez -vous ?

Le capitaine répondit affirmativement et resta silencieux un moment, de l'air d'un homme qui veut dire quelque chose, mais qui en a à moitié peur. Enfin, avec une apparence désespérée de résolution, il se pencha vers l'oreille du vieillard.

"C'est le sourd", dit promptement M. Rumbolt .

Ézéchias changea d'oreille, parlant d'abord lentement et maladroitement, mais devenant plus fluide à mesure qu'il s'échauffe avec son sujet ; tandis que l'expression du visage de son auditeur passait progressivement d'une perplexité incrédule à une gaieté incontrôlable. Il devint si bruyant qu'il fut obligé de repousser le capitaine loin de lui, de se pencher en arrière sur sa chaise, de s'étouffer et de rire jusqu'à en perdre presque le souffle. À ce moment-là, une fille remarquablement jolie apparut de l'arrière de la maison et tapota lui avec une bonne volonté chaleureuse.

Rumbolt, étouffé . "Voici le capitaine Lewis."

«Je peux le voir», dit calmement sa fille. "Pourquoi se tient-il sur une jambe ?"

Le patron, qui se tenait effectivement dans une attitude un peu contrainte, rougit violemment et planta fermement les deux pieds au sol.

« Étant donné que je passais tout près, Miss Rumbolt , dit-il, et que je débarquais pour voir ma mère…

Au grand dam du capitaine, des manifestations d'une nouvelle attaque de la part de M. Rumbolt sont apparues, mais ont été rapidement réprimées par la fille.

"Mère?" répéta-t-elle d'un ton encourageant,

"Je pensais venir vous demander juste de faire une sorte de visite éclair sur la Tamise." "Merci, je suis assez à l'aise là où je suis", dit la jeune fille.

"J'ai à bord quelques singes et un ours que j'emmène dans une ménagerie à Aberdeen", continua le capitaine, "et l'idée m'a frappé que vous aimeriez peut-être les voir . " "Eh bien, je ne sais pas", dit la demoiselle en frémissant. "Est-ce un gros ours?"

"Avez-vous déjà vu un éléphant?" » demanda prudemment Ézéchias.

"Seulement en images", répondit la jeune fille.

«Eh bien, c'est presque aussi gros que cela», dit-il.

La tentation était irrésistible, et Miss Rumbolt , disant à son père qu'elle ne devrait pas tarder, disparut dans la maison à la recherche de son chapeau et de sa veste, et dix minutes plus tard, les rameurs musclés regardaient à leur faim ses yeux d'un bleu profond alors qu'elle était assise. à l'arrière du bateau et a dit à Lewis de se comporter correctement.

Ce n'était qu'un court départ jusqu'à la goélette, et Miss Rumbolt fut bientôt sur le pont, prodiguant des caresses au singe et poussant énergiquement l'ours avec un pic à main pour le faire grogner. Le bruit de l'animal offensé alors qu'il s'efforçait de franchir les barreaux de sa cage était terrible, et la jeune fille en jouissait pleinement, lorsqu'elle entendit un bruit encore plus fort et, se retournant, aperçut les matelots à côté. le guindeau.

"Pourquoi, qu'est-ce qu'ils font?" » a-t-elle demandé, « lever l'ancre ?

"Ohé!" » cria sévèrement Ézéchias. "Que fais-tu avec ce guindeau?"

Pendant qu'il parlait, l'ancre jaillit par-dessus le bord de la proue, et l'un des matelots qui couraient devant elles prit la barre.

«Maintenant,» cria l'homme, «attendez-vous. Ayez l'air vif là-bas avec ces voiles.

Obéissant à un léger coup de barre, le bout-dehors de la goélette s'éloigna lentement de la terre, et l'équipage, tirant vigoureusement sur les cordages, commença à hisser les voiles.

"Que diable fais-tu?" tonna le patron. « Êtes-vous tous devenus fous ? Qu'est-ce que tout cela veut dire?"

"Cela signifie", dit l'un des marins, dont le visage gras et aimable était marqué par un air renfrogné effrayant, "que nous avons un nouveau capitaine."

« Bon Dieu, une mutinerie ! s'écria le patron en s'élançant mélodramatiquement contre la cage, et en repartant précipitamment. "Où est le compagnon?"

« Il est avec nous », dit un autre marin en brandissant son couteau et en fronçant les sourcils avec crainte. "C'est notre nouveau capitaine."

En confirmation de cela, le second apparut alors d'en bas avec une hache à la main et, s'approchant de son capitaine, lui ordonna brutalement de descendre.

« Je défendrai cette dame au prix de ma vie », s'écria Ézéchias en prenant le piquet des mains de Kate et en le levant au-dessus de sa tête.

« Personne ne blessera un cheveu de sa belle tête », dit le second avec un tendre sourire.

« Alors je cède », dit le capitaine en se redressant et en lançant le pique avec l'air d'un amiral vaincu tendant son épée.

« Bien », dit brièvement le second, tandis que l'un des hommes le prenait.

"Quoi!" » demanda Miss Rumbolt avec enthousiasme, « n'allez-vous pas les combattre ? Tiens, donne-moi le bâton.

Avant que le second puisse intervenir, le marin, avec une obéissance irréfléchie, le remit, et Miss Rumbolt tenta aussitôt de le renverser à la tête. Contrariée dans son dessein par l'homme qui prenait la fuite, elle perdit complètement son sang-froid et se précipita comme un ouragan sur les membres restants de l'équipage qui venaient d'approcher.

Ils se dispersèrent aussitôt et coururent sur le gréement comme des chats, et pendant quelques instants la jeune fille tint le pont ; puis le second se glissa derrière elle et, de l'air d'un homme dont le métier lui convenait parfaitement, la serra étroitement autour de la taille, pendant qu'un des matelots la désarmait.

« Vous devez tous les deux descendre jusqu'à ce que nous ayons décidé quoi faire de vous », dit le second en la relâchant à contrecœur.

Avec un regard nostalgique sur le pic, la jeune fille se dirigea vers la cabine, suivie lentement par le capitaine.

Rumbolt, indignée, s'asseyait.

« Ne me parle pas, espèce de lâche ! » » dit énergiquement la jeune fille.

Le capitaine démarra.

J'en ai fait fuir trois , » dit Miss Rumbolt , « et vous n'avez rien fait. Vous êtes resté immobile et vous les avez laissés prendre le bateau. J'ai honte de toi."

défense du capitaine fut interrompue par une voix rauque leur criant de monter sur le pont, où ils trouvèrent l'équipage mutin rassemblé à l'arrière autour du second. La jeune fille jeta un regard vers le rivage, qui était maintenant sombre et indistinct, et devint un peu pâle à mesure que le caractère sérieux de sa position s'imposait à elle.

« Lewis », dit le second.

"Eh bien", grogna le capitaine.

« Ce navire fait le commerce de la dentelle et du brandy, et si c'est le cas, comme vous êtes raisonnable, vous pouvez l'accompagner comme second, vous entendez ?

« Et je suppose que oui ; et la dame ? demanda le capitaine.

"Vous et la dame devrez vous unir", dit sévèrement le second. « Alors, on ne racontera plus d'histoires. Un mariage écossais est aussi bon qu'un autre, et nous vous licencierons et vous mettrons à terre, et vous pourrez être ligoté pour neuf pence.

« Épouser un lâche comme ça ? » demanda miss Rumbolt avec entrain ; « Pas si je le sais. Eh bien, je préférerais épouser ce vieil homme à la barre.

« Le vieux Bill a déjà trois femmes , à ma connaissance , » dit l'un des marins. "La dame doit épouser le capitaine Lewis, alors n'en faisons pas d'histoires."

«Je ne le ferai pas», dit la dame en frappant violemment du pied.

Les mutins semblaient confrontés à un dilemme et, suivant l'exemple du second, se grattèrent la tête d'un air pensif.

« Nous pensions que vous l'aimiez bien », dit enfin faiblement le second.

"Vous n'aviez rien à penser", dit Miss Rumbolt . « Vous êtes de méchants hommes, et vous serez tous pendus, chacun d'entre vous ; Je viendrai le voir. "Le capitaine est le bienvenu chez elle pour moi", murmura le timonier dans un murmure rauque à l'homme à côté de lui. "La renarde!"

"Très bien", dit le second. « Si vous ne le faites pas, vous ne le ferez pas. Cette extrémité du navire va vous appartient après huit heures du soir. Lewis, tu dois aller en avant avec les hommes.

"Et qu'est-ce que tu vas faire de moi après?" demanda la belle prisonnière.

Les sept hommes haussèrent les épaules, impuissants, et Ezéchias, l'air déprimé, alluma sa pipe et alla se pencher sur le côté.

La journée s'est déroulée tranquillement. Les ordres étaient donnés par le second, et Ezéchias se prélassait d'un air maussade, prisonnier en liberté. À huit heures, Miss Rumbolt reçut la clé de la cabine, et les hommes qui n'étaient pas de garde descendirent.

La matinée se leva belle et claire avec une légère brise qui, vers midi, tomba entièrement, et la goélette se balançait paresseusement sur une mer d'une douceur vitreuse. Le soleil tapait violemment, faisant apparaître des cloques sur la peinture fraîche des taffrail et mettant cruellement à rude épreuve l'humeur des hommes qui effectuaient de petits travaux sur le pont.

La cabine, où les deux victimes d'un équipage mutin s'étaient retirées pour se rafraîchir, devint de plus en plus étouffante, jusqu'à ce qu'à la fin même le pont brûlant parût préférable, et la jeune fille, avec un faible espoir de trouver un coin ombragé, remonta langoureusement le pont. échelle de compagnon.

Pendant un certain temps , le capitaine resta assis seul, réfléchissant sombrement à la situation tout en fumant sa courte pipe. Il fut enfin tiré de son apathie par le bruit du compagnon qui se fermait bruyamment, tandis que de grands cris d'effroi et des pas précipités sur le pont annonçaient que quelque chose d'extraordinaire se passait. Alors qu'il se relevait, il fut confronté à Kate Rumbolt , qui, haletante et excitée, brandit une grosse clé devant lui.

«Je l'ai fait», cria-t-elle, les yeux pétillants.

"Fait quoi?" cria le skipper mystifié.

"Lâchez l'ours", dit la jeune fille. « Ha, ha ! tu aurais dû les voir courir. Tu aurais dû voir le gros marin !

« Que le… ouf… que le… Bon Dieu ! voici une jolie marmite de poisson ! il s'étouffa.

"Écoutez-les crier", s'écria Kate exultante en frappant dans ses mains. "Écoutez."

"Ces cris viennent d'en haut", dit sévèrement Ezéchias, "là où vous et moi devrions être."

«J'ai fermé le compagnon», dit la jeune fille d'un ton rassurant.

« Fermé le compagnon ! » répéta Ezéchias en sortant son couteau. « Il peut le briser comme du carton, si la crise l'en prend. Entrez ici.

Il ouvrit la porte de sa cabine.

"Je ne le ferai pas!" » dit poliment Miss Rumbolt .

"Entrez tout de suite!" s'écria le patron. "Vite avec toi."

encore Miss Rumbolt . Puis elle croisa son regard et entra comme un agneau. "Tu viens aussi," dit-elle joliment.

« Je dois prendre soin de mon navire et de mes hommes », a expliqué le capitaine. "Je suppose que vous pensiez que le navire se dirigerait tout seul, n'est-ce pas ?"

"Les mutins méritent d'être mangés", gémit pieusement Miss Rumbolt , quelque peu déconcertée par l' attitude du capitaine .

Ézéchias la regarda.

— Ce ne sont pas des mutins, Kate, dit-il doucement. «C'était juste une folie de ma part. Ce sont des vieux loups de mer aussi honnêtes que jamais, et j'espère seulement qu'ils sont tous en sécurité en l'air. Je vais vous enfermer ; mais n'ayez pas peur, cela ne vous fera pas de mal.

Il claqua la porte à ses protestations, la verrouilla et, glissant la clé de la cage dans sa poche, saisit fermement son couteau et, montant les marches en courant, gagna le pont. Puis sa respiration devint plus libre, car le second, qui se tenait un peu en hauteur sur le mât avant, après avoir tenté l'ours avec son pied, avait réussi à lui passer un nœud coulant sur la tête. La brute fit une furieuse tentative pour s'en dégager, mais les hommes se précipitèrent avec d'autres lignes, et en peu de temps l'ours présenta à peu près la même apparence que le lion des Fables d'Ésope, et fut traîné et poussé, avec un air chauffé et indigné. masse de fourrure, retourne dans sa cage.

Après avoir enfermé un prisonnier, le patron descendit et relâcha l'autre, qui passa rapidement d'un état quelque peu hystérique à un état de dédain si hautain que le capitaine, complètement intimidé, s'écarta humblement pour la laisser passer.

Le gros marin se tenait devant la cage alors qu'elle l'atteignait et regardait l'ours avec beaucoup de satisfaction jusqu'à ce que Kate se glisse vers lui et le supplie, en guise de faveur personnelle , d'entrer dans la cage et de la défaire.

"Défaire! Pourquoi il me tuerait ! haleta le gros marin, consterné par tant de simplicité.

«Je ne pense pas qu'il le ferait», dit son bourreau avec un sourire envoûtant; « et je porterai une mèche de tes cheveux toute ma vie si tu le fais. Mais tu ferais mieux de me le donner avant d'entrer.

«Je n'entre pas », dit brièvement le gros marin.

"Pas pour moi?" » demanda Kate avec méchanceté.

"Pas pour cinquante comme toi", répondit fermement le vieil homme. « Il a failli m'avoir quand il était libre. Je n'arrive pas à comprendre comment il s'en est sorti.

"Eh bien, je l'ai laissé sortir", dit Miss Rumbolt d'un ton léger. « Juste pour une petite course. Aimeriez-vous être enfermé toute la journée ? »

Le marin allait justement lui dire avec plus d'aisance que de politesse lorsqu'il fut interrompu. "Ça fera l'affaire", dit le skipper qui les suivait. « Vas-y , toi. Il y en a assez de ces dupes ; la dame pensait que vous aviez pris le bateau. Thompson, je prends la barre ; il y a un peu de vent qui arrive. Restez là.

Il marcha vers l'arrière et releva le timonier, conscient maladroitement que les hommes s'intéressaient de plus en plus à la situation, et aussi que Kate pouvait entendre certaines de leurs remarques. Alors qu'il réfléchissait à ce sujet et essayait de trouver un moyen de s'en sortir, la cause de tous les ennuis vint se tenir à ses côtés.

« Est-ce que mon père était au courant ? elle a demandé.

"Je ne sais pas s'il l'a fait exactement", a déclaré le capitaine, inquiet. "Je lui ai juste dit de ne pas t'attendre à revenir ce soir-là."

"Et qu'est-ce qu'il a dit?" dit-elle.

"Il a dit qu'il ne voulait pas s'asseoir", a déclaré le capitaine en souriant malgré lui.

Kate poussa une inspiration dont la durée ne présageait rien de bon pour ses parents et regarda par-dessus le côté.

«J'avais peur de ce voyageur d'Ipswich», dit Ezéchias après une pause. "Ton père m'a dit qu'il traînait encore autour de toi, alors j'ai pensé que je... eh bien, j'étais un imbécile de toute façon."

«Voyez comme vous m'avez fait paraître ridicule devant tous ces hommes», dit la jeune fille avec colère.

« Ils sont avec moi depuis des années », s'excusa Ezéchias, « et le compagnon a dit que c'était une idée magnifique. Il en était vraiment ravi, il l'a fait. Je ne l'aurais pas fait avec certaines équipes, mais nous avons vécu des moments sales ensemble et ils m'ont bien soutenu. Mais bien sûr, cela n'a rien à voir avec vous. Cela a été une aventure pour laquelle je suis vraiment désolé, vraiment.

"Une aventure plutôt sûre pour VOUS", dit la jeune fille avec mépris. « VOUS n'avez pas risqué grand-chose. Écoutez, j'aime les hommes courageux. Si tu vas dans la cage et que tu défais cet ours, je t'épouserai. C'est ce que j'appelle une aventure.

"Smith", appela doucement le patron, "viens prendre un peu la barre."

Le marin obéit et Lewis, accompagné de la jeune fille, s'avança.

A la cage de l'ours, il s'arrêta et, fouillant dans sa poche pour chercher la clé, il regarda fixement la brute allongée, grinçant des dents et essayant en vain de mordre les cordes qui l'attachaient.

« Vous avez peur, » dit la jeune fille d'un ton moqueur ; "Tu es plutôt blanc."

Le capitaine ne répondit rien, mais la regarda si fixement que son regard tomba. Il sortit la clé de sa poche et l'inséra dans l'énorme serrure, et était sur le point de la tourner, lorsqu'un bras doux passa sous le sien, et une voix douce murmura doucement à son oreille : « Ne t'inquiète pas du vieil ours.

Et cela ne le dérangeait pas.

LE CUISINIER DU « Fou de Bassan »

Tout EST PRÊT POUR LA MER, et pas de cuisinier, dit sombrement le second de la goélette Gannet. "Qu'est devenu tous les cuisiniers, je n'arrive pas à penser."

"Ils sont principalement à bord du navire en tant qu'équipiers maintenant", a déclaré le capitaine en souriant. « Mais vous n'avez pas à vous inquiéter pour ça ; J'en ai un qui arrive à bord ce soir. Je tente une nouvelle expérience, George.

« J'ai connu un jour un chimiste qui en a essayé un, » dit George, « et ça l'a fait exploser ; mais je n'ai jamais entendu parler de capitaines de navire les essayant .

"Il y a toutes sortes d'expériences", répondit l'autre, "Que dites-vous à une cuisinière, George?"

"UN QUOI?" » demanda le second d'un ton très étonné. « Quoi, à bord d'une goélette ?

"Pourquoi pas?" » demanda chaleureusement le patron ; "pourquoi pas? Il y en a plein à terre, pourquoi pas à bord du navire ?

« Ce n'est pas convenable, d'abord, » dit vertueusement le second.

"Je n'aurais pas dû m'attendre à ce que vous pensiez à cela", dit l'autre méchamment. « En plus, ils ont des hôtesses de l'air sur les gros navires, et quelle est la différence ? C'est aussi une sorte de parente avec moi, cousine de ma femme, une femme plus veuve et d'un bon âge raisonnable, et comme le médecin lui a dit de faire un voyage en mer pour le bien de sa mère , elle arrive. avec moi pendant six mois comme cuisinier. Elle prendra ses repas avec nous ; mais, bien entendu, les hommes ne doivent pas être au courant de cette relation.

"Et qu'en est-il du logement pour dormir?" » demanda le second avec l'air d'un homme qui pose un poseur.

«J'y ai pensé», répondit l'autre; "Tout est arrangé."

Le second, d'un air intransigeant, attendait un renseignement.

« Elle... elle doit avoir votre couchette, George, » continua le patron sans le regarder. "Vous pouvez avoir ce joli casier grand et aéré."

« Qu'est-ce que le biscuit et les oignons gardent ? » demanda Georges.

Le capitaine hocha la tête.

«Je pense que, si cela ne vous dérange pas», dit le second avec une politesse laborieuse , «je vais attendre que le fût de beurre soit vide et m'y précipiter.»

« Cela ne sert à rien de vous rendre désagréable à ce sujet, dit le patron, pas du tout. Les dispositions sont prises maintenant, et la voici.

Suivant son regard, le second leva les yeux tandis qu'une femme d'âge moyen, d'apparence robuste et avenante, arrivait sur la jetée, suivie par le gardien titubant sous une caisse aux proportions énormes.

"Jim!" s'écria la dame.

« Salut ! » s'écria le skipper en commençant avec inquiétude par le titre. "Nous vous attendons depuis un certain temps."

«Il y a une dispute avec le cocher», dit calmement la dame. « Ce vieil homme idiot » – le gardien renifla violemment – « a laissé passer la boîte par la fenêtre en la détachant du haut, et le cocher veut que je paie. Il utilise un langage et il n'arrête pas de m'appeler grand-mère. Je veux que tu le fasses enfermer.

« Descendez maintenant », dit le capitaine ; « Nous verrons pour le taxi. Mme Blossom, ma compagne. George, va renvoyer ce taxi.

Mme Blossom, après avoir brièvement salué la présentation, suivit le capitaine jusqu'à la cabine, tandis que le second, grognant dans sa barbe, sortait pour se lancer dans une compétition verbale dans laquelle il était dès le début désespérément dépassé.

La nouvelle cuisinière, un peu fatiguée par son voyage, se retira de bonne heure, et le soleil était déjà levé lorsqu'elle apparut sur le pont le lendemain matin. Les quais et les entrepôts de la veille avaient disparu, et la goélette, sous une fine toile, venait de dépasser Tilbury.

"Il y a une chose à laquelle je dois mettre un terme", a déclaré le capitaine, tandis que lui et le second, après un petit-déjeuner admirablement préparé, discutaient ensemble. "Il semble que les hommes traînent trop autour de cette galère."

« À quoi pouvez-vous vous attendre ? » demanda le compagnon. "Ils ont tous mis leurs vêtements du dimanche aussi, mes jolies chéries."

"Salut, toi Bill!" s'écria le patron. "Que faites vous ici?"

« Donner un coup de main au cuisinier avec les casseroles, monsieur », dit Bill, un homme d'une soixantaine d'années à la barbe et à l'étoupe.

« Il n'y a aucune raison pour que je vienne ici, monsieur », cria un autre marin en sortant la tête de la cuisine. "Moi , un 'cuisinier', je les lève magnifiques."

"Sortez tous les deux, ou je vous lance avec une corde !" rugit le commandant irrité.

"Quel est le problème?" » demanda Mme Blossom. "Ils ne font aucun mal."

"Je ne peux pas les avoir là-bas", a déclaré le capitaine d'un ton bourru. "Ils ont autre chose à faire."

"Je dois avoir de l'aide avec cette chaudière et les casseroles", dit décidément Mme Blossom, "alors ne vous mêlez pas de ce qui ne vous concerne pas, Jimmy."

«C'est une mutinerie», murmura le compagnon horrifié. « Pure et pure mutinerie. »

"Elle ne sait pas mieux", murmura l'autre en retour. « Cuisin, tu ne dois pas parler ainsi au capitaine – ce que moi et le second nous disons que vous devez faire. Vous ne comprenez pas encore, mais cela deviendra plus facile avec le temps.

« LE VERA-T-IL », demanda Mme Blossom à haute voix ; "Est-ce que cela va? Je ne pense pas que ce sera le cas. Comment oses-tu me parler comme ça, Jim Harris ? Tu devrais avoir honte de toi !

"Je m'appelle Cap'n Harris", dit le capitaine avec raideur.

« Eh bien, CAPITAINE Harris », dit Mme Blossom avec mépris ; "Et que se passera-t-il si je ne fais pas ce que vous et cet autre homme à l'air honteux me dites?"

« Nous espérons que nous n'en arriverons pas à ccla », dit Harris avec une dignité tranquille, alors qu'il s'arrêtait devant son compagnon. « Mais c'est le second qui commande en ce moment, et je vous préviens, c'est un homme très sévère. Ne supporte pas les bêtises, George.

Avec ces paroles courageuses, le capitaine disparut en dessous, et le second, après un coup d'œil à l'attitude intrépide et imposante de Mme Blossom, se dirigea vers le côté et se laissa absorber par le passage d'un bateau à vapeur. Un bourdonnement d'admiration émerveillée s'éleva de l'équipage, et la cuisinière, tout à fait satisfaite de sa victoire, revint sur les lieux de ses travaux .

Pendant les vingt-quatre heures suivantes, Mme Blossom régna en maître et effectua la cuisine du navire, assistée de cinq marins en service. Le temps était beau et le vent léger, et les deux officiers étaient à bout de nerfs pour trouver du travail aux hommes.

"Pourquoi ne mettez-vous pas le pied à terre", grommela le second, alors qu'un éclat de rire joyeux venait de la direction de la cuisine. « L'idée d'hommes riant ainsi à bord d'un navire ; ils continuent comme si nous n'étions pas là.

« Veux-tu rester à mes côtés ? » demanda le patron, pâle mais déterminé.

" Bien sûr que je le ferai", dit l'autre avec indignation.

« Maintenant, mes gars, » dit Harris en s'avançant, « je ne peux pas vous laisser traîner toute la journée autour de la cuisine ; vous gênez la cuisinière et vous la gênez. Sortez simplement vos couteaux ; Je ferai gratter les mâts.

« Restez simplement où vous êtes », a déclaré Mme Blossom. "Quand ils seront sur mon chemin, je le leur ferai bientôt savoir."

"Avez-vous entendu ce que j'ai dit?" tonna le capitaine, tandis que les hommes hésitaient.

"Oui, oui, monsieur", marmonna l'équipage en s'éloignant.

« Comment oses-tu interférer avec moi ? » » dit Mme Blossom avec chaleur, en réalisant la défaite. « Depuis que je suis sur ce navire, vous essayez de m'énerver. Je me demande que les hommes ne te frappent pas, espèce de méchant petit homme aux moustaches rousses.

« Continuez votre travail », dit le capitaine en caressant tendrement les moustaches décriées.

« Ne me parlez pas, Jim Harris », dit Mme Blossom, frémissante de colère. « Ne ME donnez aucun de vos airs. QUI A EMPRUNTÉ CINQ LIVRES À MON PAUVRE MARI MORT JUSTE AVANT SA MORT ET NE L'A JAMAIS REMBOURRÉ ?

« Continuez votre travail », répéta le patron, les lèvres pâles.

« DONT L'ONCLE BENJAMIN A EU TROIS SEMAINES ? » demanda sombrement Mme Blossom. « DONT ONCLE JOSEPH A DOIT PARTIR À L'ÉTRANGER SANS S'ARRÊTER POUR FAIRE SES FACILE ?

Le patron ne répondit rien, mais le souci de l'équipage de voir résoudre ces problèmes vitaux était si manifeste qu'il tourna le dos au virago et se dirigea vers le second, qui à ce moment plongea précipitamment pour échapper à un plat mouillé. Les deux hommes se regardèrent, pâles d'inquiétude.

"Maintenant, partez", dit Mme Blossom en leur lançant une nouvelle pression. « Je ne veux pas que tu traînes dans ma cuisine. Restez de votre côté du navire.

Le patron se redressa avec hauteur, mais l'effet fut quelque peu gâché par un œil qui s'arrêtait obstinément sur le bateau, et après une courte lutte intérieure, il s'éloigna, accompagné du second. Wellington lui-même aurait été déconcerté par un chiffon mouillé entre les mains d'une femme intrépide.

« Elle devra suivre son propre chemin jusqu'à ce que nous arrivions à Llanelly », dit le capitaine indigné, « et ensuite je la renverrai chez elle en train et j'enverrai un autre cuisinier. Je savais qu'elle était colérique, mais je ne savais pas que c'était comme ça. C'est la dernière femme à mettre le pied sur mon navire : c'est tout ce qu'elle a fait pour son sexe.

Dans l'heureuse ignorance de son destin imminent, Mme Blossom vaquait allègrement à ses fonctions, assistée par un équipage dont l'admiration pour elle augmentait à pas de géant ; et la seule chose qui osait la gêner était un roulis raide de l'Atlantique, qu'ils rencontrèrent en contournant le Land's End.

La première indication que Mme Blossom en eut fut la chute de petits ustensiles dans la cuisine. Après les avoir ramassés et remis à plusieurs reprises, elle sortit pour enquêter et découvrit que la goélette plongeait sa proue vers de grosses vagues vertes et roulait, avec beaucoup de tension et de craquements, d'un côté à l'autre. Une fine embruns, qui déferlait sur la proue et survolait le navire, le repoussa dans la cuisine, qui était soudainement devenue étouffante ; mais, bien que l'équipage lui conseillât de s'allonger et de prendre une tasse de thé, elle les repoussa avec mépris et, le visage pâle et les lèvres comprimées, se colla à son poste.

Deux jours plus tard, ils atteignirent le quai de Llanelly et, une demi-heure plus tard, le capitaine appela le second à la cabine et, lui tendant de l'argent, lui dit de payer le cuisinier et d'en expédier un autre. Le compagnon a refusé.

"Vous obéissez aux ordres", dit farouchement le capitaine, "sinon vous et moi nous nous disputerons."

« J'ai une femme et une famille », a insisté le second.

"Caca!" » dit le capitaine. "Déchets!"

"Et mes oncles", ajouta le compagnon d'un air rebelle.

"Très bien", dit le skipper d'un air furieux. « Nous expédierons d'abord l'autre cuisinier et le laisserons régler le problème. Après tout, je ne vois pas pourquoi nous devrions mener ses batailles à sa place.

Le second, étant agréable, partit aussitôt ; et lorsque Mme Blossom, après quelques courses à terre, revint au Fou de Bassan, elle trouva la cuisine en possession de l'un des plus gros cuisiniers qui aient jamais cassé le biscuit d'un navire.

"Tiens!" dit-elle en se rendant compte d'un coup d'œil de la situation, que fais-tu ici ?

"Cuisine", dit l'autre d'un ton bourru. Puis, apercevant son interlocuteur, il lui sourit amoureusement et lui fit un clin d'œil.

"Ne me faites pas un clin d'œil", dit Mme Blossom avec colère. "Sortez de cette galère."

« Il y a de la place pour les deux », dit le nouveau cuisinier d'un ton persuasif. "Entrez et mettez votre ed sur mon épaule."

Totalement non préparée à ce mode d'attaque, Mme Blossom perdit son sang-froid et, au lieu de prendre d'assaut la cuisine, comme elle l'avait pleinement prévu, recula et se retira dans la cabine, où elle trouva une courte note du capitaine, joignant sa paie. , et lui demandant de prendre le train pour rentrer chez elle. Après avoir lu ceci, elle retourna à terre et revint aussitôt avec un gros paquet qu'elle posa sur la table de la cabine devant Harris et le second, qui venaient de commencer le thé.

« Je ne rentre pas chez moi en train », dit-elle en ouvrant le paquet qui contenait une bouilloire à spiritueux et des provisions. « Je rentre avec toi ; mais je ne vous serai redevable de rien : je vais m'embarquer moi-même.

Après cette déclaration, elle se prépara du thé et s'assit. Le repas se déroulait en silence, quoique parfois elle étonnait ses compagnes par de petits rires mystérieux qui leur causaient un léger inquiétude. Cependant, comme elle ne fit aucune démonstration hostile, ils se rassurèrent et se félicitèrent du succès de leur manœuvre .

"Combien de temps allons-nous rentrer à Londres, pensez-vous?" » demanda enfin Mme Blossom.

"Nous naviguerons probablement mardi soir, et cela pourrait prendre au moins six jours", répondit le skipper. "Si le vent persiste, il sera probablement ascendant."

À sa grande inquiétude, Mme Blossom mit son mouchoir sur son visage et, tremblante de rire étouffé, se leva de table et quitta la cabine.

Le couple s'est quitté en se regardant avec étonnement.

"Est-ce que j'ai dit quelque chose de drôle , George?" » demanda le patron après délibération.

« Ça ne m'a pas semblé ainsi », dit négligemment le second ; « J'imagine qu'elle a pensé à autre chose à dire sur votre famille. Elle ne serait pas si bonne humeur pour rien. Je me sens curieux de savoir ce que c'est.

« Si vous faisiez plus attention à vos propres affaires », dit le capitaine, la colère grandissante, « vous vous en sortiriez mieux. Un camarade qui était un bon marin n'aurait pas laissé un cuisinier continuer ainsi ; ce n'est pas de la discipline.

Il partit en colère, et une fraîcheur s'installa entre eux, qui dura jusqu'à l'agitation du départ, aux petites heures du mercredi matin.

Une fois en route, la journée s'est déroulée sans incident, la goélette avançant lentement le long de la côte du Pays de Galles, et, lorsque le capitaine est arrivé cette nuit-là, ce fut avec l'agréable conviction que Mme Blossom avait tiré son dernier coup et, en femme sensée , allait accepter sa défaite. De cette idée agréable, il fut soudainement réveillé par le piétinement du quart sur le pont au-dessus de lui.

"Quoi de neuf?" s'écria le patron en s'élançant sur l'échelle de compagnon, bousculée par le second.

«Je ne sais pas », dit Bill, qui était au volant, en tremblant. "Mme. Blossom est montée sur le pont il y a quelques instants, et depuis, il y a eu trois ou quatre grosses éclaboussures.

« Elle ne peut pas être passée par-dessus bord », dit le patron, sur un ton auquel il s'efforçait vaillamment de donner un semblant d'inquiétude. « Non, elle est là. Quelque chose ne va pas, Mme Blossom ?

"Pas en ce qui me concerne", répondit la dame en le dépassant et en descendant.

« Vous avez rêvé, Bill », dit sèchement le capitaine.

"Je ne le suis pas ," dit Bill fermement. « Je vous dis que j'ai entendu des éclaboussures. Je crois qu'elle a persuadé le cuisinier de monter sur le pont, puis l'a poussé par-dessus bord. Une femme peut tout faire avec un homme comme ce cuisinier.

« Je verrai bientôt », dit le second, et s'avançant, il baissa la tête vers l'avant et cria après le cuisinier.

"Oui, oui, monsieur", répondit une voix endormie, tandis que les autres hommes montaient sur leurs couchettes. "Tu me veux?"

"Bill pense que quelqu'un est allé par-dessus bord", a déclaré le second. « Êtes-vous tous là ?

En réponse à cela, les hommes intrigués se retrouvèrent tous debout et arrivèrent sur le pont en bâillant et en se frottant les yeux, tandis que le second expliquait la situation. Avant qu'il ait fini, le cuisinier s'est précipité vers la cuisine, et l'instant d'après, le cri désespéré d'une âme en deuil retentit à leurs oreilles surprises.

"Qu'est-ce que c'est?" s'écria le compagnon.

"Venez ici!" a crié le cuisinier, "regarde ça!"

Il a allumé une allumette et l'a tenue en l'air entre ses doigts tremblants, et les hommes, qui étaient très excités et s'attendaient à voir quelque chose d'horrible, après avoir regardé attentivement pendant un certain temps en vain, lui ont demandé d'être plus explicite. .

« Elle a jeté toutes les casseroles et tout par-dessus bord », dit le cuisinier avec un calme désespéré. "Ce couvercle de bouilloire à thé est tout ce qui me reste pour cuisiner."

Le Fou de Bassan, piloté par sept misogynes frappés par la famine, atteint Londres six jours plus tard, le skipper refusant obstinément de faire escale dans un port intermédiaire pour reconstituer son stock de matériel. Tout ce qu'il consentait à faire, c'était d'essayer d'emprunter à un navire de passage, mais le comportement inconvenant du capitaine d'un brick, qui perdit deux heures à cause de leurs efforts pour obtenir une casserole de lui, découragea complètement toute nouvelle tentative dans ce sens. direction, et ils se mirent à manger des biscuits, de l'eau et du bœuf salé grillé sur le feu.

Mme Blossom, ne voulant peut-être pas être témoin de leurs souffrances, resta en bas, et lorsqu'ils atteignirent Londres, ne consentit à débarquer que sous la surveillance d'une garde d' honneur , composée de tous les hommes valides du quai.

UNE PERFORMANCE BÉNÉFIQUE

Dans LE PETIT DEVANT salon du n° 3, Mermaid Passage, Sunset Bay, Jackson Pepper, ancien pilote, était assis dans un état d'effondrement indigné, palpant tendrement une joue sur laquelle persistait encore l'empreinte de doigts précipités.

La pièce, qui était en excellent état, ne portait aucun signe de la tornade qui l'avait traversée, et Jackson Pepper, regardant vaguement autour de lui, se rappelait vaguement ces ouragans tropicaux dont il avait entendu parler et qui ne frappaient que les objets sur le chemin. et laissez tous les autres tranquilles.

Dans ce cas, il avait été l'objet, et la tornade, après l'avoir anéanti, avait gravi le petit escalier qui menait à la pièce, le laissant écouter anxieusement ses murmures lointains.

À son grand inconfort, la tempête montrait des signes de retour, et il eut à peine le temps d' afficher une apparence d'insouciance facile, qui ne s'accordait que mal avec la rougeur mentionnée ci-dessus, lorsqu'une grande femme au visage rouge descendit lourdement les escaliers et éclata. dans la pièce.

« Vous m'avez encore rendu malade, dit-elle sévèrement, et maintenant j'espère que vous êtes satisfait de votre travail. Tu me tueras avant d'en avoir fini avec moi !

L'ex-pilote bougea sur sa chaise.

« Vous n'êtes pas digne d'avoir une femme, » continua Mme Pepper, « ce qui les agace et les bouleverse ! N'importe quelle autre femme t'aurait quitté depuis longtemps !

"Nous ne sommes mariés que depuis trois mois", lui rappela Pepper.

"Ne me parle pas!" dit sa femme ; "Cela ressemble plus à une vie!"

« Cela ME paraît long » dit l'ex-pilote en reprenant un peu de courage.

"C'est exact!" dit sa femme en se dirigeant vers l'endroit où il était assis. « Dis que tu es fatigué de moi ; dis que tu aurais aimé ne pas m'épouser ! Trouillard! Ah ! si mon pauvre premier mari était seulement vivant et assis sur cette chaise à votre place, comme je serais heureuse !

"S'il aime venir le prendre, il est le bienvenu !" » dit Pepper ; « C'est ma chaise, et c'était celle de mon père avant moi, mais il n'y a aucun homme vivant à qui je la donnerais plus tôt que le vôtre. Ah ! il savait ce qu'il faisait lorsque le Dolphin s'est écrasé, c'est vrai. Mais je ne lui en veux pas.

"Que veux-tu dire?" demanda sa femme.

"Je crois qu'il n'est pas descendu avec elle", a déclaré Pepper, traversant l'escalier et se tenant la main sur la porte.

« Vous n'êtes pas descendu avec elle ? répéta sa femme avec mépris. « Alors, que lui est-il arrivé ? Où était-il depuis trente ans ?

"Dans la clandestinité!" » dit Pepper méchamment, et il monta précipitamment à l'étage.

La pièce au-dessus était chargée de souvenirs du défunt. Son portrait à l'huile était accroché au-dessus de la cheminée, des portraits plus petits - spécimens du manque d'art du photographe - étaient éparpillés dans la pièce, tandis que divers effets personnels, dont une gigantesque paire de bottes de mer, se trouvaient dans un coin. Sur tous ces articles l'œil de Jackson Pepper s'attardait avec un air de regret châtié.

« Ce serait un rhum s'il venait après tout », se dit-il doucement en s'asseyant sur le bord du lit. « J'ai entendu parler de telles choses dans les livres. Je pense qu'elle serait déçue si elle le voyait maintenant. Trente ans, ça fait une petite différence chez un homme.

"Jackson!" s'écria sa femme d'en bas, je sors. Si vous voulez un dîner, vous pouvez l'obtenir ; sinon, vous pouvez vous en passer !

La porte d'entrée claqua violemment et Jackson, s'avançant prudemment vers la fenêtre, aperçut la forme de sa femme remontant majestueusement le passage. Puis il se rassit et reprit ses méditations.

« Si je n'avais pas quitté tous mes biens, j'y serais », dit-il sombrement. « Il n'y a pas un peu de confort dans cet endroit ! Nag, bourrin, bourrin, du matin au soir ! Ah, Cap'n Budd, vous m'avez laissé entrer pour une bonne chose quand vous avez coulé avec votre bateau. Revenez et remplissez à nouveau ces bottes ; ils sont trop gros pour moi.

Il se releva brusquement et resta bouche bée au centre de la pièce, alors qu'une idée folle et brumeuse commençait à se former dans son cerveau. Ses yeux clignèrent et son visage devint blanc d'excitation. Il poussa la petite fenêtre en treillis et resta assis à regarder distraitement le passage menant à la baie au-delà. Puis il mit son chapeau et, plongé dans ses pensées, sortit.

Il réfléchissait encore profondément alors qu'il montait à bord du train pour Londres le lendemain matin et observa Sunset Bay depuis la fenêtre jusqu'à ce qu'elle disparaisse au détour du virage. Les changements qui passèrent sur son visage étaient si nombreux et si divers qu'une vieille dame, dont il avait pris le siège, renonça à son intention de l'informer du fait et se livra à la place à une conversation amère avec sa fille, dont l'égaré Pepper était l'objet inconscient.

De la même manière préoccupée, il monta dans un omnibus de Bayswater et attendit patiemment qu'il atteigne Poplar. D'étranges changements dans le paysage, qui ne pouvaient être expliqués par le simple écoulement du temps, donnèrent lieu à des explications, et le conducteur, un homme humain qui affirmait avoir un garçon idiot à la maison, fixa personnellement les lignes de sa tournée. Deux heures plus tard, il se tenait devant une petite maison peinte de nombreuses couleurs et, sonnant la cloche, s'enquit du capitaine Crippen.

En réponse à sa demande, un grand homme, aux yeux bleu clair et à la longue barbe grise, apparut et, reconnaissant son visiteur avec un grognement de surprise, l'entraîna de bon cœur dans le couloir et le poussa dans le salon . Il lui serra ensuite la main et, lui donnant une tape dans le dos, il hurla vigoureusement pour le petit garçon qui avait ouvert la porte.

« Un pot de stout, une bouteille de gin et deux longues pipes », dit-il alors que le garçon s'approchait de la porte et regardait l'ex-pilote avec curiosité.

À tous ces honnêtes préparatifs pour son accueil, le cœur de Jackson s'affaiblit en lui.

« Eh bien, je trouve que c'est gentil de votre part d'avoir fait tout ce chemin pour me voir », dit le capitaine après la disparition du garçon ; "Mais tu as toujours été chaleureux, Pepper. Et comment va ma mademoiselle ?

"Choquant!" dit Pepper avec un gémissement.

"Je vais?" demanda le capitaine.

« De mauvaise humeur », dit Pepper. « En fait, capitaine , ça ne me dérange pas de vous le dire, elle me tue – me tue lentement !

"Caca!" » dit Crippen. "Absurdité! Vous ne savez pas comment la gérer ! »

"J'ai pensé que vous pourriez peut-être me conseiller", a déclaré l'astucieux Pepper. « Je me suis dit hier : « Pepper, va voir le Capitaine Crippen. Ce qu'il ne sait pas sur Wimmen et leur management ne vaut pas la peine d'être connu ! S'il y a quelqu'un qui peut vous sortir du trou, c'est bien lui. Il a le pouvoir, et en plus, il a la volonté !'

"Qu'est-ce qui cause le caractère?" » demanda le capitaine de son air le plus judiciaire, en prenant l'alcool des mains de son messager et en remplissant soigneusement deux verres.

"C'est naturel!" » dit tristement son ami. « Elle appelle cela elle-même avoir un bon moral. Et elle est si généreuse. Elle a une nièce mariée qui vit ici, et quand cette fille vient chez elle et admire les choses – mes affaires – elle les lui donne ! Elle lui a offert un canapé l'autre jour et, en plus, elle m'a demandé d'aider la fille à le ramener à la maison !

"Avez-vous essayé d'être sarcastique?" demanda pensivement le capitaine.

"Oui," dit Pepper avec un frisson. « L'autre jour, j'ai dit, très méchamment : 'Y a-t-il autre chose que tu aimerais, ma chère ?' mais elle ne l'a pas compris.

"Non?" dit le capitaine.

"Non," dit Pepper. « Elle a dit que j'étais très gentil et qu'elle aimerait l'horloge ; et en plus, elle l'avait aussi ! Coquine aux cheveux roux !

Le capitaine versa du gin et le but lentement. Il était évident qu'il réfléchissait profondément et qu'il était très affecté par les ennuis de son ami.

"Il n'y a qu'un seul moyen pour moi d'être clair", a déclaré Pepper, alors qu'il terminait un récit passionnant de ses torts, "et c'est de retrouver Cap'n Budd, son premier."

"Eh bien, il est mort!" dit Crippen en le regardant fixement. « Ne perdez pas votre temps à le chercher !

"Je ne vais pas le faire", a déclaré Pepper; « mais voici son portrait. C'était un grand homme comme vous ; il avait les yeux bleus et un beau nez droit, comme toi. S'il avait vécu jusqu'à aujourd'hui , il aurait presque votre âge et vous ressemblerait probablement plus que jamais. C'était un marin; tu as été marin.

Le capitaine le regarda avec perplexité.

"Il avait un sens merveilleux avec les wimmen ", poursuivit Jackson à la hâte; « Tu as un sens merveilleux avec Wimmen . De plus, vous avez le plus merveilleux don d'acteur que j'ai jamais vu. Depuis l'époque où vous jouiez dans cette grange de Bristol , je n'ai jamais vu d'acteur que je puisse honnêtement dire que j'ai aimé – jamais ! Regardez comme vous pouvez imiter les chats, mieux qu'Henry Irving lui-même ! »

"Je n'ai jamais eu beaucoup de chance, étant en mer toute ma vie", a déclaré modestement Crippen.

"Vous avez le don", a déclaré Pepper de manière impressionnante. «C'est né en vous, et vous ne cesserez de jouer jusqu'au jour de votre mort. Vous ne pourriez pas si vous essayiez – vous savez que vous ne pourriez pas !

Le capitaine sourit d'un air désapprobateur.

"Maintenant, je veux que tu fasses une performance pour mon bénéfice", a poursuivi Pepper. « Je veux que vous jouiez le rôle du Cap'n Budd, ce qui a été perdu dans le Dolphin il y a trente ans. Il n'y a qu'un seul homme en Angleterre à qui je confierais ce rôle, et c'est vous.

« Agis Cap'n Budd ! » » haleta Crippen étonné, posant son verre et regardant son ami.

"Le rôle est écrit ici", dit l'ex-pilote en sortant un carnet de sa poche de poitrine et en le tendant à son ami. «J'ai tenu un journal jour après jour de tout ce qu'elle a dit à son sujet, dans l'espoir de la surprendre en train de trébucher, mais je ne l'ai jamais fait. Il y a des notes sur sa famille, ses navires et beaucoup de choses stupides qu'il disait et qu'elle trouve drôles.

"Je ne pourrais pas le faire!" » dit sérieusement le capitaine en prenant le livre.

"Tu pourrais le faire si tu le voulais", a déclaré Pepper. « Et puis, imagine à quel point ce sera une fête pour toi. Apprenez-le par cœur, puis descendez la réclamer. Elle s'appelle Martha.

"A quoi ça te servirait si je le faisais ?" demanda le capitaine. "Elle le découvrirait bientôt!"

« Vous descendez à Sunset Bay », dit Pepper, soulignant ses remarques avec son index ; « vous réclamez votre femme ; vous faites soigneusement allusion aux choses exposées dans ce livre ; Je vous rends Marthe et vous bénis tous les deux. Alors"-

"Et alors?" » demanda anxieusement Crippen.

"Tu disparais!" » conclut Pepper triomphalement ; « et bien sûr, croyant que son premier mari est vivant, elle doit me quitter. C'est une femme très particulière ; et, en plus, je prendrais soin d'en informer les voisins . Je suis heureux, tu es heureux, et si elle n'est pas heureuse, eh bien, elle ne mérite pas de l'être.

"Je vais y réfléchir", a déclaré Crippen, "et je vous écrirai pour vous le faire savoir."

" Décidez-vous maintenant ", exhorta Pepper, tendant la main et lui tapotant l'épaule pour l'encourager. « Si vous promettez de le faire, c'est presque fait. Seigneur! Je pense que je te vois maintenant, entrer par cette porte et la surprendre. Parlez d'agir !

"Est-ce qu'elle est ce que tu appellerais une belle femme?" demanda Crippen.

"Très beau!" dit Pepper en regardant par la fenêtre.

"Je ne pourrais pas le faire!" dit le capitaine. "Ce ne serait pas juste et juste pour elle."

"Je ne vois pas ça!" » dit Poivre. « Je n'aurais jamais dû l'épouser sans être certain qu'elle était morte au préalable. Ce n'est pas bien, Crippen ; dis ce que tu veux, ce n'est pas bien !

"Si vous le dites ainsi", dit le capitaine avec hésitation.

« Prenez encore du gin », dit le pilote astucieux.

Le capitaine en eut encore, et, entre flatteries et gin, combinés aux supplications de son ami, il commença à considérer l'affaire d'un œil plus favorable . Pepper resta fidèle à ses armes et les utilisa si bien que lorsque le capitaine l'accompagna ce soir- là , il s'engagea jusqu'au bout à descendre à Sunset Bay et à incarner le regretté capitaine Budd le jeudi suivant.

L'ex-pilote passa les jours qui suivirent dans une sorte de transe, dont il ne sortait que pour se nourrir ou répondre aux réprimandes de sa femme. Cependant, ce jeudi mouvementé, son humeur changea et il se promenait dans un tel état d'excitation réprimée qu'il pouvait à peine rester tranquille.

« Que Dieu me bénisse ! » » claqua Mme Pepper, alors qu'il se promenait lentement dans le salon cet après-midi-là. « Qu'est-ce qui arrive à cet homme ? Tu ne peux pas rester tranquille pendant cinq minutes ?

L'ancien pilote s'arrêta et la regarda solennellement, mais avant qu'il puisse répondre, son cœur fit un grand bond, car, derrière les géraniums qui remplissaient la fenêtre, il vit le visage du capitaine Crippen se lever lentement et scruter prudemment la pièce. . Avant que sa femme puisse suivre la direction des yeux de son mari, l'objet avait disparu.

"Quelqu'un regarde par la fenêtre", dit Pepper avec un calme forcé, en réponse aux sourcils de sa femme.

"Comme leur impudence!" dit la femme inconsciente en reprenant son tricot, tandis que son mari attendait en vain l'entrée du capitaine.

Il attendit quelque temps, puis, à moitié mort d'excitation, s'assit et, les doigts tremblants, alluma sa pipe. Tandis qu'il levait les yeux, la silhouette robuste du capitaine passa devant la fenêtre. Au cours des vingt minutes suivantes, cela se passa sept fois, et Pepper, parvenu à la conclusion assez naturelle que son ami avait l'intention de passer l'après-midi de la même manière peu rentable, résolut de lui forcer la main.

« Ça doit être un clochard », dit-il à voix haute.

"OMS?" demanda sa femme. "L'homme continue de regarder par la fenêtre", dit Pepper désespérément. « Il continue de regarder jusqu'à ce qu'il croise mon regard, puis il disparaît. On dirait un vieux capitaine de vaisseau, quelque chose.

« Vieux capitaine de vaisseau ? » dit sa femme en posant son ouvrage et en se retournant. Il y avait une étrange note hésitante dans sa voix. Elle regarda par la fenêtre, et au même instant la tête du capitaine reparut au-dessus des géraniums et, croisant son regard, disparut précipitamment. Martha Pepper resta assise un moment, puis, se levant lentement et hébétée, se dirigea vers la porte et l'ouvrit. Le Passage des Sirènes était vide !

"Tu vois quelqu'un ?" » cracha Pepper.

Sa femme secoua la tête, mais d'une manière étrangement calme, et, se rasseyant, se remit à tricoter.

Pendant quelque temps , le cliquetis des aiguilles et le tic-tac de l'horloge furent les seuls sons audibles, et l'ex-pilote venait d'arriver à la conclusion que son ami l'avait abandonné à son sort, lorsqu'on frappa doucement à la porte. .

"Entrez!" s'écria Pepper en sursautant.

La porte s'ouvrit lentement et la grande silhouette du capitaine Crippen entra et resta là à les regarder nerveusement. Un joli petit discours qu'il avait préparé lui manqua au moment suprême. Il s'appuya contre le mur et, d'un air maladroit et honteux, baissa les yeux et balbutia un seul mot : « Marthe !

À ce mot, Mme Pepper se leva et resta debout, les lèvres entrouvertes, le regardant d'un air sauvage.

"Jem!" elle haleta, "Jem!"

"Marthe!" coassa encore le capitaine.

Avec un cri étouffé, Mme Pepper courut vers lui et, à la grande satisfaction de son époux légitime, lui jeta les bras autour du cou et l'embrassa violemment.

« Jem, » cria-t-elle à bout de souffle, « est-ce vraiment toi ? J'ai du mal à y croire. Où étais-tu pendant tout ce temps ? Où étais-tu?"

« Beaucoup d'endroits », dit le capitaine, qui n'était pas disposé à répondre à une question pareille ; "Mais partout où j'ai été" - il leva la main de manière théâtrale - " l'image de ma chère épouse perdue a toujours été devant moi. "

"Je t'ai connu tout de suite, Jem," dit affectueusement Mme Pepper, lissant les cheveux de son front. "Ai-je beaucoup changé?"

"Pas du tout", dit Crippen, la tenant à bout de bras et l'observant attentivement. "Tu as exactement la même apparence que la première fois que je t'ai vu."

"Où étais-tu?" gémit Martha Pepper en posant sa tête sur son épaule.

"Lorsque le dauphin est tombé sous moi et m'a laissé lutter contre les vagues pour la vie et Martha, j'ai été jeté à terre sur une île déserte", a commencé Crippen avec aisance. « J'y suis resté près de trois ans, lorsque j'ai été secouru par une barque à destination de la Nouvelle-Galles du Sud. Là, j'ai rencontré un homme de Poole qui m'a dit que tu étais mort. N'ayant plus d'intérêt pour mon pays natal, j'ai navigué dans les eaux australiennes pendant de nombreuses années, et ce n'est que récemment que j'ai appris à quel point j'avais été trompé cruellement et que ma petite fleur était encore en train de fleurir.

La petite tête de fleur étant de nouveau bien posée sur son épaule, le célèbre acteur échangea des regards avec l'adorateur Pepper.

"Si seulement tu étais venu avant, Jem", dit Mme Pepper. "Qui était-il? Quel était son nom?"

« Smith », dit le prudent capitaine.

« Si seulement tu étais venu avant, Jem, » dit Mme Pepper d'une voix étouffée, « cela aurait été mieux. Il y a seulement trois mois, j'ai épousé cet objet là-bas.

Le capitaine tenta un début mélodramatique avec un tel succès, que, ayant sous-estimé un peu le poids de sa belle épouse, il faillit perdre l'équilibre.

"On n'y peut rien, je suppose", dit-il avec reproche, "mais tu aurais pu attendre un peu plus longtemps, Martha."

« Eh bien, de toute façon, je suis ta femme, » dit Martha, « et je veillerai à ne plus jamais te perdre. Tu ne quitteras plus jamais ma vue jusqu'à ta mort. Jamais."

"C'est absurde, mon animal de compagnie", dit le capitaine en échangeant des regards inquiets avec l'ex-pilote. "Absurdité."

"Ce n'est pas un non-sens, Jem", dit la dame en l'attirant sur le canapé et en s'asseyant, les bras autour de son cou. « C'est peut-être vrai, tout ce que vous m'avez dit, mais ce n'est peut-être pas le cas. Pour autant que je sache, vous avez peut-être été marié à une autre femme ; mais je t'ai maintenant, et j'ai l'intention de te garder.

« Là, là », dit le capitaine, aussi doucement que le lui permettait un étrange serrement de cœur.

"Quant à cet autre petit homme, je ne l'ai épousé que parce qu'il m'inquiétait tellement", a déclaré Mme Pepper en larmes. «Je ne l'ai jamais aimé, mais il me suivait partout et me proposait. Est-ce que c'est douze ou treize fois que tu m'as proposé, Pepper ?

«J'oublie», dit brièvement l'ex-pilote.

"Mais je ne l'ai jamais aimé", a-t-elle poursuivi. "Je ne t'ai jamais aimé du tout, n'est-ce pas, Pepper?"

"Pas du tout", dit chaleureusement Pepper. « Aucun homme ne pourrait jamais avoir une femme plus dure ou plus insensible que vous . Je dirai cela pour vous, si je le veux.

Tandis qu'il rendait ce témoignage de la fidélité de sa femme, on frappa à la porte et, lorsqu'il l'ouvrit, la fille du recteur, une dame d'un âge incertain, entra et regarda avec étonnement les luttes frénétiques mais inefficaces du capitaine Crippen pour se libérer d'une position aussi inconfortable que ridicule.

"Mme. Poivre!" dit la dame consternée. "Oh, Mme Pepper!"

« Tout va bien, Miss Winthrop », dit calmement la dame, tandis qu'elle forçait de nouveau le visage rouge du capitaine sur son ample épaule ; "C'est mon premier mari, Jem Budd."

"Bonne grace!" » dit Miss Winthrop en sursautant. « Enoch Arden en chair et en os ! »

"OMS?" » s'enquit Pepper, avec une démonstration d'intérêt poli.

«Enoch Arden», dit Miss Winthrop. « L'un de nos grands poètes a écrit un noble poème sur un marin qui rentrait chez lui et découvrait que sa femme s'était remariée ; mais, dans le POÈME, le premier mari s'en alla sans se faire connaître et mourut le cœur brisé.

Elle regarda le capitaine Crippen comme s'il n'avait pas tout à fait répondu à ses attentes.

« Et maintenant, » dit Pepper, parlant avec une grande gaieté, « c'est moi qui dois avoir le cœur brisé. Bien bien."

« C'est un cas des plus intéressants », s'écria Miss Winthrop ; "et si vous attendez que je récupère mon appareil photo, je ferai votre portrait tel que vous êtes."

"Faites", dit cordialement Mme Pepper.

— Je ne veux pas qu'on me fasse mon portrait, dit le capitaine avec beaucoup d'aigreur.

"Pas si je le souhaite, chérie?" » demanda tendrement Mme Pepper.

"Pas si vous continuez à le souhaiter toute votre vie", répondit amèrement le capitaine, faisant une nouvelle tentative pour retirer sa tête de son épaule.

« Ne pensez-vous pas qu'ils devraient se faire faire un portrait maintenant ? » » demanda Miss Winthrop en se tournant vers l'ex-pilote.

"Je ne vois pas de bras dedans", dit Pepper sans réfléchir.

"Vous entendez ce que dit M. Pepper", dit la dame en se tournant de nouveau vers le capitaine. « Sûrement que si cela ne le dérange pas, vous ne devriez pas le faire. »

« Je lui parlerai au revoir, » dit le capitaine d'un ton très sombre.

« Peut-être qu'il vaudrait mieux que nous gardions cette affaire pour nous pour le moment », dit l'ex-pilote, alarmé par l'attitude de son ami.

"Eh bien, je ne vais plus m'immiscer dans votre vie", a déclaré Miss Winthrop. "Oh! Regardez là! Comme ils sont grossiers ! »

Les autres se tournèrent précipitamment à temps pour voir plusieurs têtes disparaître de la fenêtre. Le capitaine Crippen fut le premier à parler.

"Jem!" » dit sévèrement Mme Pepper, avant qu'il ait fini.

« Capitaine Budd ! » » dit Miss Winthrop en rougissant.

Le capitaine, furieux, se leva et fit les cent pas dans la pièce. Il regarda l'ex-pilote, et ce petit intrigant frissonna.

« C'est facile, capitaine », murmura-t-il avec un clin d'œil qu'il se voulait réconfortant.

«Je sors un peu», dit le capitaine après le départ de la fille du recteur. "Juste pour me rafraîchir la tête."

Mme Pepper sortit son bonnet de sa pince derrière la porte et, se regardant dans la glace, l'attacha sous son menton.

"Seul", dit Crippen nerveusement. "Je veux réfléchir un peu."

"Plus jamais ça, Jem," dit fermement Mme Pepper. « Ma place est à vos côtés. Si vous avez honte que les gens vous regardent, ce n'est pas mon cas. Je suis fier de toi. Venez. Venez vous montrer et dites-leur qui vous êtes. Tu ne quitteras plus jamais mes yeux tant que je vivrai. Jamais."

Elle a commencé à gémir.

"Que faut-il faire?" » s'enquit Crippen en se tournant désespérément vers le pilote abasourdi.

"Qu'est-ce que ça a à voir avec lui?" » demanda brusquement Mme Pepper.

« Il faut le considérer un peu, je suppose », dit le capitaine en dissimulant. « En plus, je pense que je ferais mieux de faire comme l'homme de la poésie. Laisse-moi m'en aller et mourir d'un cœur brisé. C'est peut-être mieux.

Mme Pepper le regarda avec des yeux allumés.

« Laissez-moi m'en aller et mourir d'un cœur brisé », répéta le capitaine avec une réelle émotion. « Je préfère le faire. Je le ferais en effet.

Mme Pepper, fondant en larmes de colère, lui jeta de nouveau les bras autour du cou et sanglota sur son épaule. Le pilote, obéissant aux injonctions frénétiques du regard de son ami, baissa le store.

« Il y a beaucoup de monde dehors », a-t-il remarqué.

« Cela ne me dérange pas », dit aimablement sa femme. "Ils sauront bientôt qui il est."

Elle tenait la main du capitaine et la caressait, et chaque fois que ses sentiments devenaient trop forts pour elle, elle posait sa tête sur son gilet. Dans de tels moments, le capitaine jetait un regard furieux à l'ancien pilote, qui, étant de nature faible, était incapable, malgré son anxiété, de donner à ses facultés ridicules le contrôle qu'exigeait la solennité de l'occasion.

L'après-midi s'écoulait lentement. Miss Winthrop, qui n'aimait pas les scandales, avait laissé couler quelque chose de l'affaire, et plusieurs visiteurs, dont un journaliste local, avaient appelé, mais avaient été reportés au lendemain, sous prétexte, qui n'était pas surprenant, que le couple longtemps séparé désirait un peu de temps. confidentialité. Les trois restèrent silencieux, l'ancien pilote, les sourcils froncés, s'efforçant de déchiffrer le langage labial dans lequel le capitaine s'adressait à lui chaque fois qu'il en avait l'occasion, mais ne pouvait que vaguement en deviner le sens, lorsque le capitaine enfonça son énorme poing dans le poing. le service également.

Mme Pepper se leva enfin et alla dans la pièce du fond pour préparer le thé. Cependant, comme elle laissait la porte ouverte et emportait avec elle le chapeau du capitaine, il ne fonda aucun espoir sur son absence, mais se tourna furieusement vers l'ex-pilote.

"Que faut-il faire?" » demanda-t-il dans un murmure féroce. "Cela ne peut pas continuer."

«Il le faudra», murmura l'autre.

« Maintenant, regarde ici, » dit Crippen d'un ton menaçant, « je vais dans la cuisine pour en faire le ménage. Je suis désolé pour toi, mais j'ai fait de mon mieux. Viens m'aider à t'expliquer.

Il se tourna vers la cuisine, mais l'autre, avec la force née du désespoir, le saisit par la manche et le retint.

« Elle va me tuer », murmura-t-il à bout de souffle.

"Je n'y peux rien", dit Crippen en le secouant. "Je vous servirai bien."

"Et elle le dira aux gens dehors, et ils vous tueront", a poursuivi Pepper.

Le capitaine se rassit et lui fit face avec un visage aussi pâle que le sien.

«Le dernier train part à huit heures», murmura précipitamment le pilote. « C'est désespéré, mais c'est la seule chose que vous puissiez faire. Emmenez-la se promener dans les champs près de la gare. Vous pouvez voir le train arriver à presque un kilomètre et demi. Chronométrez-vous soigneusement et faites un boulon pour cela. Elle ne peut pas courir.

L'entrée de leur victime avec le plateau à thé interrompit la conversation ; mais le capitaine acquiesça dans son dos, puis, avec une gaieté forcée, s'assit pour prendre le thé.

Pour la première fois depuis son apparition réussie , il devint bavard et parla si librement des incidents de la vie de l'homme qu'il incarnait que l'ancien pilote resta dans une fièvre parfaite de peur qu'il ne commette une erreur. Le repas terminé, il proposa une promenade et, tandis que Mme Pepper, sans méfiance, attachait son bonnet, lui frappa la jambe et fit un clin d'œil avec confiance à son complice.

"Je ne suis pas une grande marcheuse", a déclaré l'innocente Mme Pepper, "vous devez donc y aller lentement."

Le capitaine hocha la tête et, à la suggestion de Pepper, partit par l'arrière, pour éviter le regard des curieux.

Pendant quelque temps après leur départ, Pepper resta assis à fumer, le visage anxieux tourné vers l'horloge, jusqu'à ce qu'enfin, incapable de supporter plus longtemps la tension , et non sans l'idée sportive d'être là au moment de la mort, il se dirigea vers le gare et se plaça derrière un camion de charbon pratique.

Il attendait avec impatience, les yeux fixés sur la route par laquelle il attendait le capitaine. Il a regardé sa montre. Huit moins cinq minutes, et toujours pas de capitaine. Le quai commença à se remplir, un portier saisit la grosse cloche et la sonna vigoureusement ; au loin, une traînée de fumée blanche apparaissait. Alors que le guetteur avait perdu tout espoir, la silhouette du capitaine apparut. Il se balançait d'un côté à l'autre, tenant son chapeau à la main, mais courait obstinément dans le train jusqu'à la gare.

"Il ne le fera jamais!" gémit le pilote. Puis il retint son souffle, à trois ou quatre cents mètres derrière le capitaine, Mme Pepper se lança à sa poursuite.

Le train entra en gare ; les passagers entraient et sortaient ; les portes claquèrent et le garde avait déjà mis le sifflet dans sa bouche, lorsque le capitaine Crippen, respirant de manière rauque , arriva en trébuchant aveuglément sur le quai et fut poussé dans une voiture de troisième classe .

« Rasez-le de près, monsieur », dit le chef de gare en fermant la porte.

Le capitaine se laissa tomber sur son siège, luttant pour reprendre son souffle, et tournant la tête, jeta un dernier regard triomphant sur la route.

"Très bien, monsieur", dit gentiment le chef de gare, tout en suivant la direction des yeux de l'autre et en apercevant Mme Pepper. "Nous attendrons votre dame."

Jackson Pepper arriva derrière le camion de charbon et regarda le train hors de vue, se demandant d'une manière terne et vague à quoi ressemblait la conversation. Il resta si longtemps qu'un porteur au cœur tendre , qui avait appris la nouvelle, osa s'approcher et lui posa une main amicale sur l'épaule.

« Vous ne la reverrez jamais, M. Pepper, » dit-il avec sympathie.

L'ancien pilote se tourna et le regarda fixement, et le dernier morceau d'entrain qu'il ait jamais montré apparut sur son visage pendant qu'il parlait.

"Tu es un idiot blâmé!" dit-il grossièrement.

UN CAS DE DÉSERTION

Le SOLEIL SE LEVAIT À PEINE lorsque le petit bateau à vapeur en forme de cuve, ou, pour être plus exact, la barge à vapeur, le Bulldog, traversait la ville endormie de Gravesend à une bonne vitesse de six nœuds par heure.

Il y avait eu une petite discussion en cours de route entre son équipage et l'ingénieur qui, dans sa petite salle des machines crasseuse, faisait son propre ravitaillement et tout le reste nécessaire. L'équipage, composé du capitaine, du second et du garçon, qui effectuait leur premier voyage sur un bateau à vapeur, avait été transféré au dernier moment de leur barge à voiles la Sorcière, et avait constaté avec inconfort que l'ingénieur, qui ne s'était pas attendu partir si tôt, était terriblement et abusivement ivre. Chaque instant qu'il pouvait consacrer à ses moteurs, il passa la partie supérieure de son corps à travers la petite écoutille et rama avec son commandant.

"Ohé, barge !" » a-t-il crié en surgissant tel un diable à ressort, après une brève cessation des hostilités.

« Ne faites pas attention à moi », dit le second. « ' E a une bouteille de cognac là-bas, et' il est ' à moitié fou.'

"Si je savais quelque chose sur ces sacrés moteurs", grogna le capitaine, "j'irais le frapper à la tête."

"Mais vous ne le faites pas", dit le second, "et moi non plus, alors vous feriez mieux de vous taire."

« Vous pensez que vous êtes un bon gars, » continua l'ingénieur, « debout là-haut et jouant avec cette petite roue. Vous pensez que vous faites tout le travail. Que fait le garçon ? Envoyez-le se nourrir.

« Descendez », dit le capitaine, souriant de fureur, et le garçon obéit à contrecœur.

« Vous pensez, » dit pathétiquement l'ingénieur, après avoir menotté la tête du garçon et l'avoir laissé tomber en bas par la peau du cou, « vous pensez que parce que j'ai un visage noir , je ne suis pas un homme. Il existe de nombreux visages sacrés qui constituent un bon art.

« Je n'y pense pas du tout », grogna le patron ; "Tu fais ton travail et je ferai le mien."

"Ne me donnez aucune de vos réponses", hurla l'ingénieur, "parce que je ne les aurai pas . "

Le skipper haussa les épaules et échangea des regards avec son sympathique compagnon. « Attendez que je débarque » , murmura-t-il.

"La biler est usée", dit l'ingénieur, réapparaissant après une plongée précipitée en dessous. "Cela peut éclater à tout moment."

Comme pour confirmer ses paroles, des bruits effrayants se faisaient entendre venant d'en bas.

"Il n'y a que le garçon", dit le compagnon, "il a peur, c'est naturel."

"Je pensais que c'était le biler ", a déclaré le skipper avec un soupir de soulagement. "C'était assez fort."

Pendant qu'il parlait, le garçon sortit la tête de l'écoutille et, désespéré par la peur, se fraya un chemin devant l'ingénieur et gagna le pont.

"Très bien", dit l'ingénieur en le suivant sur le pont et en chancelant sur le côté. "J'en ai assez de vous."

"Ne ferais-tu pas mieux d'aller voir ces moteurs ?" cria le capitaine.

"Suis-je votre ESCLAVE?" » demanda l'ingénieur en larmes. " Dis moi ça. Suis-je votre esclave ?

« Descendez et faites votre travail en homme sensé », fut la réponse.

A ces mots, l'ingénieur fut immédiatement ombragé, et, avec un air renfrogné, ôta sa veste graisseuse et jeta sa casquette sur le pont. Il termina ensuite le cognac qu'il avait apporté avec lui et regarda d'un air de hibou la côte du Kent.

«Je vais me laver», dit-il à voix haute et, s'asseyant, il ôta ses bottes.

" Descendez d'abord aux moteurs ", dit le capitaine, " et je vous enverrai le garçon avec un seau et du savon. "

"Seau!" répondit l'ingénieur avec mépris en s'écartant. "Je vais me laver correctement."

"Tiens-le!" rugit soudain le capitaine. "Tiens-le!"

Le second, se rendant compte de la situation, se précipita pour le saisir, mais l'ingénieur, avec un rire fou, mit ses mains sur le côté et se jeta à l'eau. Quand il se releva, le bateau à vapeur était devant vingt mètres.

« Allez-y à l'étourdissement ! » cria le compagnon.

"Comment puis-je partir en marche arrière quand il n'y a personne aux moteurs ?" cria le patron en s'accrochant à la barre et en faisant brusquement tourner la tête du bateau. "Préparez une ligne."

Le second, un rouleau de corde à la main, se précipita sur le côté, mais ses efforts bienveillants furent vains par le mécanicien, qui, voyant la tête du bateau se diriger droit vers lui, lui sauva la vie par un plongeon opportun. Le bateau à vapeur s'est précipité.

« Retournez-vous ! » cria le compagnon.

Le capitaine le faisait déjà, et en un laps de temps remarquablement court, le bateau, qui avait décrit un cercle complet, se dirigeait de nouveau vers l'ingénieur.

"Attention à la file d'attente !" » cria le compagnon pour l'avertir.

«Je ne veux pas de votre ligne», a crié l'ingénieur. "Je vais à terre."

« Montez à bord ! » » cria le capitaine d'un ton implorant tandis qu'ils repassaient devant eux. "Nous ne pouvons pas gérer les moteurs."

« Remettez-la en tournée », dit le second. « Je vais le chercher avec le bateau. Amenez-la, mon garçon.

Le bateau, qui traînait vers l'arrière, fut tiré tout près, et le second tomba sur lui, suivi du garçon, juste au moment où le capitaine se trouvait au milieu d'un autre cercle, à la grande indignation d'une foule de navires, petits et grands. qui essayait de s'en sortir.

"Oh!" » a crié le capitaine d'un remorqueur qui remorquait un gros navire. « Éloignez ce rond-point à vapeur. Qu'est-ce que tu fous ?

"Je vais chercher mon ingénieur", répondit le capitaine, tandis qu'il traversait la proue de l'autre et manquait de renverser une barge à voiles dont le patron, un homme de l'Armée du Salut, luttait noblement contre ses sentiments.

"Pourquoi tu n'arrêtes pas?" il cria.

« Parce que je ne peux pas », gémissait le patron du Bulldog, en se faufilant entre un énorme bateau à vapeur et une goélette, qui, en l'évitant, se mettaient en danger pour leur propre compte.

« Ohé, Bouledogue ! Ohé ! » a appelé le compagnon. « Attendez-vous à venir nous chercher. Nous l'avons.

Le skipper sourit d'un air angoissé en passant, vivement poursuivi par son bateau. La sensation à bord de l'autre embarcation lorsqu'ils se sont écartés du chemin du Bulldog et ont failli renverser son bateau, puis, en évitant cela, ont failli renverser quelque chose d'autre, ne peut pas être traduite en anglais simple, mais plusieurs capitaines se sont aventurés dans les domaines de l'ornemental avec un succès marqué.

« Coupez la vapeur ! » cria l'ingénieur alors que le Bulldog repassait. « Dessinez les feux, alors. »

"Qui va diriger pendant que je le fais?" » beugla le skipper en quittant le volant quelques secondes pour tenter d'attraper une ligne pour les lancer.

À ce moment-là, l'agitation dans la rivière était effrayante, et la direction du capitaine, tandis qu'il reprenait sa ronde, était quelque chose de merveilleux à voir. Un étrange manque de sympathie de la part des frères capitaines ajoutait à ses ennuis. Tous les bateaux qu'il croisait avaient quelque chose à lui dire, aussi occupés soient-ils, et les remarques étaient aussi monotones qu'insultantes. Enfin, juste au moment où il se décidait à faire descendre son bateau tout droit sur la rivière jusqu'à ce qu'il s'arrête faute de vapeur, le second attrapa la corde qu'il avait lancée, et le Bulldog descendit la rivière avec son bateau amarré à sa poupe. .

« Montez à bord, espèce de fou ! il cria.

« Pas avant de savoir où je me trouve », dit l'ingénieur, qui était maintenant magnifiquement sobre et en pleine possession d'un intellect quelque peu aiguisé.

"Que veux-tu dire?" » demanda le capitaine.

"Je ne monte pas à bord", a crié l'ingénieur, "jusqu'à ce que vous et le second et au revoir tous jurez que vous ne direz rien de ce petit jeu."

"Je vous ferai un rapport dès mon arrivée à terre", rugit le capitaine. « Je vais vous confier la responsabilité de la désertion. Je vais"-

D'un geste suprême, l'ingénieur se prépara à plonger, mais le second lui tomba au cou et le fit trébucher sur un siège.

« Montez à bord ! » s'écria le patron, consterné par une telle détermination. "Montez à bord, et je vous donnerai une lèche quand nous arriverons à terre."

« L'honneur est brillant ? » demanda l'ingénieur.

« Honneur brillant », répétaient les trois en chœur.

L'ingénieur, avec tous les honneurs de la guerre, monta à bord et, après avoir remarqué qu'il avait froid en se baignant le ventre vide, descendit et se mit à attiser. Au cours du voyage, il a dit que cela valait la peine de se ridiculiser ne serait-ce que pour voir la belle direction du capitaine, affirmant chaleureusement qu'il n'y avait aucun autre homme sur le fleuve qui aurait pu le faire. Devant cette flatterie insidieuse, la colère du capitaine fondit comme neige au soleil, et lorsqu'ils atteignirent le port, il aurait aussi vite songé à frapper son propre père qu'à son ingénieur à la langue douce.

HORS VOILE

C'était UNE occasion capitale. Les deux skippers étaient assis dans le bar privé du « Old Ship », dans High Street, à Wapping , sirotant solennellement du gin froid et fumant des cigares dont le seul mérite résidait dans le fait qu'ils avaient été introduits en contrebande. Il est bien connu au bord de l'eau que cela améliore grandement leur saveur .

« Dessine, d'accord ? » » demanda le capitaine Berrow , un petit et gros homme qui avait peu d'idées et qui en possédait un paquet.

« Magnifique », répondit le capitaine Tucker, qui venait de faire une excursion dans l'intérieur du sien avec la petite lame de son canif. « Pourquoi ne gardez-vous pas des cigarettes comme celles-ci, propriétaire ? »

"Il ne peut pas", rit bêtement le capitaine Berrow . "Ils ne doivent pas être 'publicitaires - l'argent ne peut pas les acheter ."

Le propriétaire grogna. "Pourquoi ne vous occupez-vous pas de votre course et en avez-vous fini avec ça", cria-t-il en essuyant son compteur. "Il me semble que le feu est suspendu au Capitaine Tucker."

"Je suis prêt quand il le sera", a déclaré Tucker un peu brièvement.

« Cela vous prend votre argent », dit lentement Berrow ; « Le Chardon ne peut pas rivaliser avec la Bonne Intention, et vous le savez. Bien souvent, ma petite goélette a suivi le rythme d'un bateau à vapeur.

" Où Mais ça l'aurait été si le câble de remorquage s'était rompu ? dit le maître du Chardon en faisant un clin d'œil à l'aubergiste.

À cette remarque, le capitaine Berrow prit feu et, avec son humeur qui s'élevait rapidement jusqu'à la fièvre, repoussa avec colère l'insinuation scorbutante dans un langage qui exigeait l'attention respectueuse de tous les autres clients et l'intervention précipitée du propriétaire.

« Faites monter les enjeux », s'écria-t-il avec impatience. "Mettez les enjeux et n'ayez pas trop de mâchoire à ce sujet."

"Voici le mien", dit Berrow en lui tendant vigoureusement un billet de cinq dollars gras. "Maintenant, Capitaine Tucker, couvrez ça."

« Allez », dit le propriétaire d'un ton encourageant ; "Ne le laisse pas te couper le souffle comme ça."

Tucker a remis cinq souverains.

« La crue est à 12 h 13 », dit le propriétaire en empochant les enjeux. « Vous comprenez les conditions ? Chacun de vous fait de son mieux après onze heures, et celui qui arrive le premier à Poole a les dix livres. Comprendre?"

Les deux joueurs respirèrent fort et, pleinement conscients du caractère désespéré de l'entreprise dans laquelle ils s'étaient lancés, commandèrent encore du gin. Une rivalité de longue date quant aux mérites de leurs goélettes respectives les avait amenés à faire appel au propriétaire pour arbitrer, et tel fut le résultat. Berrow , sentant vaguement qu'il serait opportun de rester en bons termes avec l'actionnaire, lui offrit l'un des fameux cigares. L'intervenant, soucieux de rester en bons termes avec son estomac, a décliné.

"Vous avez tous les deux vos amarres, je suppose ?" » s'enquit-il.

"Je les ai réveillés ce soir", répondit Tucker. "Nous venons juste d'en avoir un de chaque côté du Dolphin maintenant."

« Le vent est léger, mais il vient du bon côté, » dit le capitaine Berrow , « et j'espère seulement que, comme ça, le meilleur navire gagnera. J'aimerais gagner moi-même, mais sinon, je peux seulement dire que comme aucun homme ne respire , j'aurais préféré me lécher plutôt que Cap'n Tucker. C'est un marin aussi intelligent que jamais sur le fleuve de Londres , et il a une goélette dont les anges seraient fiers.

« Des verres de gin à la ronde », dit promptement Tucker. " Capitaine Berrow , voici votre très bonne santé, un terrain équitable et aucune faveur .

Avec ces sentiments louables, le maître du Chardon termina sa liqueur et, s'essuyant la bouche du revers de la main, fit ses adieux aux deux et partit. Une fois dans High Street, il marcha lentement, comme quelqu'un en pleine réflexion, puis, avec une résolution soudaine, il tourna Nightingale Lane et se dirigea vers une petite artère peu recommandable qui sortait de Ratcliff Highway. Un quart d'heure plus tard, il ressortit dans cette célèbre artère, souriant d'une manière incohérente, et, revenant sur ses pas vers le bord de l'eau, sauta dans un bateau et fut tiré vers son navire.

« Ça part ce soir, Joe, » dit-il en descendant vers la cabane, « et ce sera une récompense pour toi si la vieille fille gagne.

"Quel est le pari ?" » demanda le second en levant les yeux de sa tâche de déchiqueter le tabac.

«Cinq livres», répondit le capitaine.

« Eh bien, nous devrions le faire », dit lentement le second ; "Ce ne sera pas ma faute si nous ne le faisons pas."

«Le mien non plus», dit le capitaine. « En fait , Joe, je pense que j'en suis à peu près sûr. Tout est juste en amour, en guerre et en course, Joe.

"Oui, oui", dit le second plus lentement qu'auparavant, tout en répétant cet ajout au proverbe.

"Je viens de faire le tour et j'ai vu un type que je connaissais nommé Dibbs", a déclaré le skipper. « Il tient une pension pour les marins. C'est un merveilleux petit gars vif. Les aiguilles ne sont rien pour lui. Il y a des tas d'aiguilles, mais un seul Dibbs. Il va rendre les gars du vieux Berrow aussi ivres que des seigneurs.

les connaît ? » demanda le compagnon.

les trouver ", dit l'autre. « Je lui ai dit qu'ils seraient soit au « Duke's Head », soit au « Town o » Berwick. Mais il les trouverait où qu'ils soient . Ah, même s'ils étaient dans un café , je pense que cet homme les trouverait .

« Ce sont des gars stables », objecta le second, mais d'une manière faible, quelque peu stupéfait par cet hommage rendu aux pouvoirs remarquables de M. Dibbs.

« Mon garçon, dit le capitaine, c'est l'affaire de Dibbs de mélanger les liqueurs des marins, donc ils ne savent pas s'ils se tiennent sur la tête ou sur les talons. C'est le plus merveilleux mélangeur de la chrétienté ; en est régulièrement fier. Beaucoup de marins ont grimpé sur le bord d'un navire, pensant que c'était un escalier, et sont partis à travers le monde au lieu de se coucher, à travers lui.

« Nous aurons alors la tâche facile », dit le second. Mais je pense que nous aurions pu y arriver sans ça. " Ce n'est pas tout à fait ce qu'on appellerait du sport, n'est-ce pas ? "

« Il n'y a rien de tel que de s'assurer de quelque chose », dit placidement le patron. « À quelle heure nos gars montent-ils à bord ?

"Dix heures trente, au plus tard", répondit le second. "Le vieux Sam est avec eux , donc tout ira bien."

"Je vais me rendre quelques heures", dit le skipper en se dirigeant vers son poste d'amarrage. "Seigneur! Je donnerais quelque chose pour voir la tête du vieux Berrow tandis que ses gars s'approchent.

« Peut-être qu'ils n'iront pas aussi loin, » remarqua le second.

"Oh, oui, ils le feront", a déclaré le capitaine. « Dibbs va y veiller. Je ne veux aucune chance que la course soit annulée. Renvoyez-moi dans quelques heures.

Il ferma la porte derrière lui, et le second, après avoir bourré son argile de tabac grossier, sortit de son tiroir un papier à lettres rose à bords festonnés, et, plaçant le papier à sa droite et redressant ses épaules, commença quelques mots. correspondance privée.

Pendant quelque temps , il fuma et écrivit en silence, jusqu'à ce que l'obscurité grandissante l'incite à achever sa tâche. Il signa le billet, et, après avoir mis quelques marques tendres sous sa signature, le scella prêt pour le courrier, et resta assis, les yeux mi-clos, achevant sa pipe. Puis sa tête hocha la tête et, posant ses bras sur la table, il s'endormit à son tour.

Cela ne faisait qu'une minute qu'il avait fermé les yeux lorsqu'il fut réveillé par l'entrée du capitaine, qui sortait de sa cabine dans l'obscurité en vociférant bruyamment et nerveusement.

"Aïe aïe!" dit Joe en commençant.

"Où sont les lumières?" » dit le capitaine. "Quelle heure est-il? J'ai rêvé que je m'étais endormi trop longtemps. Quelle heure est-il?"

« Beaucoup de temps », dit vaguement le second, en réprimant un bâillement.

« Ha'- dix heures passées », dit le patron en craquant une allumette. « Vous avez dormi », ajouta-t-il sévèrement.

"Je ne le suis pas ", dit fermement le second en suivant l'autre sur le pont. "J'étais en train de penser. Je pense mieux dans le noir.

« Il était temps que nos gars montent à bord », dit le capitaine en regardant le pont désert. "J'espère qu'ils ne seront pas en retard."

« Sam est avec eux », dit le second avec assurance en s'éloignant ; "Il n'y a pas non plus de festivités à bord du Good Intent."

« Il y en aura », dit son digne capitaine avec un sourire, tandis qu'il regardait le vaisseau rival de l'autre côté du brick ; "Il y aura."

Il fit le tour du pont pour s'assurer que tout était bien ajusté et en forme de navire, et revint vers le second juste au moment où un hurlement d'une étrangeté surprenante se faisait entendre provenant des escaliers voisins .

"Je suis surpris que Berrow permette à ses hommes de faire ce bruit", a déclaré le capitaine avec humour. « Nos gars sont là aussi, je pense. Je peux entendre la voix de Sam.

«Moi aussi», dit le second avec emphase.

"On dirait qu'il parle plutôt fort", dit le maître du Chardon en fronçant les sourcils.

« On dirait qu'il essaie de chanter », dit le second, tandis qu'après un certain délai, un bateau lourdement chargé quittait les escaliers et se dirigeait lentement vers eux. « Non, ce n'est pas le cas ; il crie.

Il n'y avait plus aucun doute là-dessus. Sam, le respectable et en qui on avait toute la confiance, laissait échapper une série de hurlements sauvages qui auraient fait honneur à un Zoulou un peu gaffé, et était visiblement très en colère à propos de quelque chose.

« Ohé, Chardon ! Ohé ! » » beugla le marinier en s'approchant de la goélette. « Lancez-nous une corde ? – vite !

Le second lui en lança un et le bateau accosta. On a alors vu qu'un autre batelier, utilisant un langage impatient et déplorable, maintenait de force Sam au sol dans le bateau.

« Qu'est-ce qu'il a fait ? Quelle est la dispute ? » demanda le compagnon.

"Fait?" » dit le batelier avec dégoût. "Fait? Il a mangé un petit citron, et ça est entré dans sa vieille tête idiote. Il fait tout ce bruit parce qu'il voulait mettre le feu au pub, et ils ne l'ont pas laissé faire. Un homme à terre nous a dit qu'ils appartenaient à la Bonne Intention, mais je sais que ce sont vos hommes.

"Sam!" rugit le patron, le cœur serré, tandis que son regard tombait sur les gisants du bateau ; « Montez à bord tout de suite, honte d'ivrogne ! Vous entendez ?

"Je ne peux pas le quitter", dit Sam en gémissant.

« Quitter qui ? grogna le capitaine.

« Lui », dit Sam en plaçant ses bras autour du cou du batelier. "Lui et moi sommes comme des frères."

"Lève-toi, vieux fou ! " grogna le batelier, se dégageant avec difficulté et forçant l'autre à se mettre sur le côté. "Maintenant, c'est parti!"

Aidé par les épaules du passeur et les mains de ses officiers supérieurs, Sam remonta, puis le passeur tourna son attention vers le reste de ses passagers, qui ronflaient de contentement au fond du bateau.

"Maintenant!" il pleure; « J'ai l'air vivant avec toi ! Vous entendez ? Réveillez-vous! Réveillez-vous! Frappez- les , Bill ! »

"Je ne peux pas donner de coups de pied dans l'arder ", grommela l'autre batelier.

« Qu'est-ce qu'ils ont ? » a pris d'assaut le maître du Thistle, « Jetez- leur un seau d'eau dessus , Joe !

Joe obéit avec enthousiasme ; et, comme il n'avait jamais le sens du détail, il en confia l'essentiel aux bateliers. Au cours de la dispute qui s'ensuivit, l'équipage du Thistle ronflait paisiblement et fut finalement jeté par-dessus les côtés comme des sacs de pommes de terre, et les mariniers indignés se retirèrent vers les escaliers.

« Voilà un bel équipage avec qui gagner une course ! gémit le patron, pleurant presque de rage. « Jetez- leur de l'eau dessus , Joe ! Jetez- leur de l'eau dessus !

Joe obéit volontiers, jusqu'à ce qu'enfin, au grand soulagement du capitaine, un homme bougea et, assis sur le pont, exprima d'un air endormi sa ferme conviction qu'il pleuvait. Pendant un moment, ils eurent tous deux espoir en lui, mais alors que Joe se dirigeait vers le côté pour en prendre un autre seau, il en vint évidemment à la conclusion qu'il avait rêvé et, se recouchant, reprit sa sieste. Ce faisant, le premier coup de Big Ben retentit sur la rivière.

"Onze heures!" cria le capitaine excité.

C'était trop vrai. Avant que Big Ben ait fini, les horloges des églises voisines se mirent à sonner avec une hâte fébrile, et des pas pressés et des cris rauques se firent entendre venant du pont du GOOD INTENT.

« Lâchez les voiles ! » » a crié Tucker furieux. « Lâchez les voiles ! Bon sang, nous partirons seuls !

Il courut en avant et, aidé du second, hissa les focs, puis, revenant en courant, largua le brick et commença à hisser la grand-voile. En se dégageant du gradin, il y avait juste assez de voile pour avancer à contre-courant ; tandis que devant eux, la Bonne Intention, secouant voile après voile, se tenait hardiment sur le fleuve.

"C'était comme ça", a déclaré Sam, alors qu'il se tenait devant le sinistre Tucker à six heures le lendemain matin, entouré de ses amis. « Il est venu dans la « Ville de Berwick », où nous étions , un petit gars aussi gentil que vous souhaiteriez voir. Il a dit qu'il avait regardé la BONNE INTENTION, et qu'il pensait que c'était le plus joli petit engin jamais créé, et l'image exacte de l'un de ses chers frères, qui était missionnaire, et il avait aimerait offrir un verre à chaque homme de son équipage. Bien sûr, nous avons tous dit que nous étions directement l'équipage , et tout ce dont je me souviens après cela, c'est de deux flics et d'un petit garçon essayant de me donner la marche de la grenouille, et de quelqu'un qui me jetait des seaux d'eau dessus. C'est crool'ard de perdre une course, ce à quoi on ne savait pas , sans y penser, de cette façon ; mais cela ne nous avertit- il pas de notre faute ? – cela ne nous avertit pas , en effet. Je crois que le petit homme était lui-même un missionnaire et qu'il voulait nous convertir, et c'était sa façon de commencer son travail. C'est très bien pour le compagnon d'avoir des agitations élevées ; mais c'est tout à fait vrai, chaque mot, et si vous allez demander au pub, ils vous diront la même chose.

accouplé

La GOÉLETTE FALCON était prête à prendre la mer. Le dernier paquet de marchandises générales venait d'être expédié, et quelques marins poilus et négligés étaient occupés à ouvrir les écoutilles sous les grossièretés habiles du second.

"Tout est clair?" » demanda le maître, un petit homme d'environ trente-cinq ans, au visage vermeil. « Larguez là ! »

« Tu ne vas donc pas attendre les passagers ? » » demanda le compagnon.

"Non, non", répondit le skipper dont les traits travaillaient avec enthousiasme. « Ils ne viendront pas maintenant, j'en suis sûr. Nous perdrons la marée si nous n'avons pas l'air vif.

Il se détourna pour donner un ordre au moment où une jeune femme plantureuse, accompagnée d'un garçon costaud, d'une boîte à musique et de plusieurs autres paquets, se précipitait vers la jetée.

"Eh bien, nous y sommes, Capitaine Evans", dit la jeune fille en sautant légèrement sur le pont. « Je pensais que nous ne devrions jamais arriver ici ; le cocher ne semblait pas connaître le chemin ; mais je savais que tu ne partirais pas sans nous.

«Voilà», dit le patron avec une tentative de gaieté, en donnant à la jeune fille sa main droite, tandis que sa gauche s'éloignait vaguement vers l'oreille du garçon, qui lui était froidement refusée. « Descendez en bas et le second vous montrera votre cabine. Bill, voici Miss Cooper, une de mes amies, et son frère.

Le second, reconnaissant la présentation, les conduisit à la cabine, où ils restèrent si longtemps qu'au moment où ils revinrent sur le pont, la goélette était au large de Limehouse, glissant bien sous un vent léger.

« Comment trouvez-vous la cabine ? » » demanda le patron qui était à la barre.

"Assez juste", répondit Miss Cooper. « Mais c'est un grand nom pour ça, n'est- ce pas ? Oh, quel grand navire ! »

Elle courut sur le côté pour contempler un gros paquebot et, jusqu'à Gravesend, assiégea le capitaine et le second de questions concernant les différents bateaux. À la suggestion du second, ils prirent le thé sur le pont, repas au cours duquel William Henry Cooper devint une source de beaucoup d'inconfort pour son hôte en raison de ses remarquables découvertes sur la faune de la laitue. Cependant, malgré ses efforts et le nuage sous lequel Evans semblait travailler , le repas fut considéré comme un grand succès ; et après que ce fut fini, ils restèrent assis à rire et à bavarder jusqu'à ce que l'air devienne frais et que les rives de la rivière se perdent dans l'obscurité grandissante. A dix heures, ils se retirèrent pour la nuit, laissant Evans et le second sur le pont.

"Belle fille, ça", dit le second en regardant le capitaine, qui s'appuyait d'un air maussade sur la barre.

«Oui, oui», répondit-il. "Bill," continua-t-il en se tournant soudainement vers le second. «Je suis dans un sacré pétrin. Vous avez une bonne tête carrée sur les épaules. Maintenant, que dois-je faire ? Bien sûr, vous pouvez voir comment est le terrain ?

"Bien sûr", dit le second, qui n'allait pas perdre sa réputation par une quelconque démonstration d'ignorance. "Tout le monde pouvait le voir", a-t-il ajouté.

« La question est : que faut-il faire ? » dit le capitaine.

« C'est là la question », dit prudemment le second.

« Je me sens si inquiet », a déclaré Evans, « que j'ai réellement pensé à entrer en collision ou à faire échouer le navire. Imaginez ces deux femmes se réunissant à Llandalock .

Une lumière si soudaine éclaira la tête carrée du second, qu'il faillit siffler sous l'éclat de cette lumière.

"Mais tu n'es pas fiancé à celui-ci ?" il pleure.

« Nous devons nous marier en août », dit désespérément le patron. "C'est ma bague à son doigt."

"Mais vous allez épouser Mary Jones en septembre", a postulé le compagnon. "Vous ne pouvez pas les épouser tous les deux . "

"C'est ce que je dis", répondit Evans; « C'est ce que je n'arrête pas de me dire, mais cela ne semble pas apporter beaucoup de réconfort. Je suis trop tendre en ce qui concerne les femmes , Bill, et c'est la vérité. D'reckly , je côtoie une gentille fille, mon bras l'entoure avant de savoir ce qu'il fait.

"Qu'est-ce qui t'a poussé à amener la fille sur le bateau ?" » demanda le compagnon. "L'autre sera sûrement sur le quai pour vous rejoindre comme d'habitude."

« Je n'ai pas pu m'en empêcher », gémit le capitaine ; « elle viendrait ; elle peut être très déterminée quand elle le souhaite. Elle s'en prend vraiment à moi, Bill.

« Apparemment, l'autre aussi », dit le second.

"Je n'arrive pas à imaginer ce que les filles voient en moi", dit tristement l'autre. "Peux-tu?"

"Non, je suis blâmé si je peux", répondit franchement le second.

«Je ne m'en attribue aucun mérite, Bill», a déclaré le capitaine, «pas du tout. Mon père était comme ça avant moi. L'inquiétude me tue.

"Eh bien, qu'allez-vous prendre?" » demanda le compagnon. "Qu'est-ce que tu préfères?"

"Je ne sais pas, et c'est un fait", a déclaré le capitaine. « Ils ont tous les deux de l'argent qui leur revient ; quand je suis au Pays de Galles, je préfère Mary Jones, et quand je suis à Londres, c'est Janey Cooper. C'est épouvantable d'être comme ça, Bill.

"C'est vrai", dit sèchement le second. « Je ne serais pas à ta place quand ces deux filles se rencontreront pour une fortune. Ensuite, vous aurez aussi à affronter la vieille Jones et ses frères. Il me semble que les choses vont être un peu animées.

"J'avais pensé être malade et rester dans ma couchette, Bill", suggéra Evans avec anxiété.

"Et les avoir tous les deux pour vous soigner", rétorqua Bill. "Beau moment de calme pour un invalide."

Evans fit un geste de désespoir.

« Comment cela se passerait-il », dit le second après une longue pause et en parlant très lentement ; "Que se passerait-il si je vous enlevais celui-ci."

« Vous ne pouviez pas le faire, Bill », dit résolument le capitaine. "Pas tant qu'elle savait que j'étais à la surface." "Eh bien, je peux essayer", répondit brièvement le compagnon. « Je me suis plutôt pris d'affection pour cette fille. Est-ce une bonne affaire ?

"C'est vrai", dit le patron en lui serrant la main. "Si tu sors -moi de ce trou, Bill, je m'en souviendrai le plus longtemps de ma vie.

Avec ces mots, il descendit et, après avoir défait avec précaution WH Cooper, qui s'était lui-même endormi dans un état qu'un contorsionniste professionnel aurait envié, tomba à côté de lui et s'endormit.

Son cœur lui manqua presque lorsqu'il rencontra la radieuse Jane au petit déjeuner du matin, mais il dissimula ses sentiments par un grand effort ; et une fois le repas terminé et les passagers montés sur le pont, il saisit le second qui le suivait et l'entraîna dans la cabine.

« Tu ne t'es pas lavé ce matin », dit-il en le regardant attentivement. "Comment penses -tu que tu vas faire bonne impression si tu n'as pas l'air intelligent ?"

"Eh bien, j'ai l'air plus soigné que toi", grogna le compagnon.

" Bien sûr que oui", a déclaré le rusé Evans. «Je vais vous donner toutes les chances que je peux. Maintenant, va te raser, et voilà, prends-le.

Il tendit à son compagnon surpris une cravate en soie rouge brillant, ornée de pois verts.

"Non, non", dit le second d'un ton dépréciatif.

« Prenez-le », répéta Evans ; « Si quelque chose peut la ramener, ce sera cette cravate ; et voici quelques colliers pour vous ; c'est une nouvelle forme, assez à la mode chez Poplar en ce moment.

«Cela vous vole», dit le second, «et ce n'est pas bon non plus. Je n'ai pas de vêtements décents sur mon dos.

Evans leva les yeux et leurs regards se croisèrent ; puis, avec un souffle coupé, il se détourna et, après quelques hésitations, se dirigea vers son casier et en sortant un nouveau costume, acheté pour l'édification de Miss Jones, le tendit silencieusement au second.

"Je ne peux pas prendre toutes ces choses sans vous donner quelque chose pour elles ", a déclaré le second. "Tiens, attends un peu."

Il plongea dans sa cabine et, après une fouille hâtive, en sortit quelques vêtements qu'il déposa sur la table devant son commandant.

les porterais pas , non, pour ne pas m'y noyer », déclara Evans après un bref coup d'œil ; "Ils ne sont même pas décents."

« Tant mieux, » dit le second ; "ce sera plus un contraste avec moi."

Après une légère lutte, le capitaine céda et le second, après une toilette minutieuse, monta sur le pont et commença à se rendre agréable, tandis que son chef se cachait en bas, essayant de rassembler le courage de se présenter.

« Où est le capitaine ? » s'enquit Miss Cooper, après que son absence eut été si prolongée qu'elle devint visible.

"Il est en bas, il s'habille , je le réveille ", répondit simplement le second.

Miss Cooper, jetant un coup d'œil à sa tenue, sourit doucement et se prépara à quelque chose de surprenant, et elle comprit ; car aucun objet plus désespéré et plus maussade que le capitaine, lorsqu'il apparut, n'avait jamais été vu sur le pont du Falcon, et sa fiancée de Londres lui jeta un regard brûlant de honte et d'indignation.

« Pourquoi portez-vous ces choses ? » elle a chuchoté.

« Travaillez, ma chère, travaillez », répondit le patron.

"Eh bien, faites attention à ne perdre aucun morceau", dit suavement la chère; "Vous ne pourrez peut-être pas assortir ce tissu."

"Je m'en occupe", dit le skipper en rougissant. "Tu dois m'excuser de te parler maintenant. Je suis occupé."

Miss Cooper le regarda avec indignation et, se mordant la lèvre, se détourna et commença un flirt désespéré avec son compagnon, pour le punir. Evans les regardait avec des sentiments mêlés alors qu'il s'occupait de divers petits travaux sur le pont, sa colère étant portée à ébullition par le comportement du cuisinier, qui, incapable de dissimuler ses sentiments, sortit plusieurs fois de la cuisine. pour le regarder.

De cet incident naquit entre le patron et la jeune fille une froideur qui augmentait d'heure en heure. Parfois, le capitaine faiblissait, mais le second surveillant était toujours là pour éviter les méfaits. En raison de sa famille d'accueil, Evans était généralement occupé et toujours bourru ; et Miss Cooper, qui était habituée aux attentions les plus assidues de sa part, ne savait si elle devait être la plus déconcertée ou la plus indignée. Quatre fois dans la même journée, il remarqua devant elle qu'un navire de marin était son amour, tandis que la façon dont il traitait son petit futur beau-frère, lorsqu'il lui parlait de l'état de sa garde-robe, remplissait d'étonnement cette jeunesse jusqu'alors choyée. . Enfin, lors de la quatrième nuit de sortie, alors que la petite goélette passait au large des côtes de Cornouailles, le second s'approcha de lui pendant qu'il dirigeait et lui tapota lourdement le dos.

« Tout va bien, capitaine », dit-il. "Vous avez perdu la plus jolie petite fille d'Angleterre."

"Quoi?" » dit le patron d'un ton incrédule.

"C'est un fait", répondit l'autre. « Voici votre bague. Je ne la laisserais plus le porter.

« Comment l' avez-vous fait ? » » s'enquit Evans en prenant la bague d'un air hébété.

"Oh, aussi simple que possible", dit le second. "C'est moi qui me préférais, c'est tout."

"Mais qu'est-ce que tu lui as dit?" insista Evans.

L'autre réfléchit.

« Je n'arrive pas à me rappeler exactement », dit-il enfin. « Mais, comptez-y, j'ai dit tout ce que j'ai pu contre vous. Mais elle ne s'est jamais vraiment souciée de toi. Elle me l'a dit elle-même.

"Je vous souhaite de la joie dans votre marché", dit Evans solennellement, après une longue pause.

"Que veux-tu dire?" » demanda brusquement le second.

« Une fille comme ça, dit le patron, la gorge nouée, qui peut se comporter avec deux hommes à la fois, ça ne vaut pas la peine d'avoir. Elle n'est pas mon argent, c'est tout.

Le second le regarda avec une honnête perplexité.

« Retenez bien mes paroles, » continua le patron avec hauteur, « vous vivrez pour le regretter. Une fille comme ça n'a pas de lest. Elle courra toujours après des cravates fraîches.

"Vous l'avez mis sur le compte de la cravate, n'est-ce pas?" ricana le compagnon avec colère.

"Ça et les vêtements, certainement ", répondit le skipper.

"Eh bien, vous avez tort", dit le second. « Tu en sais beaucoup sur les filles. Ce n'étaient pas vos vieux vêtements, ni votre mauvais comportement envers elle depuis qu'elle est à bord. Autant le savoir en premier qu'en dernier. Au début, elle ne voulait rien avoir à faire avec moi, alors je lui ai tout raconté sur Mary Jones.

« Tu lui as dit CELA ? » s'écria violemment le patron.

"Je l'ai fait", répondit l'autre. « Elle était plutôt sauvage au début ; mais ensuite le côté comique de la chose l'a frappée : vous portiez ces vieux vêtements et vous vous promeniez comme vous le faisiez. Elle vous regardait jusqu'à ce qu'elle n'en puisse plus, puis descendait dans la cabine et riait. Cette fille a un moral merveilleux . Faire taire! Elle est là!"

Pendant qu'il parlait, la jeune fille montait sur le pont, et, voyant les deux hommes causer ensemble, elle restait à peu de distance d'eux.

« Tout va bien, Jane, » dit le second ; "Je lui ai dit."

"Oh!" » dit Miss Cooper avec un petit halètement.

« Je ne peux pas supporter la tromperie », dit le second ; "Et maintenant, il n'y pense plus, il est si heureux qu'il ne peut plus se supporter."

La dernière partie de cette affirmation semblait être plus justifiée par les faits que la première, mais Evans émit un bruit d'étouffement, qu'il considérait comme un signe de joie insupportable, et, abandonnant le gouvernail au second, s'avança. Le ciel clair était rempli d'étoiles et un esprit à l'aise aurait pu profiter de la beauté tranquille de la nuit, mais le capitaine était trop intéressé par le comportement du jeune couple au volant pour y penser. Plongés l'un dans l'autre, ils l'oublièrent complètement et échangèrent de petites gifles et des poussées ludiques qui l'irritèrent au-delà de toute description. Plusieurs fois, il fut sur le point d'exercer sa position de commandant et d'ordonner au second de descendre, mais dans les circonstances, toute intervention était impossible, et, avec un bonsoir à voix basse, il descendit. Ici, son regard tomba sur William Henry, qui dormait paisiblement, et, avec une vague idée de l'éternelle convenance des choses, il souleva le jeune homme dans ses bras et, malgré ses protestations endormies, le déposa sur la couchette du second. Puis, la tête et le cœur douloureux, il se retira pour la nuit.

Il y eut un petit embarras le lendemain, mais il se dissipa rapidement et les trois adultes adultes de la cabane s'entendirent assez bien les uns avec les autres. La personne la plus inquiète à l'arrière était le garçon, qui n'avait pas été mis en confiance et dont le visage, lorsque sa sœur était assise avec le bras du second autour de sa taille, présentait au capitaine une étude parfaite des émotions.

«Je suis très curieuse de voir cette Miss Jones», dit aimablement Miss Cooper alors qu'ils étaient assis à dîner.

— Elle sera sur le quai et lui fera signe de son mouchoir, dit le second. "Nous serons là demain après-midi, et ensuite vous la verrez."

En fait, le second était à quelques heures d'avance, car au moment où les proues du Falcon furent posées pour le petit port , il faisait assez sombre, et la petite goélette s'y glissa, guidée par les deux lumières qui marquaient l'entrée. Le quai, vu à la lumière de quelques lampes éparses, paraissait assez triste et, à l'exception de deux ou trois figures indistinctes, paraissait désert. Au-delà, les lumières brisées de la ville ressortaient plus clairement tandis que la goélette se glissait lentement sur l'eau sombre vers son poste d'amarrage.

«Bonne nuit, capitaine », dit le veilleur, tandis que la goélette accostait doucement le quai.

Le capitaine grogna d'assentiment. Il regardait le quai avec inquiétude.

«C'est trop tard», dit le second. « Vous ne pouviez pas l'attendre à cette heure-ci ce soir . Il est dix heures."

« J'irai chez moi demain matin », dit Evans qui, maintenant que les choses étaient réglées, était secrètement déçu que Miss Cooper n'ait pas assisté à la réunion. « Si vous ne descendez pas à terre, nous pourrions avoir une main de cartes dès que nous serons prêts. »

Le second acquiesçant, ils descendirent et furent bientôt plongés dans les mystères du cribbage à trois mains. Evans, qui était un bon joueur, se surpassait et venait de gagner la première partie, les autres n'étant nulle part, lorsqu'une tête fut poussée dans la descente et qu'une voix semblable à une corne de brume tendue appela le capitaine par son nom.

"Aïe aïe!" » cria Evans en posant la main.

« Je vais descendre, capitaine », dit la voix, et le second eut juste le temps de murmurer « Old Jones » à Miss Cooper, lorsqu'un homme de grande taille remplit l'entrée de la petite cabane et tendit un bras. énorme patte à Evans et au compagnon. Il regarda alors la dame et, respirant fort, attendit.

« Jeune dame du compagnon, » dit Evans à bout de souffle, – « Miss Cooper. Asseyez-vous, capitaine . Sortez le gin, Bill.

"Pas pour moi", dit fermement le capitaine Jones, mais avec un effort évident.

La surprise d'Evans et du second ne permettait aucune dissimulation ; mais cela passa inaperçu de leur visiteur, qui, s'agitant sur son siège, semblait être aux prises avec quelque problème mystérieux. Après une longue pause, pendant laquelle tous l'observèrent avec anxiété, il tendit la main par-dessus la table et serra à nouveau la main d'Evans.

« Mettez-le là, capitaine », dit Evans, très touché par cette marque d'estime.

Le vieillard se leva et le regarda, la main sur l'épaule ; il lui serra ensuite la main pour la troisième fois et lui tapota le dos pour l'encourager.

« Y a-t-il un problème ? » » demanda le patron du Faucon en se levant, alarmé par ces manifestations d'émotion. « Est-ce que Mary… est-elle malade ?

« Pire encore, dit l'autre , pis encore , mon pauvre garçon ; elle a épousé un homard !

L'effet de cette communication sur Evans fut énorme ; mais on peut douter qu'il ait été plus surpris que Miss Cooper, qui, totalement inexpérimentée en termes militaires, s'efforçait en vain de se rendre compte de la possibilité d'une telle mésalliance, alors qu'elle regardait follement l'orateur et couinait d'étonnement.

"Quand était-ce?" » demanda enfin Evans d'une voix sourde.

— Jeudi quinze jours, à onze heures trente, dit le vieillard. « C'est un sergent de ligne. Je t'aurais bien écrit, mais j'ai pensé qu'il valait mieux venir te l'annoncer gentiment. Courage, mon garçon ; il y a plus d'une Mary Jones dans le monde.

Fort de ce fait indéniable, le capitaine Jones fit ses adieux à la fête et partit, les laissant digérer ses nouvelles. Pendant un certain temps , ils restèrent immobiles, le second et Miss Cooper échangeant des chuchotements, jusqu'à ce qu'enfin, le silence devenant oppressant, ils se retirèrent dans leurs couchettes respectives, laissant le capitaine assis à la table, regardant fixement un nœud dans le casier opposé.

Longtemps après leur départ, il resta assis ainsi, au milieu d'un profond silence, interrompu seulement par un rire occasionnel venant de la cabine, ou par un ricanement idiot venant de la couchette du second, jusqu'à ce que, rappelé aux affaires banales par la lampe qui s'éteignait, il Je me mis au lit dans une obscurité convenable.

LES BEAUTÉS RIVALES

vous ne me L'AVIEZ PAS DEMANDÉ , dit le veilleur de nuit, je n'aurais jamais dû vous le dire ; mais comme vous avez posé la question sans détour, je vais vous raconter mon expérience. Vous êtes la première personne à qui j'ouvre les lèvres sur ce sujet, car c'était si extraordinaire que tous nos gars juraient de le garder pour eux de peur d'être incrédules et moqués.

«Cela s'est produit en 1984, à bord du bateau à vapeur George Washington, reliant Liverpool à New York. Les huit premiers jours se sont écoulés sans que rien d'inhabituel ne se produise, mais le neuvième, j'étais debout à l'arrière avec le second, en train de tirer le rondin, quand nous avons entendu un cri venant d'en haut, et un type que nous appelions Sam le Bégayeur est descendu comme s'il était possédé et s'est précipité vers le compagnon avec ses yeux presque hors de son ed.

« 'Voilà le sssssss-sis-sis-sip !' ses lui.

"'Le quoi?' ses le compagnon.

« 'Le ss-mer-mer- sssssip !'

« 'Regarde ici, mon garçon,' dit le second en sortant un mouchoir de poche et en s'essuyant le visage, 'tu te arraches juste jusqu'à ce que tu reprennes ton souffle. C'est comme ouvrir une bouteille d'eau gazeuse pour rester debout à vous parler. Maintenant, qu'est-ce que c'est ?

« 'C'est le sssssssis -sea-sea-sea- sarpint !' ses Sam, avec un buste.

« 'C'est plutôt long, d' après ce que vous en dites, » dit le second avec un sourire.

"'Quel est le problème?' ses le skipper, qui vient d'arriver.

« – Cet homme a vu le sarpin de mer , monsieur, c'est tout, dit le second.

« 'Ouais-oui', dit Sam avec une sorte de sanglot.

« Eh bien, il n'y a pas grand-chose à faire en ce moment », dit le capitaine, « alors tu ferais mieux de prendre une tranche de pain et de le nourrir. »

« Le second s'est éclaté en s'amusant , et je pouvais voir à la façon dont le capitaine souriait qu'il en était lui-même plutôt chatouillé.

« Le capitaine et le second étaient encore en train de s'amuser très chaleureusement lorsque nous avons entendu un terrible « hibou » venant du pont, et « l'un des gars » quitte soudainement la barre, saute sur le pont et s'enfuit en bas comme s'il était fou. L' autre suit, je suis le plus d'reckly , et le second s'est emparé de la barre alors qu'il la quittait, et a crié quelque chose que nous n'avons pas pu comprendre au capitaine.

« 'Qu'est-ce qu'il y a ?' crie le capitaine.

« Le second a pointé vers tribord, mais tel quel et il tremblait de telle sorte qu'une minute il pointait vers le ciel et la suivante vers le fond de la mer, ce n'était pas vraiment un guide pour nous. Même une fois qu'il l'a stabilisé , nous ne pouvions rien voir, jusqu'à ce que tout d'un coup, à environ trois kilomètres de nous, quelque chose comme un poteau télégraphique soit sorti de l'eau pendant quelques secondes, puis il s'est baissé de nouveau et s'est dirigé droit vers l'eau. bateau.

« Sam a été le premier à parler et, sans perdre de temps à bégayer ou à bégayer, il a dit qu'il descendrait et s'occuperait de ce morceau de pain, et il est allé avant que le capitaine ou le second puisse l' arrêter .

« En moins d' une minute, il n'y avait plus que les trois officiers et moi sur le pont. Le second tenait le volant, le capitaine retenait son souffle et le second me tenait. Ce fut l'un des moments les plus excitants que j'ai jamais vécu.

« 'Mieux vaut tirer dessus avec le canon', dit le patron, d'une voix tremblante, en regardant le petit canon en cuivre que nous avions pour signaler .

« « Mieux vaut ne lui donner aucune raison de l'offenser », dit le second en secouant la tête.

« 'Je me demande si ça mange les hommes', dit le patron. "Peut-être que cela viendra pour certains d'entre nous."

« 'Il n'y a pas beaucoup de choix sur le pont', dit le second en regardant ' je suis significatif.'

« 'C'est vrai', dit le patron, très pensif ; Je vais y aller et envoyer tout le monde sur le pont. En tant que capitaine, il est de mon devoir de ne pas quitter le navire avant le DERNIER, si je peux l'aider d'une manière ou d'une autre.

« Comment il les a fait monter sur le pont a toujours été une merveille pour moi, mais il l'a fait. C'était un homme brutal dans le meilleur des cas, et il faisait tellement de choses que je suppose qu'ils pensaient que même le sarpint ne pouvait pas être pire. Quoi qu'il en soit, ils sont arrivés et nous sommes tous restés en foule à regarder le sarpint se rapprocher de plus en plus.

« Nous avons estimé qu'il faisait environ cent mètres de long, et c'était à peu près la créature la plus horrible que l'on puisse imaginer. Si vous preniez toutes les choses les plus laides de la terre et les mélangeiez – des gorilles et autres – vous ne feriez qu'un hangel comparé à ce que c'est. Il s'est simplement accroché à notre quartier, nous suivant, et de temps en temps, il ouvrait la gueule et nous laissait voir à environ quatre mètres de sa gorge.

« Cela semble paisible », murmure le premier compagnon au bout d' un moment.

«' Peut-être qu'il n'a pas faim', dit le skipper. « Nous ferions mieux de ne pas laisser cela prendre un petit creux . Essayez-le avec une miche de pain.

"Le cuisinier est descendu et en a récupéré une demi-douzaine, un des gars, rassemblant courage, l'a jeté par-dessus le côté, et avant que vous puissiez dire" Jack Robinson ", le sarpint l' avait fait sauter et" je cherchais plus. Il a levé la tête et s'est rapproché du côté, tout comme les cygnes du parc Victoria, et il a gardé ce gibier jusqu'à ce qu'il ait dix pains et un morceau de porc.

« 'Je crains que nous ne l'encourageions', dit le capitaine en le regardant pendant qu'il nageait à côté avec un œil gros comme une soucoupe dressée sur le navire.

«' Peut-être que ça va bientôt disparaître si nous n'y prêtons plus attention', dit le second. « Faites simplement comme si ce n'était pas ici. »

« Eh bien, nous avons fait semblant du mieux que nous pouvions ; mais tout le monde se tenait à bâbord du navire et était prêt à descendre en bas dans les plus brefs délais ; et enfin, quand la bête s'est mise à tendre le cou par-dessus le côté comme si elle cherchait quelque chose, nous lui avons donné encore de la nourriture. Nous pensions que si nous ne le lui donnions pas , il pourrait le prendre et le retirer de la mauvaise étagère, pour ainsi dire. Mais, comme le disait le second, cela l'encourageait, et longtemps après qu'il faisait nuit, nous pouvions l'entendre renifler et éclabousser derrière nous, jusqu'à ce qu'enfin cela nous fasse un tel effet que le second envoya l'un des gars descendre pour réveiller. le capitaine.

« Je ne pense pas que cela fera l'affaire, dit le capitaine, regardant par-dessus le bord et parlant comme s'il savait tout sur les sarpins de mer et leurs voies.

« Supposons qu'il mette sa « tête par-dessus le côté et prenne l'un des hommes », dit le second.

« 'Faites-le-moi savoir tout de suite', dit fermement le patron ; et il est retourné en bas et nous a quittés.

« Eh bien, j'étais très content lorsque huit cloches ont sonné, et je suis descendu ; et si jamais j'espérais quelque chose, j'espérais que lorsque je monterais, cette vilaine brute serait partie, mais, au lieu de cela, quand je suis monté sur le pont, elle jouait à côté comme un chaton presque , un "un des" des gars me l'ont dit alors que le skipper le nourrissait à nouveau .

« C'est un animal merveilleux, dit le capitaine, et aucun d'entre vous n'a vu le sarpin de mer ; mais j'interdis à quiconque ici d'en dire un mot lorsque nous arriverons à terre.

« Pourquoi pas, monsieur ? » ses le deuxième compagnon.

« Parce qu'on ne vous croirait pas », dit sévèrement le capitaine. « Vous pourriez tous aller à terre et embrasser le Livre et » faire des déclarations sous serment et « pas une âme » et vous croire. Les journaux comiques s'en moqueraient, et les journaux respectables diraient que c'était des algues ou des mouettes.

« Pourquoi ne pas l'emmener à New York avec nous ? ses premiers compagnons soudainement.

"'Quoi?' ses le skipper.

« 'Nourrissez-le tous les jours', dit le compagnon, excité, 'et appâtez quelques hameçons à requin et gardez- les prêts, avec du câble métallique. Je vais nous suivre autant qu'il le veut, puis l'accrocher. Nous pourrions le ramener vivant et lui montrer la tête d'un souverain. Quoi qu'il en soit, nous pouvons récupérer sa carcasse si nous la gérons correctement.

"'Par jupiter! si seulement nous le pouvions », dit le skipper, très excité lui aussi.

« 'Nous pouvons essayer', dit le compagnon. « Eh bien, nous aurions pu le boucler ce matin » si nous l'avions voulu ; et s'il brise les lignes, nous devons lui faire sauter la tête avec le fusil.

« Cela semblait une chose tout à fait extraordinaire d'essayer de l'attraper de cette façon ; mais la bête était si apprivoisée et collée si près de nous qu'elle n'était pas aussi ridicule qu'elle le paraissait au début.

« Au bout de quelques jours, personne ne s'est soucié de l'animal, car c'était à peu près la chose la plus nerveuse de sa taille que vous ayez jamais vue. Il n'avait pas l'âme d'une souris ; et un jour que le second, juste pour plaisanter, prenait le fil de la corne de brume dans sa main et l'agitait un peu, il leva la tête d' un air effrayé et, après avoir reculé un peu, se retourna. propre rond et boulonné.

«Je pensais que le skipper était devenu fou. Il a mangé des miches de pain, des morceaux de bœuf et de porc, des dizaines de biskits , et peu à peu, lorsque la brute a repris courage et est revenue vers nous, il rayonnait de joie. Puis il ordonna que personne ne touche au klaxon pour quelque raison que ce soit, même s'il y avait du brouillard, ou un risque de collision, ou quoi que ce soit de ce genre ; et il a également donné l'ordre de ne pas sonner les cloches, mais que le bosen devait simplement pousser sa tête dans le poste de commandement et les appeler à la place.

« Après que trois jours se soient écoulés, et que la chose nous suivait toujours , tout le monde s'est assuré de l'emmener à New York, et je pense que s'il n'y avait pas eu Joe Cooper, la question sur le sarpin de mer aurait été posée. été réglé depuis longtemps. C'était un type laid des plus extraordinaires que Joe. Il avait un visage de dessin animé parfait , et il était si délikit et sensible à ce sujet que si un type s'arrêtait dans la rue et sifflait en passant devant lui, ou le montrait à un ami, il n'aimait pas. il. Il m'a dit un jour, alors que je sympathisais avec lui, que la seule fois où une femme lui avait parlé poliment, c'était une nuit à Poplar, dans le brouillard, et il en était si heureux qu'ils sont tous deux entrés dans le canal avant qu'il ne le fasse. savait où ils étaient .

"Le quatrième matin, alors que nous n'étions qu'à environ trois jours de Sandy Hook, le capitaine s'est levé du lit du mauvais côté, et quand il est monté sur le pont, il était prêt à s'en prendre à n'importe qui, et comme par hasard, alors qu'il marchait un peu en avant, il aperçoit Joe qui colle son phiz par-dessus le côté en regardant le sarpint .

« 'Qu'est-ce que tu fous ?' crie le capitaine, "Qu'est-ce que tu veux dire par là ?"

« 'Voulez-vous dire par quoi, monsieur ?' demande Joe.

« 'Tu mets ta vilaine gueule noire sur le flanc du navire et tu fais peur à mon marin ! ' beugle le capitaine, "Vous savez à quel point c'est facile . "

« 'Effrayer le sarpin de mer ?' ses Joe, tremblant de partout, et devenant très blanc.

« Si je vois à nouveau ton visage par-dessus le côté , mon garçon, dit le capitaine très féroce, je lui donnerai un œil au beurre noir. Maintenant, coupez ! »

« Joe a coupé, et le capitaine, après avoir réglé un peu son mauvais caractère, est remonté vers l'arrière et a commencé à discuter avec le second de manière assez agréable. J'étais en bas à ce moment-là, et je n'en savais rien pendant des heures après , et puis je l'ai entendu par l'un des pompiers. Il s'approche de moi de manière très mystérieuse et me dit : « Bill », dit - il , « tu es un copain de Joe ; descends ici et vois ce que tu peux penser de moi .

« Ne sachant pas ce qu'il voulait dire, je l' ai suivi en bas jusqu'à la salle des machines, et il y avait Joe assis sur un seau qui regardait follement devant moi , et deux ou trois d' entre eux debout autour de moi qui le regardaient avec leurs yeux. " lit-on d'un côté.

« 'Ça fait trois heures qu'il est comme ça', murmure le deuxième ingénieur, 'comme hébété.'

« Pendant qu'il parlait, Joe frissonna un peu ; « Effrayez le sarpin de mer ! » il dit : « Ô Seigneur !

« 'Ça lui a changé la tête', dit l'un des pompiers, 'il n'arrête pas de dire que ça.'

« 'Si seulement on pouvait faire ' je pleure', dit le deuxième ingénieur, qui avait un frère étudiant en médecine, 'ça pourrait sauver sa raison.' Mais comment faire, telle est la question.

« 'Parlez gentiment à moi , monsieur', dit le pompier. «Je vais essayer si cela ne vous dérange pas.» Il s'éclaircit d'abord la gorge, puis il se dirige vers Joe et pose sa main sur son épaule avec une voix très douce et pitoyable comme :

"'Ne t'en prends pas, Joe, ne t'en prends pas, il y a beaucoup de vilaines idées de bon 'art',"

"Avant de pouvoir penser à autre chose à dire, Joe lève le poing et me donne une balle dans les côtes alors qu'il faillit les casser . Puis il se détourne, il a la tête et frissonne à nouveau, et le vieux regard hébété revient.

« 'Joe', dis-je en le secouant, 'Joe !'

« 'Effrayé le sarpin de mer !' murmure Joe en le regardant.

« 'Joe', je dis , 'Joe. Tu me connais, je suis ton copain, Bill.

« 'Oui, oui ', ses Joe, revenant un peu.

« 'Viens', dis- je , 'viens un 'connard au lit, c'est le meilleur endroit pour toi.'

« Je l'ai pris par la manche, et il se lève tranquillement et obéissant et me suit comme un petit enfant. Je me suis mis directement dans sa couchette, et peu de temps après, il est tombé dans un doux sommeil, et j'ai cru que le pire était passé, mais je me trompais. Il s'est levé au bout de trois heures et avait l'air bien, sauf qu'il marchait comme s'il réfléchissait très fort à quelque chose et avant que je puisse comprendre de quoi il s'agissait, il a eu une crise.

« Il a été dans cette crise pendant dix minutes, et il n'en était pas plus tôt sorti qu'il l'était dans une autre. En vingt-quatre heures , il a eu six crises complètes, et j'avoue que j'étais assez perplexe. Quel plaisir il pouvait trouver à tomber durement et raide et à donner des coups de pied à tout le monde et à tout ce que je ne pouvais pas voir. Il se tenait tranquille et paisible pendant une minute, et la suivante, il attrapait la chose la plus proche de lui et faisait une mauvaise crise, et s'allongeait sur le dos et nous donnait des coups de pied pendant que nous essayions de lui ouvrir les mains de force. pour les caresser .

« Les autres gars disaient que l'insulte du patron lui avait fait tourner la tête, mais je n'étais pas aussi doux, et une fois, alors qu'il était seul, je le lui ai dit.

« 'Joe, mon vieux,' je dis , 'toi et moi sommes de très bons amis.'

« 'Oui, oui ', dit- il, comme suspect.

« 'Joe', je murmure , 'c'est quoi ton petit jeu ?'

« ' Wodyermean ?' ses , très court.

« Je veux dire les crises, dis- je, en regardant, je suis très stable, ce n'est pas beau d'avoir l' air comme ça, parce que je vois ton savon à mâcher de mes propres yeux. »

« 'Savon', ses Joe, d'une manière méchante et ricanante, 'vous ne reverriez pas un morceau si vous le voyiez.'

« Une fois que j'ai pu voir qu'il n'y avait rien à en tirer , j'ai juste gardé les yeux ouverts et j'ai regardé. Le capitaine ne s'inquiétait pas de ses crises, sauf qu'il avait dit qu'il ne devait pas laisser le sarpint voir son visage lorsqu'il était dedans, de peur de l'effrayer ; et quand le second a voulu le laisser hors de garde, il a répondu : "Non, il pourrait tout aussi bien avoir des crises au travail comme ailleurs."

« Nous étions à environ vingt-quatre heures du port, et le sarpint nous suivait toujours ; et à six heures du soir, les officiers terminèrent toutes leurs dispositions pour embarquer le bateau à huit heures du matin suivant. Pour s'en assurer, une surveillance supplémentaire était assurée sur le pont toute la nuit pour lui jeter de la nourriture toutes les demi-heures ; et quand je suis arrivé à dix heures ce soir-là, c'était si près que j'aurais pu l'atteindre avec un accessoire pour vêtements.

« Je crois que j'étais au lit depuis environ une heure et demie lorsque j'ai été réveillé par le bruit le plus infernal que j'aie jamais entendu. La corne de brume retentissait sans arrêt, et il y avait beaucoup de cris et de courses sur le pont. Cela nous a tous frappé comme si le sarpint était fatigué du pain et se conduisait mal, par conséquent nous avons simplement poussé nos 'eds' hors de l'auvent avant et avons écouté. Tout le brouhaha semblait être sur le pont, et comme nous n'avons pas vu le sarpint là-bas, nous avons repris courage et sommes montés sur le pont.

«Ensuite, nous avons vu ce qui s'était passé. Joe avait eu une autre crise alors qu'il était au volant et, ne sachant pas ce qu'il faisait, il avait agrippé la ligne de la corne de brume et s'y accrochait comme une mort sinistre, et donnait des coups de pied à droite et à gauche. Le patron était en couverture, délirant encore plus que Joe ; et juste au moment où nous arrivions, Joe se retourna un peu et, lâchant la ligne, demanda d'une voix faible pourquoi la corne de brume sonnait. Je pensais que le capitaine l' aurait tué ; mais le second l'a retenu et, bien sûr, lorsque les choses se sont un peu calmées et que nous sommes allés sur le côté, nous avons constaté que le sarpin de mer avait disparu.

« Nous sommes restés là toute la nuit, mais cela ne sert à rien. Quand le jour s'est levé, il n'y en avait pas la moindre trace, et je pense que les hommes étaient aussi désolés de le perdre que les officiers. Tout sauf Joe, c'est-à-dire, ce qui montre que les gens ne devraient jamais être grossiers, même envers les plus humbles ; car je crois que si le capitaine ne l'avait pas blessé ainsi, nous aurions maintenant autant de connaissances sur le sarpin de mer que sur nos propres frères.

MME. CHAPERON DU BUNKER

Mathilde SE TENAIT À LA porte ouverte d'une maison attenante à un quai située dans ce morne quartier qui porte le nom ronronnant de « Saint-Pierre ». Celle de Katharine.

Le travail était terminé pour la journée. Deux fourgons démontés furent poussés sur l'allée à côté de la maison et le grand portail fut fermé. Le bureau en désordre qui occupait le rez-de-chaussée était désert, à l'exception d'une « bonne » à la barbe grise, âgée d'une soixantaine d'années, qui le balayait avec un balai et se livrait à quelques jurons de marin contre les qualités étouffantes de la poussière qu'il soulevait. .

Un bruit de pas s'arrêta devant le portail, une petite porte à battants s'ouvrit brusquement et le visage ouvert de Matilda Bunker prit une teinte rosâtre, comme celle d'un petit homme en jersey et manteau bleu, avec un chapeau rond et dur très haut dans le ciel. couronne, entra à l'intérieur.

"Bonsoir, Mme Bunker, madame", dit-il en s'approchant lentement d'elle.

« Bonsoir, capitaine », dit la dame, qui n'était Mme qu'en raison de son âge et de sa présence.

«Brise fraîche», dit l'homme au haut chapeau rond. "Si cela dure , nous serons à Ipswich en un rien de temps."

Mme Bunker acquiesça.

« La rivière est belle à présent, » continua le capitaine. "Tout devient magnifique."

"Dans la rivière?" » demanda Mme Bunker, mystifiée.

« Sur les rives, dit le capitaine ; « les arbres, près de Sheppey , et tout autour. Maintenant, pourquoi ne dis-tu pas le mot et viens ? Il y a une cabine comme une épingle neuve prête à vous accueillir – pour la propreté, je veux dire – et tous les aménagements dont vous pourriez avoir besoin. Vous dormirez comme un bourdonnement, si vous venez.

"Humming-top?" » demanda malicieusement Mme Bunker.

"N'importe quel top", a déclaré le capitaine. « Venez, décidez-vous. Nous ne partirons pas avant neuf heures.

«Ça n'a pas l'air bien», dit la dame, très tentée. "Mais la femme dit que je peux y aller si je veux, alors je vais juste préparer ma boîte. Je serai sur la jetée à neuf heures.

"Oui, oui", dit le capitaine en souriant, "Moi et Bill allons juste faire une sieste d'ici là. Si longtemps."

«Au revoir», dit Matilda.

"Au revoir", répéta l'amoureux patron, et se retournant pour jeter un autre regard ardent à la belle à la porte, il s'écrasa dans le wagon .

Les horloges voisines sonnaient à peine neuf heures dans une sorte de chœur glapissant au rythme du gros boom de Big Ben, qui flottait sur le fleuve, tandis que Mme Bunker et le veilleur de nuit, titubant sous un chargement de bagages, se dirigeaient lentement vers la jetée. La barge, car tel était l'embarcation en question, était presque au niveau des planches, tandis que les silhouettes de deux hommes se précipitaient d'avant en arrière dans toute l'agitation du départ.

"Bill", dit le gardien en s'adressant au second, "prends la main avec cette boîte, et fais attention, elle contient les vêtements de mariage à l'intérieur."

Le gardien fut si particulièrement content de cette petite plaisanterie qu'au lieu de donner la boîte à Bill , il la posa et s'assit dessus, tremblant convulsivement avec sa main sur sa bouche, tandis que Mathilde rougissante et le capitaine déconfit s'efforçaient en vain de paraître. indifférent.

Les colis étaient un peu serrés pour la cabine, mais ils réussirent à les faire entrer, et le patron, avec un regard menaçant sur son second, qui échangeait des regards d'une humour exquise avec le gardien, tendit la main à Mme Bunker et l'a aidée à monter à bord.

"Bienvenue sur le Sir Edmund Lyons, Mme Bunker", dit-il. "Bill, renvoie ce mec."

"Arrêt!" dit précipitamment Mme Bunker, "c'est mon chapperong ."

"Ton quoi?" » dit le capitaine. "C'est un mec, Mme Bunker, et je n'aurai pas de mecs à bord de mon vaisseau."

"Bill", dit Mme Bunker, "allez chercher ma boîte."

"Du moins", s'empressa d'ajouter le capitaine, "à moins que ce ne soit l'une de vos amies, Mme Bunker."

« Il me chaperonne », dit Mathilde ; "Il ne serait pas convenable qu'une dame parte en voyage avec deux hommes sans que quelqu'un s'occupe d'elle."

"C'est vrai, Sam", dit sentencieusement le gardien. "Tu devrais le savoir à ton âge."

"Eh bien, nous nous occupons d'elle", dit le capitaine simple d'esprit. "Moi et 'Bill."

"Faites attention à ce que Bill ne vous interrompe pas", dit le gardien dans un murmure rauque, distinctement audible par tous. « Il n'est pas plus jeune que toi, Sam, et les femmes sont tout simplement folles des jeunes hommes. "C'est un homme tout à fait meilleur. Et tu as déjà eu UNE femme , Sam. "

« Larguez les amarres ! » » dit le patron avec impatience. « Larguez les amarres ! Reste là, Bill ! »

"Aïe aïe!" » dit Bill en saisissant une gaffe, et les lignes tombèrent à l'eau avec un clapotis tandis que la barge était poussée dans la marée.

Mme Bunker éprouva les ennuis habituels des terriens à bord du navire et se sentit terriblement gênée lorsque le capitaine partageait son attention entre la barre et l'aide à Bill avec la voile. Entre-temps, la barge avait gêné la majeure partie du trafic en traversant la rivière et, lorsque la voile fut hissée, elle se trouvait sous le vent d'un immense entrepôt et bougeait à peine.

"Nous sentirons directement la brise", a déclaré le capitaine Codd. "Alors tu verras ce qu'elle peut faire."

Pendant qu'il parlait, la barge commença à glisser sur l'eau alors qu'une légère brise soulevait son énorme voile et l'emportait dans le ruisseau, où elle s'alignait avec d'autres embarcations qui commençaient tout juste à démarrer.

À un rythme agréable, avec le vent et la marée, le Sir Edmund Lyons poursuivait sa route, son capitaine levant les yeux en l'air et le long de ses ponts pour montrer à sa passagère diverses beautés qu'elle aurait pu autrement négliger. Un souper confortable fut servi sur le pont, et Mme Bunker commença à penser avec regret au plaisir qui lui avait manqué en se mettant si tard à naviguer sur une barge.

Greenwich, avec son hôpital à la façade blanche et son fond d'arbres, a été dépassé. L'air est devenu sensiblement plus frais et Mme Bunker a eu l'impression que l'eau non seulement devenait plus sombre, mais aussi grumeleuse, et elle a demandé à deux ou trois reprises s'il y avait un danger.

Le patron rit gaiement, et plongeant dans la cabine, il récupéra un châle qu'il plaça soigneusement autour des épaules de sa belle compagne. Sa main droite saisit la barre, sa gauche vola doucement et soigneusement autour de sa taille.

"Comme c'est agréable!" » dit Mme Bunker, se référant à la soirée.

"Je suis content que ça vous plaise", a déclaré le skipper, qui ne l'était pas. "Oh, comme c'est agréable de descendre le fleuve de la vie comme ça, tout est calme et paisible, juste à la dérive " -

"Oh!" cria soudain le second depuis la proue. « Qui dirige ? Starbud, ton enfer .

Le skipper sursauta d'un air coupable et mit sa barre à tribord alors qu'une autre barge arrivait soudainement en provenance de la direction opposée et les frôlait presque. Il y avait deux hommes à bord, et le capitaine rougit de leur aisance à réfléchir sur l'ordre en général.

Il leur fallut un certain temps avant de pouvoir se calmer à nouveau après cela, mais finalement ils revinrent à leur ancienne position, et l'entiché Codd était sur le point de redevenir sentimental, lorsqu'il sentit quelque chose derrière lui. Il se tourna en sursaut tandis qu'un corpulent retriever insérait sa tête sous son bras gauche et se forçait lentement mais vigoureusement entre eux ; puis il s'assit sur ses hanches et haleta, tandis que Codd, déconcerté, s'efforçait de comprendre l' humour de la position.

"Je pense que je vais me coucher maintenant", a déclaré Mme Bunker, après que la position ait duré suffisamment longtemps pour être insupportable. "Si quelque chose arrive, une collision ou quoi que ce soit, n'hésitez pas à me le faire savoir."

Le patron promit et, serrant la main, souhaita bonne nuit à son passager. Elle descendit, un peu maladroitement, il est vrai, dans la petite cabine, et le patron, assis près du gouvernail qu'il manœuvrait paresseusement selon les besoins, fumait sa courte argile et tombait dans une rêverie d'amoureux.

donc assis et fuma jusqu'à ce que la barge, qui, avec l'aide de la brise, avançait à contre-courant, commence à se rendre compte que ce bon ami avait failli tomber, et en même temps se souvint d'une petite ancre qui accroché au-dessus des arcs, prêt à faire face à des urgences comme celles-ci.

"Nous devons monter, Bill", a déclaré le capitaine.

"Aïe aïe!" » dit Bill en se levant d'un air endormi de l'écoutille. "Elle s'en va."

Sans plus de cérémonie, il jeta l'ancre ; la voile, avec deux hommes robustes qui la hissaient, craquait et bruissait jusqu'au mât, et le Sir Edmund Lyons était prêt à dormir.

"Je peux faire une sieste", a déclaré Bill. "Je suis fatigué comme un chien."

«Moi aussi», dit l'autre. "Ce sera serré à l'avant , mais nous ne pourrions pas demander à une dame d'y dormir."

Bill poussa un grognement évasif et, tandis que le capitaine, à la manière de son espèce, jeta un dernier coup d'œil autour de lui avant de se retirer, posa ses mains sur l'écoutille et s'abaissa. L'instant d'après, il poussa un cri sauvage et, s'asseyant sur le pont, retroussa son pantalon et lui caressa la jambe.

"Quel est le problème?" » demanda le patron.

"Ce sacré chien est là-bas, c'est tout", a déclaré Bill blessé. « Il l'a manifestement confondu avec son chenil, et je ne m'en étonne pas. Je pensais qu'il avait été merveilleusement silencieux.

« Il faut lui parler », dit le patron en s'avançant vers l'écoutille. "Pauvre chien! Pauvre vieux ! Venez donc ! Venez!" Il lui tapota la jambe et siffla, et le chien, qui voulait se rendormir, gronda comme un petit orage.

"Allez, mon vieux!" » dit le capitaine d'un ton séduisant. « Allez, allez, alors ! »

Le chien arriva enfin, puis le patron, au lieu de rester pour le caresser, fit courir Bill sur les cordages, tandis que la brute, d'un goût exécrable, arpentait le pont en les défiant de descendre. Arrivant enfin à la conclusion qu'ils étaient installés pour la nuit, il retourna au gaillard d'avant et, après un ou deux aboiements d'avertissement, s'y retourna. Les deux hommes, après avoir attendu quelques minutes, regagnent prudemment le pont.

« Rappelez-le encore », dit Bill en saisissant une gaffe et en la tenant à la charge.

"Certainement pas", dit l'autre. "Je ne laisserai pas couler de sang à bord de mon navire."

« Qui va verser le sang ? » demanda le projet de loi jésuitique ; " mais s'il aime courir sur la gaffe "...

« Posez-le », dit sévèrement le capitaine, et Bill obéit d'un air maussade.

"Nous devrons faire une sieste sur le pont", a déclaré Codd.

"Et attention, nous ne ronflons pas", dit Bill sarcastique, "parce que le chien n'aimera peut-être pas ça."

Sans remarquer cette remarque, le capitaine s'étendit sur les écoutilles, et Bill, après quelques grognements supplémentaires, suivit son exemple, et les deux hommes s'endormirent bientôt.

Le jour commençait à se lever lorsqu'ils se réveillèrent et étirèrent leurs membres raidis, car l'air était frais, avec un soupçon d'humidité. Deux ou trois petites embarcations étaient, comme elles , à l'ancre, leurs ponts mouillés et déserts ; d'autres se mettaient en route pour profiter de la marée qui venait de tourner.

« Lève l'ancre », dit le patron en saisissant un piquet et en l'enfonçant dans le guindeau.

Alors que la chaîne rouillée entra, un grognement menaçant vint d'en bas, et Bill arracha son pique et le souleva. Le capitaine regardait le rivage d'un air méditatif, et le chien, alors qu'il bondissait, regardait méditativement le pic. Puis il bâilla, un bâillement facile et indifférent, et commença à arpenter le pont, et arrivant à la conclusion que les hommes n'étaient occupés qu'à un travail nécessaire, considéra leurs efforts d'un œil indulgent et aboya de manière encourageante tandis qu'ils hissaient la voile.

C'était une belle matinée. Les vagues miniatures de la rivière se brisaient contre la proue arrondie de la barge et passaient à ses côtés en ondulant musicalement. Sur les marais plats de l'Essex , une brume blanche se dispersait lentement sous les rayons du soleil, et les arbres des collines du Kent étaient noirs et trempés d'humidité.

Un peu plus tard, de la fumée s'échappait du petit capot au-dessus du gaillard d'avant et roulait en un petit nuage âcre jusqu'à la côte du Kent. Alors une délicieuse odeur de steak frit montait d'en bas et tombait comme un baume curatif sur les narines sensibles du patron, debout à la barre.

"Est-ce que Mme Bunker se lève?" » demanda le second, alors qu'il sortait du poste de pilotage et marchait vers l'arrière.

"Je le crois", a déclaré le capitaine. "Il y a des mouvements en dessous."

« Parce que le steak est prêt et attend », dit le second. "Je l'ai mis sur un plat devant le feu."

"Aïe aïe!" » dit le capitaine.

Le second alluma sa pipe et s'assit sur l'écoutille, fumant lentement. Il l'enleva quelques minutes plus tard, pour observer avec perplexité le comportement inhabituel du chien, qui s'approcha du capitaine et lui lécha affectueusement les mains.

« Il s'est pris d'affection pour moi », dit l'homme ravi.

"Aime-moi, aime mon chien", citait Bill d'un ton farfelu, alors qu'il s'avançait à nouveau.

Le patron frappait affectueusement le chien, qui était maintenant sur le dos, les quatre pattes en l'air, lorsqu'il entendit un cri terrible venant du gaillard d'avant, et le second se précipita sauvagement sur le pont.

"Où est ce... chien ?" il pleure.

« Ne parlez pas comme ça à bord de mon navire. Où sont tes manières ? s'écria vivement le patron.

« – les manières ! » » dit le second, les larmes aux yeux. « Où sont les manières de ce chien ? Il a mangé tout ce steak.

Avant que l'autre puisse répondre, le sas au-dessus de la cabine fut tiré et le visage radieux de Mme Bunker apparut à l'ouverture.

"Je peux sentir le petit-déjeuner", dit-elle d'un ton malicieux.

"Pas étonnant, avec ce chien si proche", dit Bill d'un air sombre. Mme Bunker regarda le capitaine pour obtenir une explication.

«Il l'a mangé», dit brièvement ce monsieur. "Une livre et un ' arf o' le meilleur rumsteck de Wapping ."

« Peu importe, » dit gentiment Mme Bunker, « cuisinez encore. Je peux attendre."

"Cuisinez encore", dit le patron au second, qui s'attardait encore.

« Je vais cuisiner des ballonnements. C'est tout ce que nous avons maintenant, » répondit le second d'un ton maussade.

« C'est une belle matinée », a déclaré Mme Bunker, alors que le second se retirait, « l'air est si frais. J'imagine que c'est ce qui a donné à Rover une telle faim. Ce n'est pas un chien gourmand. Pas du tout."

"Très probablement", dit Codd, alors que le chien se levait et, après avoir reniflé l'air, remuait doucement la queue et trottait en avant. "Où va-t-elle maintenant?"

"Il peut sentir les ballonnements, j'imagine", a déclaré Mme Bunker en riant. « C'est merveilleux l'intelligence dont il dispose. Viens ici, Rover !

"Facture!" s'écria le patron en guise d'avertissement, tandis que le chien poursuivait son chemin. "Attention! Il arrive!"

« Rappelez-le ! » » cria anxieusement le compagnon. « Rappelez-le ! »

Mme Bunker accourut et, saisissant son chaperon par le col, l'entraîna.

« C'est l'air marin, dit-elle en s'excusant ; « et il a été en petite commune ces derniers temps, parce qu'il ne va pas bien. Reste tranquille, Rover !

« Reste tranquille, Rover ! » dit le patron avec un air de commandement.

Sous ce contrôle conjoint, le chien s'assit, la langue pendante, et les yeux fixés sur le gaillard d'avant jusqu'à ce que le petit-déjeuner soit servi. L'apparition du second avec un plat de poisson fumant l'excita de nouveau, et, réprimandé par sa maîtresse, il s'assit d'un air maussade à la place du patron, jusqu'à ce qu'il soit repoussé par son propriétaire indigné.

« Des œufs mous, Bill ? » s'enquit poliment le patron, après avoir servi son passager.

"Ce n'est pas mon rôle", a déclaré le second avec insistance, tandis que le capitaine l'aidait.

"Oh! Je ne m'en rendais pas compte, dit l'autre en rougissant.

"Mais je l'étais," dit grossièrement le second. «Je pensais que tu ferais ça. Je l'attendais. Je ne vais pas manger après les animaux, si c'est le cas.

Le patron toussa et, après avoir effectué l'échange désiré, poursuivit son petit-déjeuner dans un sombre silence.

La barge avançait à un rythme tranquille sur l'eau, le soleil était brillant, l'air frais et tout était agréable et confortable, jusqu'à ce que le chaperon, qui avait été repoussé à plusieurs reprises, brise le cercle enchanté qui entourait la nourriture et s'empare de la nourriture. un poisson. Dans la confusion qui s'ensuivit, il tomba sous la bouilloire et, laissant tomber sa proie, mordit frénétiquement le patron, jusqu'à ce qu'il soit chassé par sa maîtresse.

"Vilain garçon!" dit-elle en lui donnant quelques légers coups. « Est-ce qu'il t'a fait du mal ? Je dois te procurer un pansement.

"Un peu", dit Codd en regardant sa main qui saignait abondamment. "Il y a un peu de linge dans le casier en bas, si cela ne vous dérange pas de le déchirer pour moi."

Mme Bunker, donnant une dernière gifle au chien, descendit, et les deux hommes se regardèrent puis le chien, qui se tenait à l'arrière, aboyait de manière insultante contre un bateau à vapeur qui passait.

« Il était temps qu'elle vienne », dit le second en jetant un coup d'œil à la voile, puis au patron, puis au chien.

"C'est vrai", dit le patron entre ses dents serrées.

Tout en parlant , il poussa précipitamment la longue barre de bâbord à tribord, et le chien acheva d'aboyer dans l'eau ; l'immense voile chancela un instant, puis bascula violemment de l'autre côté, et la barge était sur un nouveau bord, avec le chien à vingt mètres en arrière. Il était sage dans sa génération et, après un coup d'œil à la barge, il se dirigea vers le rivage lointain.

« Des meurtriers ! » cria une voix ; « Des meurtriers ! tu as tué mon chien.

"C'était un accident; Je ne l'ai pas vu », balbutie le skipper.

«Ne me le dites pas », tempête la dame; «J'ai tout vu à travers la lucarne.»

«Nous avons dû déplacer la barre pour nous écarter du chemin d'une goélette», a déclaré Codd.

« Où est la goélette ? demanda Mme Bunker ; "où est-il?"

Le capitaine regarda le second. « Où est la goélette ? a-t-il dit.

«Je crois », dit le second, perdant complètement la tête à cette question, «je crois que nous avons dû l'écraser. Je ne la vois nulle part.

Mme Bunker frappa du pied et, jetant un regard terrible aux hommes, descendit vers la cabane. De cette position avantageuse, elle refusa obstinément de bouger et resta assise dans une retraite furieuse jusqu'à ce que le navire atteigne Ipswich tard dans la soirée. Puis elle apparut sur le pont, habillée pour marcher, et, ignorant complètement le malheureux Codd, descendit à terre et, prenant un taxi pour ses cartons, partit en silence.

Une heure plus tard, le second rentrait chez lui, laissant le capitaine assis sur le pont solitaire, s'efforçant de se rendre compte du fait amer que, en ce qui concerne la fin qu'il avait en vue, il avait vu le dernier de Mme Bunker et du petit mais heureux foyer dans lequel il avait espéré l'installer.

UN PORT DE REFUGE

Le BATEAU D'UN MARINIER GISAIT dans la rivière juste en aval de Greenwich, le marinier reposant sur ses rames, tandis que son passager, un petit homme à l'air perturbé en tenue de marin, regardait la rivière avec attente.

"Elle est là!" s'écria-t-il soudain, alors qu'une petite goélette apparaissait derrière un gros bateau à vapeur. "Emmenez-moi à vos côtés."

"Elle est aussi une gentille petite chose", dit le batelier, observant l'autre du coin de l'œil alors qu'il se penchait sur ses rames. « Surfe sur l'eau comme un canard. Son capitaine en sait une chose ou deux, je parie.

"Il connaît les tarifs des passeurs", répondit froidement le passager.

"Regardez là-bas!" » cria une voix de la goélette, et le second lança une ligne que le passager attrapa adroitement .

Le marinier cessa de ramer et, comme son bateau approchait de la goélette, il tendit la main à son passager, qui avait déjà commencé à grimper sur le bord, et lui demanda sa place. Cela lui a été transmis.

« Tout va bien, alors », dit le tarif, tandis qu'il se tenait sur le pont et fermait les yeux sur le langage douloureux dans lequel le batelier s'adressait à lui. "Personne n'a demandé pour moi?"

« Pas une âme », dit le second. « De quoi parle toute cette dispute ?

"Eh bien, vous voyez, c'est par ici", dit le maître du Frolic en baissant la voix. « J'ai un peu trop prêté attention à un petit vaisseau du côté de Battersea… une jolie petite chose, et elle pensait que j'étais un homme célibataire, tu vois ?

Le compagnon lui a sucé les dents.

« Elle m'a présenté à son frère alors qu'il était célibataire, poursuit le skipper. "Il m'a demandé quand les bans devaient être affichés, et je n'aimais pas lui dire que j'étais un homme marié avec une famille."

"Pourquoi pas?" demanda le compagnon.

« C'est un boxeur », dit l'autre d'un ton effrayant ; « 'le Battersea Bruiser.' Aussi, lorsqu'il me frappa dans le dos et me demanda quand les bans devaient être donnés, je me contentai de sourire.

"Qu'est ce qu'il a fait?" » demanda le second, qui commençait à s'intéresser.

« Installez- les », gémit le capitaine, « et nous sommes tous allés à l'église pour les entendre . » Parlez des gens qui marchent sur votre tombe, George, ce n'est rien comparé à ce que j'ai ressenti – rien. Je me sentais presque hypocrite. D'une manière ou d'une autre , il a découvert mon existence et je me cache depuis que je t'ai envoyé ce message. Il a dit à un ami qu'il allait me lécher, puis venir à Fairhaven avec nous et semer la zizanie entre moi et la demoiselle.

"Ça serait pire que le léchage", dit sagement le second.

« Ah ! et elle le croirait avant moi aussi, et nous sommes mariés depuis dix-sept ans, dit tristement le capitaine.

« C'est peut-être ça » commença le second, et il s'arrêta brusquement.

"Peut-être quoi?" » demanda l'autre, après avoir attendu un temps raisonnable pour qu'il ait fini.

« Hmm, j'ai oublié ce que j'allais dire », a déclaré le second. « C'est drôle, c'est parti maintenant. Eh bien, tout va bien maintenant. Vous aviez prévu que ce soit votre dernier voyage à Londres depuis un certain temps.

"Oui, c'est ce qui m'a rendu un peu plus aimant que je n'aurais dû l'être", réfléchit le skipper. « Pourtant, tout va bien qui finit bien. Comment s'est passée votre relation avec le cuisinier ? En avez-vous expédié un ? »

"Oui, j'en ai un, mais il n'a signé que jusqu'à Fairhaven", répondit le second. « C'est un bon gars fort. Il est trop bon pour un cuisinier. Je n'ai jamais vu un homme mieux bâti de ma vie. Ça fera du bien à vos yeux de le regarder. Ici, cuisine !

A la convocation, une tête énorme et rasée fut projetée hors de la cuisine, et un homme d'une belle musculature sortit sous les yeux du capitaine paralysé et commença à retirer son manteau.

" N'est- ce pas un bon gars?" » dit le second avec admiration. "Montre-lui tes biceps, cuisinier."

Avec un regard méprisant envers le capitaine, le cuisinier obéit. Il doubla alors les poings, et, baissant scientifiquement la tête, il dansa autour du maître stupéfait du Frolic.

« Lèvez vos yeux », cria-t-il en guise d'avertissement. "Je vais te mettre en valeur!"

"Qu'est-ce que tu fais, cuisinier ?" » demanda le second, qui avait observé ses débats avec un étonnement muet.

"Cuisiner!" » dit l'interlocuteur avec un majestueux mépris. « Je ne suis pas cuisinier ; Je m'appelle Bill Simmons, le « Battersea Bruiser », et j'ai embarqué sur ce petit baquet, tout cela pour le bien de votre cher capitaine . je vais le mettre sich un 'ed on', je dis que quand il veut se moucher, il devra se procurer un miroir pour voir où aller. Je vais lui donner une lèche tous les jours, et quand nous arriverons à Fairhaven , je vais suivre " je suis rentré " et raconter à sa femme que je sors avec ma sœur.

"Elle m'a accompagné", a déclaré le capitaine, les lèvres sèches.

« Mettez- les en place », vociféra le « Bruiser ».

« Ne me touche pas, mon garçon », dit le patron en esquivant au volant. "Va voir ton travail, va éplucher les pommes de terre."

« Wo ! » » rugit le « Bruiser ».

« Vous avez été embarqué comme cuisinier à bord de mon embarcation », dit le capitaine d'une manière impressionnante. "Si vous me touchez , c'est une mutinerie et vous aurez douze mois."

"C'est vrai", dit le second, tandis que le pugiliste (qui avait déjà eu quatorze jours pour des ecchymoses et qui en gardait toujours un souvenir sain) s'arrêtait, indécis. "C'est une mutinerie, et ce sera aussi mon devoir douloureux de lever le fusil de chasse et de faire sauter le haut de votre laideur."

« Est-ce que ce serait une mutinerie si je vous en mettais un ? » » demanda le « Bruiser », d'une voix rauque d'émotion, alors qu'il se dirigeait vers le second.

"Ce serait le cas", dit l'autre précipitamment.

« Eh bien, vous êtes quelqu'un de gentil, » dit le « Bruiser » dégoûté, « vous et vos mutineries. Est-ce que l'un d'entre vous s'en prendra à moi ?

Il n'y eut aucune réponse de la part de l'équipage, qui s'était rassemblé et regardait les débats avec une vive joie.

vous tous ? » demanda le « Bruiser » en haussant les sourcils.

«Je n'ai aucune querelle avec toi, mon garçon», remarqua dignement le garçon en croisant le regard du nouveau cuisinier.

« Va préparer le dîner », dit le patron ; « et soyez attentif à ce sujet. Je ne veux pas avoir à critiquer un jeune débutant comme vous ; mais je n'ai pas de farceurs à bord, comprenez-le.

Pendant un moment de terrible suspense, la vie du capitaine était en jeu, puis le « Bruiser », retenant ses instincts naturels par un puissant effort, se retira en grognant vers la cuisine.

La respiration du capitaine était plus libre.

"Il ne connaît pas votre adresse, je suppose ", a déclaré le second.

"Non, mais il le saura bientôt quand nous arriverons à terre", répondit tristement l'autre. "Quand je pense que je dois emmener cette brute chez moi pour faire des bêtises, je suis presque tenté de le jeter par-dessus bord."

« C'est une tentation », acquiesça loyalement le second, fermant les yeux sur les déficiences physiques de son chef. "Je vais de toute façon faire passer le message à l'équipage de ne pas lui communiquer votre adresse."

La matinée se passa tranquillement, le capitaine s'efforçant de paraître indifférent tandis que le nouveau cuisinier descendait sombrement le dîner dans la cabine et le déposait devant lui. Après avoir joué un moment avec cela, le maître du Frolic dîna d'un biscuit beurré.

L'équipage était très gêné par le fait que le nouveau cuisinier prenait ses fonctions très au sérieux et était fier de sa cuisine. Il était en outre disposé à se montrer particulièrement pointilleux quant à la manière dont ses efforts étaient considérés. Le premier jour, l'équipage mangea en silence, mais le deuxième, à l'heure du dîner, la tempête éclata.

"Pourquoi regardes -tu tes vittles comme ça?" » s'enquit le « Bruiser » de Sam Dowse, alors que ce marin valide était assis avec son assiette sur ses genoux, la regardant avec beaucoup de défaveur . " Ce n'est pas ainsi qu'on voit la nourriture, après avoir transpiré toute la matinée en la cuisinant. "

"Oui, tu as cuisiné toi-même à la place de la viande", dit chaleureusement Sam. « C'est dommage de gâcher ainsi la bonne nourriture ; c'est assez brut.

"Tu le manges!" » dit le « Bruiser » avec férocité ; « C'est ce que tu dois faire . Mange le!"

Pour seule réponse, Sam, indigné, lui lança un morceau, et le reste de l'équipage, s'emparant de leurs dîners, grimpa précipitamment sur leurs couchettes et observa la mêlée à distance.

« En avez-vous assez ? » » demanda le « Bruiser », s'adressant à la tête de Sam, qui dépassait de sous son bras gauche.

"Je l' ai ," dit Sam d'un ton maussade.

"Et tu ne boudes plus les bonnes choses ?" » demanda sévèrement le « Bruiser ».

"Je ne le monterai pour rien au monde", dit Sam avec sérieux, tout en touchant tendrement le membre en question.

"Vous êtes le seul à vous plaindre", a déclaré le "Bruiser". « Tu es délicate, c'est ce que tu es. Regardez les autres, regardez comme ils mangent les leurs !

À ce signe, les autres sortirent de leurs couchettes et tombèrent, et le « Bruiser » devint affable.

"C'est merveilleux vers quoi je peux tourner mon 'et', remarqua-t-il agréablement. « Il me semble naturel que d'autres hommes apprennent. Tu ferais mieux de mettre un peu de bœuf cru sur ton œil, Sam.

L'irréfléchi Sam frappa un morceau de son assiette, et ce n'est que grâce à l'intercession active du reste de l'équipage que le cuisinier sensible fut empêché d'infliger davantage de punition.

À partir de ce moment-là, le « Bruiser » régnait sur le perchoir et, son caractère aigri par ses épreuves, le dirigeait avec une verge de fer. L'équipage, à l'exception de Dowse, était constitué d'hommes de petite taille, vieillissant, et tout à fait incapables de s'en sortir. Son attitude envers le patron était dangereusement déférente, et ce dernier était profondément perplexe quant à la façon de se sortir du pétrin dans lequel il se trouvait.

«Il est sérieux, George», dit-il un jour au second, en voyant le «Bruiser» l'observer attentivement depuis la cuisine.

"Il vous regarde de plus en plus mal", fut la réponse encourageante du second. "La cuisine est en train de gâcher le peu d'humeur qu'il lui reste le plus vite possible."

« C'est au scandale auquel je pense », gémit le patron ; "Tout cela parce que j'aime être un peu agréable avec les gens."

« Il ne faut pas voir le côté noir des choses », dit le second ; « Peut-être que tu ne voudras pas avoir à t'inquiéter de ça après qu'il t'ait frappé. Je préférerais me faire frapper par un cheval. L'autre soir , il leur racontait qu'il avait tué un type une fois.

Le skipper est devenu vert. « Il aurait dû être pendu pour cela », a-t-il déclaré avec véhémence. « Je me demande à quoi pensent les jurys dans ce pays. Si j'avais fait partie du jury , j'aurais fait ce que je voulais, s'ils m'avaient affamé pendant un mois !

"Regarde ici!" » dit soudain le second ; "J'ai une idée. Descendez en bas, je l'appellerai et je commencerai à l'évaluer. Quand je suis dans le vif du sujet, venez le défendre.

« George, » dit le capitaine avec des yeux brillants, « tu es une merveille. Allongez-vous, et s'il vous frappe , je me rattraperai d'une manière ou d'une autre.

Il descendit, et le second, après avoir attendu quelque temps, se pencha par-dessus la barre et appela le cuisinier.

"Que veux-tu?" grogna le « Bruiser », alors qu'il affichait un visage tout rouge et strié de son travail de cuisine.

« Pourquoi diable ne laves-tu pas ces casseroles ? » demanda le second en désignant une rangée qui se dressait sur le pont. "Pensez-vous que nous vous avons envoyé parce que nous voulions examiner un combattant de dixième ordre au nez cassé?"

"Dixième classe!" » rugit le « Bruiser », sortant sur le pont.

« Ne rugissez pas après votre officier », dit sévèrement le second. « Vos manières sont pires que votre cuisine. Tu ferais mieux de rester avec nous quelques voyages pour les améliorer .

Le « Bruiser » devint violet et frissonna de colère impuissante.

« Nous recevons ici un paquet de mocassins pot-house », continua le second en s'adressant à l'atmosphère d'un air léger, « et, videz mes yeux ! s'ils ne pensent pas qu'ils sont là pour être attendus. Tu voudras que je te lave le visage ensuite et que je fasse tout ton autre sale boulot, toi… »

"George!" dit une voix triste et réprobatrice.

Le second a sursauté de façon dramatique lorsque le patron est apparu vers le compagnon et s'est arrêté brusquement.

"C'est dommage, George!" » dit le capitaine. "Je ne m'attendais pas à vous entendre parler à quelqu'un comme ça, surtout à mon ami M. Simmons."

« Votre WOT ? » demanda vivement l'ami.

« Mon ami, » répéta doucement l'autre ; « et quant aux combattants de dixième ordre, George, le « Battersea Bruiser » pourrait être champion d'Angleterre, s'il prenait seulement la peine de s'entraîner.

"Oh, tu le défends toujours", dit le compagnon astucieux.

« Il le mérite », a déclaré chaleureusement le skipper. "Il a toujours couru droit, comme Bill Simmons, et quand j'entends qu'on me parle comme ça, ça me fait aller partout ."

« Ne prenez pas la peine de tout faire pour moi », dit poliment le « Bruiser ».

"Je ne peux pas m'empêcher de ressentir, Bill", dit doucement le capitaine.

"Et ne m'appelle pas Bill", rugit le "Bruiser" avec une férocité soudaine. « Vous pensez que ce que vous et votre petite équipe de tinpots me dérangez. Attendez que nous arrivions à terre, mon ami, et le second aussi. Attendez tous les deux !

Il leur tourna le dos et se dirigea vers la cuisine d'où, dans le but de leur donner une leçon de choses divertissante, il sortit aussitôt avec un petit sac de pommes de terre, qu'il suspendit à la flèche et utilisa comme un punching-ball, portant des coups qui rendaient le maître du Frolic malade d'appréhension.

« Ce n'est pas bon, dit-il au second ; "La gentillesse est rejetée sur cet homme."

"Eh bien, s'il en touche un, il doit en toucher tous", a déclaré le lieutenant. "Nous serons tous à vos côtés."

« Je ne peux pas toujours avoir l'équipage qui me suit », dit le skipper avec tristesse. "Non, il attendra son opportunité et, après m'avoir cassé la tête, il rentrera chez moi et brisera l'art de ma femme."

"Elle ne brisera pas cet art", a déclaré le second avec assurance. « Elle et vous passerez des moments difficiles ; Peut-être que ce serait mieux pour toi qu'elle le casse un peu, mais ce n'est pas ce genre de femme. Eh bien, ceux d'entre nous qui vivront le plus longtemps en verront le plus.

Pendant le reste de la journée, le cuisinier garda une sorte de calme contre nature. Le Frolic montait et descendait sur la mer comme un bouchon, et le « Bruiser » faisait de courtes courses imprévues sur le pont, ce qui l'irritait extrêmement. Entre les courses, il croisait les bras sur le côté et maudissait langoureusement la mer et tout ce qui lui appartenait ; et finalement, ayant perdu lui-même tout désir de nourriture, il descendit et se rendit.

Il resta dans sa couchette toute la journée et la nuit suivantes, se réveillant tôt le lendemain matin avec le fait agréable que le mouvement avait cessé et que les côtés et le sol du poste de commandement se trouvaient aux endroits où des gens réguliers se trouvaient. les habitudes s'attendraient à les trouver. Les autres couchettes étaient vides, et, après une toilette précipitée par le désir de se nourrir, il remonta en courant sur le pont.

Le jour venait de se lever et il découvrit avec surprise que le voyage était terminé et la goélette dans un petit port , le long d'un quai de pierre. Quelques camions déchargés se trouvaient sur une voie ferrée qui allait du port à la ville groupée derrière elle, mais il n'y avait aucun signe de travail ou de vie ; les bonnes gens du lieu étant évidemment confortablement dans leur lit, et ne se pressant pas de les quitter.

Le « Bruiser », un sourire heureux sur le visage, surveillait la scène, reniflant avec joie l'odeur de la terre qui venait fraîche et douce des collines à l'arrière de la ville. Il n'y avait qu'une chose qui voulait parfaire son bonheur : le skipper.

"Où est le capitaine ?" » demanda-t-il à Dowse, qui enroulait méthodiquement une ligne.

"Je viens de rentrer chez moi ", répondit brièvement Dowse.

Très pressé, le « Bruiser » sauta sur le côté et descendit à terre, regardant attentivement dans toutes les directions à la recherche de sa proie. Il n'y en avait aucun signe et il courut un peu plus loin jusqu'à ce qu'il aperçoive la silhouette d'un homme dont il espérait obtenir des informations. Puis, se retournant, il aperçut les mâts de la goélette qui glissaient près du quai, et, revenant un peu sur ses pas, il aperçut, à sa grande surprise, la silhouette du patron debout près de la barre.

« Ta, ta, biscuit ! » s'écria gaiement le capitaine.

En colère et perplexe, le « Bruiser » a couru vers le bord du quai et s'est tenu d'un air de hibou en regardant la goélette et les visages souriants de son équipage alors qu'ils hissaient les voiles et tournaient lentement avec leur proue pointée vers la mer.

"Eh bien, ils ne feront pas un long séjour, mon vieux", dit une voix à son côté, tandis que l'homme qu'il attendait arrivait. «Eh bien, ils sont arrivés il y a seulement dix minutes. Pourquoi sont-ils venus, tu sais ?

« Leur place est ici », dit le « Bruiser » ; "Mais moi et le skipper avons eu des mots, et je l'attends . "

"Cet engin n'a pas sa place ici", dit l'étranger en regardant Frolic s'éloigner.

"Oui, c'est le cas", a déclaré le "Bruiser".

«Je vous le dis , non », dit l'autre. "Je devrais le savoir."

« Écoutez, mon ami, » dit le « Bruiser » d'un air sombre, « ne me contredisez pas. C'est le Frolic de Fairhaven.

"Très probablement", dit l'homme. "Je ne sais pas d'où elle vient, mais elle n'est pas d'ici."

"Pourquoi," dit le "Bruiser", et sa voix tremblait, " n'est-ce pas Fairhaven ?"

"Seigneur, je t'aime , non!" dit l'étranger ; « Pas à quelques centaines de kilomètres, ce n'est pas le cas . Pourquoi n'as-tu pas mis cette idée dans ta grosse tête idiote ? »

Le « Bruiser » frénétique a levé le poing à la description, mais à ce moment-là, l'équipage du Frolic, qui venait tout juste de quitter le port , s'est penché sur la poupe et a poussé trois applaudissements chaleureux. L'étranger était d'un caractère amical et excitable, et, sa mauvaise étoile étant ascendante ce matin-là, il ôta son chapeau et lui rendit son applaudissement sauvagement. Immédiatement après, il obtint sans qu'on lui ait demandé le poste de fouet du maître du Frolic, et entra immédiatement dans ses nouvelles fonctions.